2025 年 第 1 辑（总第 52 辑）

主办 / 最高人民检察院法律政策研究室

中国检察出版社

主编 / 高景峰

中国检察出版社

图书在版编目（CIP）数据

检察调研与指导.2025年.第1辑：总第52辑/高景峰主编.-- 北京：中国检察出版社，2025. -- ISBN 978-7-5102-1802-6

Ⅰ.D926.304-53

中国国家版本馆CIP数据核字第2025KW7093号

检察调研与指导（2025年第1辑）

高景峰　主编

责任编辑：史世琦
技术编辑：王英英
美术编辑：徐嘉武

出版发行：中国检察出版社
社　　址：北京市石景山区香山南路109号（100144）
网　　址：中国检察出版社（www.zgjccbs.com）
编辑电话：（010）86423736
发行电话：（010）86423726　86423727　86423728
（010）86423730　86423732
经　　销：新华书店
印　　刷：河北宝昌佳彩印刷有限公司
开　　本：787 mm×1092 mm　16开
印　　张：14.5
字　　数：233千字
版　　次：2025年6月第一版　　2025年6月第一次印刷
书　　号：ISBN 978-7-5102-1802-6
定　　价：60.00元

《检察调研与指导》编委会

目　录
CONTENTS

·实务研究·

· 案例剖析 ·

检察机关深化司法责任认定、追究的实践路径*

高景峰**

一、引言

党的二十大报告明确要求“深化司法体制综合配套改革，全面准确落实司法责任制”，二十届三中全会作出的《中共中央关于进一步全面深化改革 推进中国式现代化的决定》指出“法治是中国式现代化的重要保障”，强调“深化和规范司法公开，落实和完善司法责任制”，充分体现了习近平法治思想的实践伟力，对加快司法责任认定与追究制度建设提出了新的更高要求。2022 年 3 月，最高检印发《检察官惩戒工作程序规定（试行）》（以下简称《程序规定》），明确了检察官惩戒委员会为人民检察院分工负责检察官的惩戒工作。《2023—2027 年检察改革工作规划》专门部署完善司法责任认定和追究机制。2024 年 7 月，最高检修订 2015 年《关于完善人民检察院司法责任制的若干意见》，下发《关于人民检察院全面准确落实司法责任制的若干意见》（以下简称《若干意见》），对今后一个时期检察机关全面准确落实司法责任制作出系统部署。同步修订 2020 年印发的《人民检察院司法责任追究条例》（以下简称《条例》），进一步推

* 原文载于《国家检察官学院学报》2025 年第 1 期。本文系 2024 年度最高人民检察院检察理论研究重大课题“习近平法治思想指引下持续做实‘高质效办好每一个案件’研究”（编号：GJ2024A01）、研究阐释党的二十大精神国家社科基金重大项目“深化司法体制综合配套改革的进展与成效研究”（编号：23ZDA078）的阶段性成果。

** 高景峰，最高人民检察院检察委员会委员、法律政策研究室主任、一级高级检察官。

动司法责任追究及时常态、严格规范、精准到位，确保检察人员依法履行职责、公正行使职权。2024 年 12 月，最高检发布《关于全面深化检察改革、进一步加强新时代检察工作的意见》，专门部署“落实和完善司法责任制”，进一步明确了完善司法责任认定和追究机制，健全检察官惩戒制度等改革措施。

落实和完善司法责任制，旨在从更高层次上实现权力与责任的平衡、放权与管权的统一、管案与管人的结合。[①] 随着改革稳妥推进，一方面，全面准确落实与完善司法责任制的内生需求不断凸显。2024 年 10 月，最高检先后召开检委会、党组会，决定“一取消三不再”，一体推进“三个管理”，[②] 并强调“三个管理”的核心是“高质效办好每一个案件”，主线是落实和完善司法责任制，抓手是案件质量检查评查和司法责任追究惩戒，目标是努力让人民群众在每一个司法案件中感受到公平正义。检察管理制度创新的有机衔接，进一步彰显了实质深化司法责任追究惩戒的内生诉求。另一方面，智慧司法、数字司法对司法责任认定、追究提出了更高的要求，也带来了实务与学界的困惑与担忧。“人工智能的辅助裁判是否存在风险，一旦人工智能在司法工作中发生错误该由谁担责等”[③]，“在数字化浪潮下，司法活动呈现出‘去责任化’的趋势，具体表现为责任感的缺失和责任推诿的加剧，因而亟待法学界对司法责任伦理予以革新”[④]。围绕全面准确落实司法责任制的决策部署，继续坚持以制度建设与完善为主线，系统概括和总结司法责任认定、追究机制运行与完善的基本问题，深刻分析问题由来及其发展趋势，并坚持守正创新、先立后破、破立并举，立足数字正义要求，跟进研判数字检察、数字法治等带来的重塑性影响及机制现代化前进方向，与时俱进完善相应的司法责任认定、追究及检察权

---

① 应勇：《高质效办好每一个案件 努力让人民群众在每一个司法案件中感受到公平正义》，载《人民检察》2024 年第 18 期。

② “一取消三不再”是指取消一切对各级检察机关特别是基层检察机关的不必要、不恰当、不合理考核，不再执行检察业务评价指标体系，不再设置各类通报值等评价指标，不再对各地业务数据进行排名通报；“三个管理”是指更加注重业务管理、案件管理、质量管理。

③ 卢堂仪、黄蒙：《人工智能司法应用之责任探析》，载《江南社会学院学报》2022 年第 2 期。

④ 高童非：《数字时代司法责任伦理之守正》，载《法制与社会发展》2022 年第 1 期。

行使制约监督机制。

二、追本溯源：检察机关司法责任认定、追究中的“责”

责任归属、认定、追究是一个整体[①]，实质性开展追责惩戒工作的前提是责任认定的准确定责、实质归责。从“落实”到“全面落实”，再到“全面准确落实”“落实和完善”，蕴含着党对司法规律性认识的持续深化。检察机关落实中完善，首要一环在于准确概括与把握司法责任认定、追究中的“责”，聚焦检察机关司法责任制的制度属性与司法治理诉求，回归检察机关司法责任的实质理性。

（一）司法责任认定、追究中的“责”与责任主义

根据《检察官法》的规定，《若干意见》进一步细化“权”和“责”的相关规定。《条例》增加了关于司法责任追究范围的规定，明确检察人员在司法办案工作中故意违反检察职责的，或者因重大过失造成严重后果的，应当承担司法责任，依纪依法追究其相应的纪律责任、法律责任；规定检察人员在司法办案工作中，虽有错误后果发生，但尽到必要注意义务，对错误后果发生仅有一般过失的，不承担司法责任。可见，《条例》仍采取了行为与结果两个侧面，对检察人员故意违反法律法规办理案件的，以行为为导向，规定只要实施隐瞒、歪曲事实，违规采信或者不采信关键证据等行为之一的，即应当承担司法责任；对存在重大过失的，以结果为导向，将造成严重后果作为承担司法责任的构成要件，规定了认定事实、适用法律等方面出现错误，导致案件错误处理并造成严重后果等情形。

通过细化规范，司法责任之“责”的基本范畴与认定、追究的框架基本明朗，但并未完全解决“责”的内涵问题。回顾总结司法责任“架梁立柱”至司法责任制综合配套改革的实践历程，有学者认为，当前司法体制改革中所强调的“司法责任”即为法官、检察官的特殊责任[②]。有学者指

---

① 应勇：《高质效办好每一个案件 努力让人民群众在每一个司法案件中感受到公平正义》，载《人民检察》2024 年第 18 期。

② 石泽华：《监察官惩戒制度的理论逻辑及优化路径》，载《中外法学》2023 年第 6 期。

出，“司法责任也可以从两个层面理解：(1) 司法工作人员依法应当承担的法定职责，即因授权而承担的角色义务，也即其授权性；(2) 因其履行职责的不当行为，依法应当承担的不利后果或强制性义务，也即其惩戒性。司法责任既包含司法职责，也包括司法问责，两者互为依托”[①]。然而，类似描述性概念，对司法责任认定、追究机制实质运行的指导意义并不强。有学者认为，对检察人员进行责任追究，应当同时满足四个方面的构成要件，即错案（不当行为）、因果关系、主体条件、主观要件。主观要件指主观方面存在故意或重大过失。[②] 类似套用犯罪构成要件建构或阐释司法责任认定、追究责任模型，虽旨在更好地指导司法责任认定、追究实践，实则淡化了法官、检察官违规违法行为的特殊性，易混同司法责任中“不法”与“责任”的关系。

自司法责任认定、追究与惩戒机制建设与改革以来，报应与预防、主观与客观、结果与行为乃至责任体系层级化、体系化与刑事政策之间的平衡和兼顾，都在不同的侧面显示出司法责任功能在国家治理体系与治理能力现代化建设中面临着新的挑战。一是司法责任认定、追究与刑法责任主义有着天然交叉。检察权行使贯穿刑事诉讼全流程，检察机关司法责任认定、追究，本身包含着刑事司法因素，属于刑事司法治理的组成部分。二是司法责任认定、追究的责任范式与刑法责任主义存在着内张力，促使其以刑事司法治理为切入点，整体推进我国法治治理能力与水平，包括民事、行政及公益诉讼检察领域治理能力与水平的提升。三是以刑罚作为最后防线，司法责任认定、追究之责任不可能“走得太远”，否则易出现“泛责任主义”，影响检察官惩戒制度建构与发展。

（二）司法责任认定、追究中的“责”应概括为“块状化”还是“束状化”

科学把握司法责任认定、追究中的“责”，要立足检察权属性与运行规律。“中国特色检察制度在国家治理中居于重要地位，检察权的多元属

① 孙辙：《关于司法责任的几个基本理论问题》，载《人民司法》2022 年第 28 期。

② 万毅、杨炯：《检察官责任追究制：现状、解读与完善》，载《江苏行政学院学报》2020 年第 6 期。

性与审判权的差异导致检察司法责任制的殊异性”[①]。党的十九大以来，刑事、民事、行政、公益诉讼检察的法律监督工作新格局不断稳健运行，这是以落实与完善司法责任制为导向、优化司法权配置的主体框架。从各国实践看，检察官所应承担的司法责任之“责”，既包括刑事责任，也包括行政责任、民事责任，甚至还包括职业责任，呈现一种“块状化”样态。由此，我国司法责任制的“责任”，是否因应“四大检察”工作格局与职权配置实际，而相应的“块状化”定责、追责？

具体审视我国司法责任认定、追究，“责任”范畴“块状化”界限并不分明。其一，基于法律监督的法定职权和履职规律，除最严厉的刑罚责任，还包括因不当、不履行或不法履行法律义务而产生的归责追责。甚至，从不同角度可以将检察官所应承担的司法责任划分为政治责任、社会责任、法律责任或行为责任、规范责任、道德责任等，这是由中国特色检察制度的内在属性所决定的。其二，司法责任认定与追究制度建设，要坚持严肃追责与权益保障、履职保护有机统一，坚持责任与过错相适应，惩戒与教育相结合。“权—责”配置中因司法权的特殊性，需要统筹完善检察人员权益保障制度。对故意违反法律法规办理案件、因重大过失导致案件错误并造成严重后果的两种违反检察职责行为，《检察官法》明确规定，由检察官惩戒委员会从专业角度审查认定，提出构成故意违反职责、存在重大过失、存在一般过失或者没有违反职责等审查意见[②]，从而保障司法责任认定的实质性审查。从贯彻《检察官法》的规定要求，准确把握专业审查和实质判断的关系，实质认定司法责任关系。《2023—2027 年检察改革工作规划》明确，要完善检察人员依法履职不实举报澄清和容错免责机制，会同有关部门建立检察官依法履职风险防范、人身安全保障机制。通过改革集成衔接，在不同案件办理、不同职权行使环节，因依法履职具体行为特点与规律，容错免责、不承担司法责任等情形不断细化规范，司法

---

① 任涛、董玉庭：《国家治理现代化视角下的检察司法责任制》，载《行政论坛》2021 年第 2 期。

② 《检察官法》第 49 条第 1 款规定：“最高人民检察院和省、自治区、直辖市设立检察官惩戒委员会，负责从专业角度审查认定检察官是否存在本法第四十七条第四项、第五项规定的违反检察职责的行为，提出构成故意违反职责、存在重大过失、存在一般过失或者没有违反职责等审查意见。检察官惩戒委员会提出审查意见后，人民检察院依照有关规定作出是否予以惩戒的决定，并给予相应处理。”

责任认定、追究的范围也相应有所调整。其三，司法责任认定、追究中的“责任”，并不因民事、公益诉讼检察职权行使，而必然包括民事责任。这与域外大部分国家有相似之处。比如，在法国，检察官就其出庭陈述享有民事和刑事豁免权。[①] 按照《条例》《程序规定》，根据检察官惩戒委员会的审查意见，给予停职、延期晋升、降低等级、调离司法办案工作岗位以及免职、责令辞职、辞退等组织处理，按照《公务员法》《公职人员政务处分法》《检察官法》等法律规定给予处分，也并未明确涵盖民事责任。可见，与其说司法责任认定、追究中责任“块状化”，不如说是“束状化”，以故意违反法律法规责任、重大过失责任为主体，统筹兼顾监督管理责任等要素。在一定意义上，以“责任束”为分析框架，能够更好把握检察人员定责、履责、追责的制度功能，推进司法责任认定、追究与优化司法权配置、健全检察权运行机制、完善检察权行使制约监督机制等制度机制的有效衔接。

（三）数字检察中司法责任认定、追究之“责”的组成、边界与价值内涵

大数据、区块链、人工智能等现代科技赋能监督办案，亟需明确司法责任认定、追究的原则规范。“在数字检察中，由于人工智能的参与和介入，已经初步形成检察官与人工智能协同开展法律监督工作的格局。在此种协同法律监督的格局中，需要厘清检察官与人工智能的各自业务范围和职能定位。”[②] 而且，当一项司法活动完全交由人工智能系统来做时，看似是弱化了司法人员的恣意空间，实则是将信任风险转移到了当事人与技术之间。[③] 随着弱人工智能向强人工智能加快推进，赋能执法司法办案的深度广度与场景不断拓展，“技术价值中立”已不能回应实践创新需求。

---

① 参见［瑞士］古尔蒂斯·里恩、Gwladys Gillieron：《美国和欧洲的检察官——瑞士、法国和德国的比较分析》，王新玥、陈涛等译，法律出版社 2019 年版，第 254 页。

② 谢登科：《人工智能驱动数字检察的挑战与变革》，载《中国政法大学学报》2023 年第 6 期。

③ 参见谢慧：《“智能 +”模式下裁判形成的过程分析》，载《济南大学学报（社会科学版）》2019 年第 4 期。

2022年12月8日，最高法发布《关于规范和加强人工智能司法应用的意见》[①]，回应了大数据、区块链、人工智能等现代科技赋能司法裁判的司法责任认定问题，但未规范具体场景细则。检察机关则从强化内部数据治理出发，落实检察机关内部数据治理主体责任，立足数字检察、大数据法律监督，推动明确司法责任认定、追究的框架体系。推进这一实践范式，既要总结数字检察战略实施中具体赋能场景的权责清单与标准，及时上升为制度规范，也要加快前瞻性研究，围绕"高质效办好每一个案件"的司法价值目标，尽快确立数字检察实践中司法责任认定、追究的原则，明晰数字化、智能化赋能监督办案的权责配置。要明确数字检察中司法责任认定、追究的细则规范。进一步细化数字赋能刑事、民事、行政及公益诉讼检察中的司法责任边界，明确具体的责任认定、追究标准与实施细则。要注重数字检察中司法责任认定、追究的治理导向与价值引领。立足于数字正义的塑造，遵循司法活动的客观规律，赋予司法责任认定、追究中"责任"的数字内涵，拓展其数字时代边界，"保证法官、检察官做到'以至公无私之心，行正大光明之事'，把司法权关进制度的笼子，让公平正义的阳光照进人民心田，让老百姓看到实实在在的改革成效"[②]。

三、检察机关司法责任认定和追究制度框架体系与程序构建审视

以贯彻落实党的二十届三中全会精神为契机，《若干意见》与新修订《条例》一体实施，抓实"全面准确落实"和"不断健全完善"的部署精神，聚焦"高质效办好每一个案件"的基本价值目标，推动检察权公正、规范、高效、廉洁运行。落实和完善司法责任制，"准确"尤为重要。"准确"，既包括静态层面的定责、明责，也包括动态层面的问责、追责，司法认定、追究与惩戒准确落到实处，需要构建与完善高效运行、衔接有效

---

① 2022年12月8日，最高法发布《关于规范和加强人工智能司法应用的意见》，明确要"确保司法裁判始终由审判人员作出，裁判职权始终由审判组织行使，司法责任最终由裁判者承担"。

② 习近平：《以提高司法公信力为根本尺度 坚定不移深化司法体制改革》，载《人民日报》2015年3月26日。

的程序，健全科学完备的制度体系。

（一）司法责任认定、追究与检察官惩戒制度的定位

检察官惩戒制度是检察机关落实与完善司法责任制的重要组成部分。检察官惩戒，顾名思义，是对检察官违规违法行为的惩处与诫勉。由此建立的制度，既包括惩戒规制、规范，也包括惩戒背后所体现的职业道德伦理认知、所蕴含的依法履职行为自觉。因对制度内涵的理解不同，存在着不同认识。第一，平行说，将检察官司法责任追究与检察官惩戒看作同一位阶的制度。比如，有学者认为，检察官司法责任追究基于办案职权产生，针对的是检察官在办案过程中产生的责任，本质上是一种办案责任追究，表现为纪律责任、民事责任、刑事责任等形态；检察官惩戒制度基于职业身份产生，受职业伦理的约束，本质上是一种职业责任惩戒，包括不当的职务行为与职业外行为。[①] 由此认为，检察官司法责任追究与检察官惩戒委员会审查程序之间是两项司法责任制度的衔接，需要分别确定各自的管辖范围、标准等。第二，包容说，认为检察官司法责任追究制与检察官惩戒委员会制属于包容关系。比如，将司法责任追究制作为上位概念，包括司法责任认定、追究与检察官惩戒委员会审查等[②]。又如，一些实务工作者将检察官惩戒委员会制度视为上位概念，力求涵盖司法责任的认定、追究与检察官惩戒委员会审查等。显然，以司法责任制整体视角审视检察官惩戒制度更具科学性，符合法律法规确立的制度框架体系。检察官惩戒制度是对检察官违反法定职责，或者因违反政治纪律、职业纪律等，由专门机关依法给予惩处的一系列规定与机制体制的总和，是衔接司法责任追究的调查、处理程序的重要单元，是司法责任认定、追究的重要组成部分。具体来说，检察官惩戒制度包括惩戒依据、惩戒主体、惩戒范围、惩戒程序与惩戒措施等，其中，惩戒范围、程序与措施是制度机制建设的重点。

---

① 参见李蓉、瞿目：《论监察体制改革背景下的检察官惩戒制度》，载《中南大学学报（社会科学版）》2020 年第 3 期。

② 邱守慈、戴建华：《检察官惩戒制度的现实困境与对策研究》，载《理论月刊》2020 年第 10 期；袁士杰、汪太贤：《检察官惩戒制度的“去全”与“回归”》，载《辽宁大学学报（哲学社会科学版）》2020 年第 5 期。

2016 年 10 月，最高法、最高检联合印发《关于建立法官、检察官惩戒制度的意见（试行）》，明确了惩戒制度的基本框架。2019 年修订的《检察官法》从立法层面明确了检察官惩戒制度的核心内容，并就检察官惩戒委员会审议惩戒事项的具体程序，授权最高检商有关部门确定。最高检先后制定《程序规定》、修订《条例》，规范受理违反检察职责线索、司法责任调查认定、作出追责处理决定，明确了检察官惩戒委员会设置、作出惩戒决定及当事检察官申诉复核等相关工作的程序规范。但与近年来被追究职务违法违纪责任的检察官数量相比，对标全面准确落实司法责任制的新阶段新要求，司法责任追究和检察官惩戒制度亟需“精装修”。

（二）司法责任认定、追究与检察官惩戒的制度功能反思

一些实务专家与学者认为，检察官惩戒制度的建设实践并未聚焦其应有的功能。比如，有学者审视检察官惩戒制度与国家监察体制的多制度交叉、惩戒内容的泛化与运作的虚化等问题，指出检察官惩戒制度承载了该制度无法实现的制度功能，使得检察官惩戒制度在设计初衷和方案制定层面，便已注定可能因现实层面无所不包、操作困难以及大而不当等问题，导致在运行上会因种种制度基因变异而无法恰当地发挥其应有的制度功效。[①] 这一反思具有合理性，但由此缩限检察官惩戒之“责”并不妥当。

对检察官惩戒制度功能的反思，归根结底是对司法责任认定与追究制度功能与价值目标的辩证思考。由司法责任认定、追究至检察官惩戒委员会审查认定，再至检察官违规违法行为治理，其呈现的制度治理属性集中体现在两个方面：一是通过检察官司法责任的认定、追究与惩处，实现司法责任确权、控权、明责、追责的前后呼应、有效衔接，并通过检察官惩戒制度彰显司法责任制在我国检察制度中的独特作用，这也在一定程度上影响着检察机关司法责任制综合配套改革的维度。二是通过检察官惩戒制度机制及相关配套、衔接机制的系统集成，规范法律监督权运行。二者统筹推进、相互关联。如缺乏对制度治理功能层级、属性的清晰把握，往往会导致检察官惩戒委员会审查认定“负荷过重”，不利于科学把握检察官违法违规行为治理的秩序规范、行为规制与权利保障的内在诉求。

---

① 袁士杰、汪太贤：《检察官惩戒制度的“去全”与“回归”》，载《辽宁大学学报（哲学社会科学版）》2020 年第 5 期。

（三）司法责任认定、追究与检察官惩戒管辖空间的理性把握

无论是错案责任为主体的故意或重大过失，还是立足检察工作实际的监督管理责任追责，均在纪检监察全覆盖之中。根据《监察法》第 11 条、第 34 条，检察官涉嫌贪污贿赂、失职渎职等职务违法或职务犯罪的问题线索，由监察机关调查处置，依法给予政务处分。《公职人员政务处分法》细化规定了职务违法情形，涵盖了《检察官法》与《条例》所规定的司法责任追究、惩戒事项。同时，《刑事诉讼法》赋予检察机关对司法工作人员利用职权实施的 14 类犯罪可以行使立案侦查职权，检察人员涉嫌相关犯罪的，应由负责侦查的部门依法办理。在内外管辖冲突的情况下，检察官惩戒的“相对独立”空间并不充裕。

其一，要从司法责任认定、追究机制整体出发，着眼完善监察执法与刑事司法管辖衔接，促进监察机关与司法机关、执法部门在办理职务犯罪案件中互相配合、互相制约，健全衔接顺畅、权威高效的工作机制。其二，检察官惩戒是纪检监察监督的重要有益补充。（1）在立法衔接中，《检察官法》第 49 条规定，检察官惩戒委员会负责从专业角度审查认定检察官是否构成故意违反职责、存在重大过失或者没有违反职责等，并提出审查意见。在立法上，检察官惩戒委员会专业审查可以视为职务违法犯罪调查的补充。（2）检察官惩戒管辖范围与监察机关职权范围相重叠，正是检察机关以强化司法检察内部监督为抓手，推动党内监督下各种监督形式融会贯通的重要路径。（3）从制度边界来看，检察官惩戒管辖至少实现四个目标：一是明确检察官“合范”行为界限；二是规范检察官惩戒程序启动；三是限定检察官惩戒委员会权力边界；四是确立检察官依法履职中合法权益的保护屏障。其三，科学确定检察官惩戒制度边界，实质在于通过行为无价值与结果无价值的统一，划定检察官司法责任治理领域或称之为“司法责任治理圈”，保障检察权依法公正行使。依法规范确定惩戒管辖范畴，要立足检察官惩戒的专门性与检察官惩戒委员会审查的专业性，着眼于发挥检察官惩戒治理优势，切实发挥其专业补充的重要功能。

（四）司法责任认定、追究与检察官惩戒及纪检监察、职务犯罪侦查的程序衔接

《程序规定》明确检察官惩戒工作由检察院与检察官惩戒委员会分工

负责，规定调查终结后，认为当事检察官存在违反检察职责的行为，相关事实已经查清，应当追究司法责任予以惩戒的，制作提请惩戒审议意见书，报检察长批准后，提请检察官惩戒委员会审议。司法责任认定与追究程序包括两部分，一是新修订《条例》规定的受理、司法责任调查等程序；二是检察官惩戒委员会审议程序，包括组织听证、审议惩戒事项、作出审查意见等工作。新修订《条例》对司法责任认定与追究程序进行了优化，规定检察机关受理违反检察职责线索后，先从线索所涉案件入手，经分析研判检察环节确有过错、检察人员可能存在违反检察职责行为的，启动司法责任调查程序；如调查认定应当追究检察人员司法责任的，按照干部管理权限移送有处理处分决定权的部门或单位，依据党内法规和国家法律法规给予当事检察人员处理处分。然而，“所涉案件调查终结—分类移送”的程序衔接，虽提升了衔接效率，但仍有不周延之处。一方面，司法责任认定、追究程序的启动、运行缺乏应有的制约，不利于严肃追责与依法保护有机统一。另一方面，检察官惩戒委员会负责从专业角度审查认定，也应对司法责任认定、追究程序启动与运行具有导向功能。且因缺乏独立的衔接环节，相关案件难以实现程序过滤，不利于责任与过错相适应、惩戒与教育相结合等原则的践行。

检察官惩戒与纪检监察、职务犯罪侦查的有机衔接，是检察官惩戒制度建设的重要组成部分。从整体上看，涉及对公检法“分工负责、互相配合、互相制约”原则的进一步细化，还涉及对《宪法》第127条及《监察法》第4条所规定监察机关办理职务犯罪案件应当与审判机关、检察机关互相配合、互相制约等执法司法的呼应与衔接，也涉及监察调查程序法治化建设的结构性布局。回到起点，司法责任追究、检察官惩戒程序与职务犯罪侦查、纪检监察调查审查程序环环相扣、有机衔接，前提在于司法责任追究与检察官惩戒程序两者之间的一体衔接。程序独立，即意味着检察官惩戒调查、惩戒委员会审议程序既不隶属于纪检监察审查程序，也不隶属于职务犯罪侦查程序的某个环节或某组成部分。检察官惩戒调查、惩戒委员会审议程序应当系统化，具有一定的目的性和层次性，协调一致，不能彼此重复，前后叠加或冲突。程序正义，强调的则是检察官违规违法犯罪惩治与合法权益保障的有机统一，包括通过对涉案当事人程序权利的充分保护，进而最大限度地保障当事人诉讼权利、实体权利。检察官依法履行法律监督职权，在组织原则、监督办案方式、权力清单架构与制约监督职权划分等方面均与法官司法裁判不同，如过分强调制度的惩罚、处置作用，忽视或淡化了检察官依法履职权益保障，那么，可能会从另外一个支点导致检察官偏离客观公正的基本立场，影响刑事诉讼活动中检察主导作用的发挥，影响刑事司法权威与公正。正是因检察机关在执法司法责任体系中肩负的独特职能，检察官惩戒程序正义不仅是刑事诉讼程序正义的重要组成部分，更是刑事司法公平正义的重要支撑。

（五）司法责任认定与追究案件办理模式的完善

程序设计与衔接不畅背后的一个因素，在于案件办理模式与结构配置有待优化，集中体现在两个方面。

其一，办案模式选择。办案模式的选择体现权责配置、职权运行及主客体行为结构的样态。司法责任认定、追究案件办理模式与惩戒委员会审议模式，是其制度机制的基础内容。《程序规定》规定，检察院按照干部管理权限对检察官涉嫌违反检察职责的行为进行调查核实。新修订《条例》规定了司法责任调查的方式与认定程序，在一定程度上改变了原“检察人员违纪违法犯罪调查模式”，淡化了职务犯罪侦查模式色彩。但司法责任调查的具体程序较为概括，如沿着职务犯罪调查或职务犯罪侦查模式细化规范[①]，很有可能加剧与惩戒程序与纪检监察程序、司法工作人员相关职务犯罪侦查程序的重叠与冲突，其实际运行空间反而会更显“局促”。

其二，证据标准与规则。除案件线索、办案信息外，两者之间的衔接核心在于证据的衔接，直接要求在于证明标准的契合，这是作出惩戒决定与给予政务处分等工作衔接的重要环节，也是推动刑事司法与监察证据标准有机衔接的要求。“证据是经过过滤的事实。在理想情况下，诉讼是一个相对温和的净化过滤器，能去除偏见与不合理的猜测，同时保持证据的

---

① 新修订《条例》规定，调查报告包括下列内容：线索来源及调查过程；所涉案件简要情况及诉讼经过；办案错误发生的经过、原因、后果；当事检察人员的基本情况；当事检察人员违反检察职责的事实和依据；当事检察人员的认识态度、申辩意见及采纳情况的说明；责任认定的意见及依据等。案件化办理并形成上述材料，需要细化办案程序与方式。

证明力。”[①] 完善检察机关司法责任认定、追究机制，要秉持客观公正，建立健全认定、追究与惩戒的证明标准与证明规则，规范调查取证，构建符合检察官监督办案实践、具有独特目的及程序机理的司法诉讼制度。对于重大过失责任和监督管理责任认定、证明问题，要基于实质真实的原则，将检察人员司法责任的认定、追究与相关司法案件的审查相结合，查证案件细节，收集客观性证据。对不涉及职务犯罪或监察机关管辖的案件线索，要按照法定标准，全面审查案件，若认为“事实不清、证据不足”的，不能认定存在故意违反法律法规责任、重大过失责任和监督管理责任，应当坚持“疑罪从无”依法作出裁定，确保严肃追责与依法保护有机统一。

四、检察机关司法责任认定和追究制度建设实践进路

司法责任追究毕竟是一个精细的过程，其治理功能的彰显依赖于制度建构、机制健全等系统化推进。一体推进“三个管理”，要紧扣落实和完善司法责任制主线，以管理机制创新推进司法责任认定、追究及惩戒制度集成。随着检察改革全面深化，司法责任认定和追究制度建设要统筹高质效办案的价值目标引领，从质量、效率、效果等要素的结构化出发，健全完善对检察监督办案各环节全流程的监督管理，包括各项配套机制的精细化衔接，不断提升制度运行效能。

（一）科学厘定司法责任追究与检察官惩戒的“空间”

司法责任认定、追究及检察官惩戒首在惩治，重在“治理”。在一定意义上，检察官履职行为是一种理性选择的行为。正如理性行为理论所主张，个体理性行为往往是确定条件、风险条件、不确定条件合并下的效用。[②] 其中，风险条件、不确定条件在不同情景下对行为决策产生不同程

---

① Joseph sanders, *From Science to Evidence: the Testimony on Causation in the Bendectin Cases*, Stanford Law Review, Vol. 46 (1993), p. 3. 转引自樊传明：《证据评价论——证据法的一个阐释框架》，中国政法大学出版社 2018 年版，第 79 页。

② 参见［印］阿玛蒂亚·森、［英］伯纳德·威廉姆斯：《超越功利主义》，梁捷等译，复旦大学出版社 2011 年版，第 47—48 页。

度的影响或主导。对理性选择违法行为的阻却，惩处的直接警示功能有时并不强于情景预防体系的构建。为此，惩戒，既要惩以往之过，更要戒未来之行，“小惩大戒”“惩戒相得”。一要惩戒阶位清晰。故意违反法律法规责任与重大过失责任等司法责任中哪些情形涉嫌职务违法犯罪、哪些情形仅涉嫌违纪或司法办案职责，都需要通过惩戒实施细则与调查标准予以进一步细化，确保“惩”“戒”“教”“导”阶位清晰明了。二要坚持惩责相适应。司法责任的认定、追究与对检察官作出的“惩”或“戒”，应与司法责任行为的事实、性质、情节及社会危害程度相当。三要坚持惩教一体。在划定惩戒管辖范围的同时，标定检察官司法履职“合范”范畴，树立检察法纪教育方向，引导检察人员警以为戒、自觉纠正、积极遵循，促进形成激浊扬清、干事创业的良好政治生态。

第一，明确数字法治中检察人员司法责任的主体原则。落实中央决策部署与《若干意见》规定，通过制定落实专门规范，强调数字赋能的辅助地位，人工智能都不得代替检察官司法裁量与决定，检察权自由裁量由检察官行使，司法责任最终由检察官承担。同时，要严格按照《数据安全法》《个人信息保护法》等法律规定，制定法律监督数据调取、存储和安全管理规则，完善司法责任权力清单配置[①]。建立健全智能辅助执法司法办案容错纠错正面、负面清单，围绕类案线索研判、审查与分流等重要环节，厘清事实认定、法律适用等智能辅助的司法责任边界，探索构建符合数字执法司法制约监督实际的权责清晰、层次分明的责任链，建立健全相应的归责追责规范。[②]

第二，严重违背检察官职业道德伦理行为如纳入司法责任追究、惩戒范围，要秉持客观审慎。有学者认为，检察官惩戒委员会的职责范围与监察机关的职权范围相冲突，直接后果是使检察官惩戒制度被架空，引起惩戒委员会的空转，建议将检察官严重违背职业伦理的行为纳入其中。[③] 严

① 参见高景峰：《数字检察的价值目标与实践路径》，载《中国法律评论》2022年第6期。

② 参见桑先军：《检察一体化履职数字模式的建构与运行》，载《人民检察》2023年第16期。

③ 参见李蓉、瞿目：《论监察体制改革背景下的检察官惩戒制度》，载《中南大学学报（社会科学版）》2020年第3期。

重违背检察官职业道德伦理行为如纳入惩戒范围，须秉持审慎、客观原则。诚然，将违背职业道德伦理的行为纳入检察官惩戒范畴，并不会阻碍检察官惩戒委员会最初制度设计职能的实现，甚至有利于推动检察官惩戒与政务处分的有效衔接。且在党纪政务处分一体下，有针对性地对检察官职业道德伦理行为加以规制，也是推进国家治理体系与治理能力现代化建设的重要考量。但须秉持审慎姿态，不能将违背职业道德伦理的行为全部纳入。要围绕错案归责，尝试将对司法公信力、司法公正有重大或直接影响的严重违背职业道德伦理行为纳入惩戒范畴，逐步探索完善。司法责任主义的凝练与践行，对于检察官正规化专业化职业化建设，重点在于内化于心、外化于行。错案追责本身具有复杂性、复合性，否定违背职业道德与伦理行为的“全盘纳入”，并不意味着检察官惩戒必然趋向于结果无价值，相反，是对行为无价值与结果无价值辩证统一的坚守。

（二）一体健全司法责任追究与检察官惩戒程序与规则

破解程序“叠加”“牵绊”，完善检察官惩戒程序，应注重三层内涵：一是专门性。由专门机构通过专业专门的办案规范进行司法责任认定、审查与惩处，有别于一般意义上的职务违法违纪调查或侦查行为。二是多层性。既包括检察官司法责任认定、追究程序，也包括检察官惩戒委员会审议、惩处程序，还包括检察官司法责任豁免与权益救济，不同阶段需要设定不同的程序规范。三是整体性。检察官司法责任追责惩治与依法履职的合法权益保障辩证统一，司法追责问责的理念、导向与价值追求一以贯之。简单地说，就是要建立更健全一个专门、多层又相对完整、一体的认定、审查、追责程序。

1. 细化检察官惩戒委员会审议审查规程

综合《程序规定》实施情况，进一步细化检察官惩戒委员会审议审查规程。比如，规范惩戒委员会审议程序启动条件。根据新修订《条例》，对于调查认为存在违反检察职责行为，需要追究司法责任的当事检察官，按照《程序规定》，提请检察官惩戒委员会从专业角度进行审议，由其提出构成故意违反职责、存在重大过失、存在一般过失或者没有违反职责等审查意见。《程序规定》要求，认为当事检察官存在违反检察职责的行为，相关事实已经查清，应当追究司法责任予以惩戒的，就可以提请启动审议程序。诚然，“无论调查主体性质如何，只要调查事项涉及司法责任，都应遵循司法改革的要求，提交惩戒委员会审议，并通过具体机制进行保障”[①]。但如何把握“相关事实已经查清”，不同案件类型的标准如何，要进一步细化规范。

2. 探索建立检察官惩戒委员会专业审查认定提前引导机制

新修订《条例》衔接《程序规定》实施，但并没有意在“调查终结—提请审议”之间设立相对独立的审查移送程序。对此，可以在推进健全检察机关内部监督制约机制改革下，探索建立检察官惩戒委员会专业审查认定提前引导机制，立足检察官惩戒委员会审议程序的专业性、独立性与完整性，以提前介入、引导调查核实等方式，最大限度发挥检察官惩戒制度在司法治理中的效能。检察官惩戒委员会专业审查认定提前引导，并不是检察官惩戒程序整体前置。检察官惩戒程序整体前置并不现实，与纪检监察调查程序、职务犯罪侦查程序的法治刚性要求也不相符。检察官惩戒委员会专业审查认定的提前引导，重点在于案件过滤、制约监督司法责任认定、追究环节调查核实职权的行使。同时，加强案件线索的审查移送，促进司法责任认定、追究与纪检监察、职务犯罪侦查程序的衔接。

3. 完善检察官司法责任认定、追究与惩戒的证据评价体系

证据客观公正、证明完整确信，是检察官惩戒不可缺少的环节。当前，检察官司法责任认定、追究与惩戒的证据评价体系的相关问题，并未引起理论与学术界的重视，其与检察官惩戒制度实质化运行不理想有关，但并不因此影响其建构与完善的重要性与必要性。随着司法责任体系的健全，特别是错案追责的制度化常态化，司法责任认定、追究证据评价体系的建设与完善也将日益迫切。立足检察官惩戒范畴，司法责任认定、追究与惩戒的证据评价体系建设必定遵循结构化路径。其中，错案追责的证据证明规范体系处于主体位置，应以错案追责证据体系规范为起点，逐步建构起明晰的检察官司法责任认定、追究与惩戒的证据证明标准、程序、责任变更等规则体系。

---

① 葛琳:《检察官惩戒委员会的职能定位及其实现——兼论国家监察体制改革背景下司法责任追究的独立性》，载《法学评论》2018 年第 2 期。

（三）优化司法责任认定、追究办案模式与检察官惩戒委员会运行模式

总体来说，司法责任认定、追究案件办理模式的优化与完善有两个方案，可以优先选择方案一，也可以两者协同推进。

方案一，数字化模式实施。基于新修订《条例》与《程序规定》确立的框架体系，融合数字检察战略实施，探索建立司法责任追究大数据办案模式。“要立足执法司法信息化数字化的特点与规律，积极探索建立检察官司法责任认定、追究大数据办案模式，以大数据办案方式的优化升级，加强与检察机关内部流程监控、案后评查等监督管理的融合，增强监督制约实效。”[①] 同时，注重吸收与借鉴大数据、区块链、人工智能等现代科学技术赋能的场景创新，立足司法办案规律，构建以办案节点为依托的数字监管模式，推动司法责任追究问题线索的信息化筛选与核实、案情智能化研判与关联性证明，健全检察官监督办案智能管理监测机制，扩容司法责任认定与追究的“数字空间”，提升海量数据中发现、研判、查证的能力与水平。

方案二，立足权能属性的模式重塑。立足司法责任认定、追究的权能属性，在新修订《条例》基础上，进一步修订《程序规定》或制定相应的实施细则等规范性文件，优化权责配置与行使方式，重塑机制运行模式。回顾我国检察官惩戒委员会制度探索实践，对检察官惩戒委员会审议与处分权力，有过不同认识。《检察官法》《关于建立法官、检察官惩戒制度的意见（试行）》规定，检察官惩戒委员会提出审查意见后，人民检察院依照有关规定作出是否予以惩戒的决定，确定了审查意见与惩戒决定的职权分离。从权能属性看，检察官惩戒委员会行使的是司法审查权与司法处分建议权。这种职权配置方式已在制度规范层面得到了初步确认，在国外也较为普遍。比如，法官检察官惩戒委员会并不直接参与法官责任追究的调查处理，惩戒委员会只是就其调查情况做出审查意见，惩戒委员会对人民法院监察部门调查的具体过程无从插手违背了“裁判者不得自行断其

---

① 参见高景峰：《数字检察的价值目标与实践路径》，载《中国法律评论》2022年第6期。

案”“任何人不得做自己案件的法官”的司法原则。[①] 贯彻落实中央部署与《若干意见》，适时制定实施新修订《条例》细则中，要有针对性地完善相应的配套制度机制，统筹检察官惩戒委员会司法审查权、司法处分建议权的高质效运行。一是探索建立审查意见执行反馈机制。根据审查意见作出处理决定后，要在一定期限内向惩戒委员会反馈，惩戒委员会审议认为处理决定不当的，可以提出变更处理意见，必要时可以提请上级检察院复核。二是审查意见移送纪检监察机关处理后，纪检监察机构也要将审查意见采纳与处置情况在一定期限内反馈惩戒委员会。惩戒委员会可以定期不定期地对处置情况进行综合评估，必要时可以组织联席会商，统一审查标准，完善审查规范。三是探索将惩戒委员会审议意见作为职务违法犯罪案件审查起诉、定罪量刑的重要参考，纳入立案调查、侦查证据标准体系。四是建立健全办案信息共享机制。信息共享成效如何，不仅直接关系着办案效率，还关系着司法责任追究调查模式的转型升级。要加强与侦查部门的沟通联系，实行办案信息、办案结果双向共享、双向反馈，必要时可以通过组织召开联席会等方式听取负责侦查部门的办案意见。加强与纪检监察部门的沟通通报，及时通报司法责任问题线索审查标准及相关典型案例材料等，为纪检监察调查办案提供有益参考。

（四）完善司法惩戒与纪检监察机关执纪执法衔接配合机制

《中共中央关于加强新时代检察机关法律监督工作的意见》强调，各级纪检监察机关要加强对检察人员履职行为的监督，健全调查处置违纪违法检察人员与检察官惩戒制度的衔接机制，确保检察权依法规范行使。《2023—2027年检察改革工作规划》强调，完善司法惩戒与纪检监察机关执纪执法衔接配合机制。完善与纪检监察程序、职务犯罪侦查程序的衔接机制，其肩负着双向贯通的功能。

1. 建立健全案件线索审查协同机制

司法责任追究工作中发现公职人员涉嫌职务违法犯罪的，应当依照相关规定及时移送纪检监察机关；涉嫌司法工作人员相关职务犯罪的案件线索，也应当及时移送负责侦查的部门依法办理。但移送并不是“终点”。

---

① 参见陈敏、张晓玲：《刑事错案语境下我国法官责任追究制度探究》，载《法律适用》2020年第15期。

对纪检监察机关初核、侦查部门立案审查等环节中需要提请检察官惩戒委员会专业审查的问题线索，要做好审查协同，及时启动相关调查程序，配合做好提请审议相关工作，确保依法规范有效。

2. 建立健全司法责任初核与纪检监察初核、职务犯罪立案侦查的衔接配合机制

作为立案前的调查核实活动，司法责任初核与纪检监察机关的初核、职务犯罪立案审查一样，具有“去伪存真”、避免恣意启动公权力等价值追求。办案模式建构上的同源性与相似性，为三项工作的同步衔接提供了基本支撑。在初核阶段加强衔接贯通，无疑能够更好地盘活司法资源，增强司法责任追究质效。特别是通过提前介入、跨区域协办等方式，加强与职务犯罪立案审查之间的协同配合，能够有效地发挥检察一体的优势，提升司法责任追究品质。

（五）健全检察人员合法权益保障制度

《条例》坚持主客观相一致原则，强调不简单以发生错案结果追责，明确客观上存在法律法规修订、司法解释发生变化或者有关政策调整等，导致改变案件定性、处理决定以及撤回起诉、判决无罪等的，相关案件办案检察人员不承担责任，推动检察人员合法权益保障制度建设迈出了重要一步。《2023—2027年检察改革工作规划》专门强调完善检察人员权益保障制度[①]。迈入新的历史起点，要全面贯彻落实二十届三中全会精神，进一步强化系统观念与整体推进，增强改革系统性、整体性、协同性，切实提升合法权益保障的获得感。

1. 完善惩戒处分衔接与不实举报澄清机制

要建立健全责令退额、免职、责令辞职、辞退等处理决定的审查复查程序，对调离司法办案工作岗位的处理决定，要由检察官管理部门作出审查意见，确保检察官分类管理的科学性、严肃性与动态性，增强检察官惩戒的诫勉、教育功能。对于不实举报，经审查免于处分或终止司法责任追究案件办理的，要明确澄清的范围、方式与内容，探索开展跟踪调查等配

---

① 《2023—2027年检察改革工作规划》明确部署了“完善检察人员依法履职不实举报澄清和容错免责机制。会同有关部门建立检察官依法履职风险防范、人身安全保障机制”等改革任务。

套衔接机制，确保检察人员不因不实举报、恶意举报在职级晋升、评定等方面受到不公正对待。

2. 完善依法履职免责和容错纠错制度

落实检察人员履行法定职责保护机制，首要对检察官依法履职免责、容错。检察官依法履职免责与合理容错纠错，是世界各国检察官司法责任制度的基本内容。比如，美国 28 USC Section 2111 and at FRCrP 52（a）法典规定“任何不影响实质权利 的错误、瑕疵、违规行为或不一致均应予以忽略”。检察官承担排除合理怀疑、主张“无害错误”的举证责任。[①]《条例》初步规定了依法履职免责、司法责任追究处理决定复核、申诉机制，但制度的构建依然存在较大空间。一方面，要严格落实法律法规要求，及时细化实施细则与工作规范，确保追责与保护相统一。另一方面，要坚持依法、客观、公正，切实将免责推定作为司法责任案件办理的基本原则，坚持系统调查、综合研判，既查是，也查否，避免先入为主、有责推定。注重全面了解被调查对象主体身份、社会关系及涉案情况，尽可能获取充分的证明材料和涉案信息，尤其是反映司法诉讼、执行程序违法或实体错误的法律文书、案卷档案、执法记录以及工作台账等客观性证据，综合审查评议。同时，深入总结办案实践中的经验与做法，及时固定上升为工作机制与规范，逐步形成相互支撑、互为衔接的制度体系。

3. 完善惩戒委员会审查意见利益关联人权利救济机制

《若干意见》进一步明确了司法办案职权和检察辅助人员职责。随着分类管理制度完善与检察官办案组织建设不断深化，检察官的司法责任认定、追究与惩戒往往涉及检察辅助人员的责任认定、合法权益保障等。在落实《程序规定》确立的异议申请机制基础上，要继续完善检察官、相关检察院不服审查意见救济机制，结合纪检监察程序与职务犯罪侦查程序中的相关权利救济规定，建立健全审查意见利益关联人权利救济机制与衔接办法，避免因司法追责归责中断或阻却案件关联人合法权益的保障，造成程序建构与衔接“盲点”。

此外，要注重司法责任认定与追究机制与相关制度机制的系统集成与有效衔接。由司法责任认定与追究，推进检察官违规违法行为治理，在一

---

① 参见［瑞士］古尔蒂斯·里恩、Gwladys Gillieron：《美国和欧洲的检察官——瑞士、法国和德国的比较分析》，王新玥、陈涛等译，法律出版社 2019 年版，第 113 页。

定意义上，检察官违规违法行为治理更倾向于表现为一项制度性、组织性、体系性治理，要求检察官及检察工作人员在合乎规则、准则与规范中依法履职、充分履职、有效履职。要统筹落实《若干意见》《条例》，把责任落实、责任认定、责任追究与业务管理、案件管理、质量管理紧密结合起来，倒逼和促进高质效办好每一个案件、每一个环节。

五、结语

持续做实“高质效办好每一个案件”，是检察机关司法责任认定、追究的实践价值追求。从顶层设计上完善法律监督制度机制，是长远之计，完善司法责任追责惩戒、检察官权益保障等工作机制，则是进一步织密织牢制度“笼子”的重要组成部分。[①] 在此，从机制建设与完善的内生需求与外生要求出发，追溯论证了司法责任认定、追究中“责”的内涵，研究提出了实践创新措施。但由于法律监督数字化智能化正在迭代，相关改革设想仍有待跟进完善。比如，司法责任认定、追究机制数字模式的探索，如何制定算法可解释规则，规范职权行使边界。又如，数字法治视角下司法责任认定、追究中“责”的体系化、精细化建构等。这些问题有待在制度建设与发展中破解，在持续深化习近平法治思想检察实践中，司法责任认定、追究机制的内涵将不断丰富，也将更好地以法治现代化维护与保障司法公平公正。

---

① 参见童建明：《高质效办好每一个案件持续推进习近平法治思想的检察实践》，载《人民检察》2023 年第 23 期。

中央苏区红色交通线旧址保护的公益诉讼实践与提升路径

邱祥美　黄慧敏*

一、现状之审视：长汀段中央苏区红色交通线旧址保护的隐患

长汀县被誉为“中国革命圣地”“红色小上海”，不仅是著名的革命老区、原中央苏区、红军故乡和红军长征出发地之一，孕育了彪炳史册的“十一个第一”红色经典，同时也是中央苏区红色交通线进入苏维埃临时中央政府所在地瑞金的最后一站，是水路和陆路的必经之路。① 中央苏区红色交通线在长汀段内共设有14个重要的交通站点，长汀段具有独一无二的中转优势与不可或缺的中转地位。长汀县人民检察院经调查，发现县域内红色交通线旧址存在以下保护隐患。

（一）日常清洁保养不到位

根据《福建省文物保护管理条例》第12条的规定，文物使用人应当做好相关保养工作。但有7处旧址存在不同程度的清洁不到位、建筑内部环境脏乱等问题。一是生活垃圾未及时打扫。如古驿栈遗址的多处路面与周边河面，外卖盒、塑料瓶丢弃成堆。二是蛛网灰尘未及时清洁。如福建

* 邱祥美，福建省龙岩市长汀县人民检察院党组书记、检察长；黄慧敏，福建省龙岩市长汀县人民检察院第四检察部检察官助理。

① 参见中共长汀县委党史研究室：《中央苏区红色交通线长汀段革命史迹》，（岩）新出内书第2018177号，第2页。

省邮务管理局旧址的屋顶门廊等边角处出现灰尘堆积，边角还伴有蛛丝垂坠。三是农用杂物凌乱堆砌。如宣成苏区旧址人居混杂、乱堆杂物、乱挂衣物，影响旧址庄严肃穆的纪念氛围。

（二）消防安全隐患突出

根据《文物建筑消防安全管理十项规定》第 4 项、《龙岩市红色文化遗存保护条例》第 19 条第 3 款[①]的规定，文物应严格控制使用明火。县域内 9 处旧址均为宗族公祠或产权人日常居住，对应的消防安全措施却落实不到位。一是灭火器等消防器材配置不足。如长汀县委旧址未配备符合建筑面积规模的灭火器。二是消防安全标识或文物保护标识缺失。如位于古驿栈遗址的张人亚纪念亭未布设“禁止烟火”等消防安全标志。三是使用明火香烛未采取安全防范措施。如福建省邮务管理局旧址使用明火香烛，但无人看顾，未采取在香烛台底铺设石板等隔绝火源的合理手段。

（三）部分结构存在损毁

根据《文物保护法》第 32 条、《龙岩市红色文化遗存保护条例》第 20 条[②]的规定，产权单位或产权人应加强对旧址的修缮维护。而伴随长汀县城乡建设、土地开发进程的推进，旧址作为不可移动文物存在损毁隐患。一是木质设施遭受虫蚁侵蚀。如荣坑交通站旧址的门窗及柜台上雕花精美的镀金樟木结构，出现被木蜂、白蚁侵蚀的痕迹。二是土质结构因日久风化坍塌。如新汀县苏维埃政府[③]旧址外墙由于在新中国成立以来并未重新修缮或修缮较少，墙体土层出现较为严重的剥落。三是红军标语、纪

---

① 《龙岩市红色文化遗存保护条例》第 19 条第 3 款规定：“禁止在不可移动红色文化遗存保护范围和建设控制地带内存放易燃、易爆、易腐蚀物品。”

② 《龙岩市红色文化遗存保护条例》第 20 条规定：“国有不可移动红色文化遗存由使用权人进行修缮、保养；非国有不可移动红色文化遗存由所有权人负责修缮、保养。非国有不可移动红色文化遗存所有权人不具备修缮能力的，可以向县级人民政府申请修缮资助，县级人民政府应当给予资助，或者通过产权置换、购买等方式予以保护。”

③ 1931 年 12 月 14 日，闽西苏维埃政府通知第一二八号划分各县区，撤销汀连县，成立中共长汀县委、新汀县委和县苏维埃政府。新汀县是中央苏区时期短暂存在的行政区划与重要革命根据地之一。参见《中国共产党福建省长汀县组织史资料（1927 年 7 月—1987 年 12 月）》，厦门大学出版社 1989 年版，第 12 页。

念碑文出现文字模糊损毁。如春生公祠外墙上的红军标语因年深日久，一些字迹已经模糊、脱落。

（四）周边环境遭受污染

根据《文物保护法》第30条、《龙岩市红色文化遗存保护条例》第24条[①]的规定，应当重视对红色文化遗存周边区域生态环境的保护。部分旧址门前屋后环境脏乱差，有悖于与旧址本身构建一体式整洁环境的保护理念。一是居民施工建筑垃圾随意堆放。如濯田镇宣成苏区旧址门前堆放了较多木材、砖木、砂石等建筑垃圾。二是门前屋后污水横流未加治理。如涂坊镇元坑交通站旧址门前废弃农用薄膜未及时清理，污水横流，淤泥堆积，杂草丛生。

二、根源之剖析：公益诉讼推动红色交通线旧址保护的困难及原因分析

（一）监督对象及其职责边界划分“模糊不清”

根据《文物保护法》《烈士纪念设施保护管理办法》《环境保护法》等法律法规，文化、旅游、生态环境、应急消防、退役军人事务等行政主管部门及属地政府，都对保护县域内旧址具有监管职责。但若将上述单位全部认定为怠于履职机关，一是不利于实现监督的精准化、高效化，加剧多头管理的风险；二是不利于实现监督的深层化。综合治理的推动需由某个主责部门牵头，才能更好为旧址整合配置人力、资金、物料等资源元素。

监督对象及其职责边界划分“模糊不清”的原因，一方面是旧址本身的多价值融合特点。旧址往往涵盖了历史文化遗址、红色旅游景点、传统客家民居、宗教祭祀场所等多种属性，且出于环境协同一致的要求，还蕴含着生态保护价值。[②] 另一方面，目前中央、省级层面在红色文化遗存保

---

① 《龙岩市红色文化遗存保护条例》第24条规定：“市、县、乡三级人民政府应当加强不可移动红色文化遗存周边区域的生态环境保护，防止地质灾害、水土流失、环境污染等对红色文化遗存生态环境和历史风貌造成破坏。”

② 参见陈冬：《文物保护公益诉讼与环境公益诉讼之辨析——以公共利益为中心》，载《政法论丛》2021年第2期。

护领域呈现出“分散式”立法的特点。[①]《龙岩市红色文化遗存保护条例》作为我国首部由设区的市制定的保护红色文化遗存的地方性法规，具有示范引领价值。然而，其仅在第 5 条概括性地陈述了各行政机关的权责，[②]并未划定具体职责清单。

（二）私有产权旧址公益与私益存在“利益博弈”

县域内除“红旗跃过汀江渡口”遗址等 2 处位于室外开放场地的旧址，剩余 12 处建筑均系私人所有的住宅、祠堂，未将所有权收归国有。面对所有权人的私益，检察机关的监督权、行政机关的管理权难免有所掣肘。一是影响资金利用率。如新汀县旧址因多年无法做通所有权人的工作，90 万元的专项维护资金无法投入使用。二是影响日常监督效能。所有权人出于安全管理的考虑，平时大门落锁紧闭，给行政主管部门定期检查造成较大阻碍，特别是宗族公祠类建筑。

仔细考究，首先是现行法规对私有产权红色文化遗存的管护与补偿的规定缺乏操作性。现行法规仅提供了政府出于文物保护目的而限制所有权人处分权的依据，[③] 但对所有权人投入的经费如何进行补偿缺乏具体标准。其次，旧址的权属复杂性也成为建立长效管护机制的重要阻碍。部分乡镇政府希望通过征收而取得旧址所有权，赢得管理主动权。然而，较多旧址为多户人所共有，必须逐户协商，难以达成一致补偿意见。个别共有人出于自身利益考量，常提出不合理的征收补偿请求。在下拨资金仅能用于文物修缮而非征收的情况下，难以满足所有权人的要求。

（三）未定级文物类旧址保护法律依据“独木难支”

文物、文物保护单位与红色文化遗存在法律上并非完全等同的概念。县域内的旧址，1 处为国保，4 处为省保，6 处为县保，剩余 3 处未被列为

---

① 参见刘艺、邱弈夫：《红色文化遗产保护类行政公益诉讼的制度创新与完善建议》，载《石河子大学学报（哲学社会科学版）》2023 年第 3 期。

② 《龙岩市红色文化遗存保护条例》第 5 条第 3 款规定：“市、县两级发展改革、财政、公安、城乡规划（建设）、国土资源、环境保护、旅游、教育等其他有关部门，按照各自职责，做好红色文化遗存保护的相关工作。”

③ 参见《文物保护法》第 32 条、《福建省文物保护管理条例》第 12 条、《龙岩市红色文化遗存保护条例》第 8 条。

文物保护单位。如何推动未定级文物类旧址保护，成为摆在检察机关面前的一大难题。

究其原因，一是相关概念外延模糊造成监督依据存疑。文物范围具有不确定性，[①] 应由文物行政主管部门依照程序认定。因此，对新汀县旧址等非文物建筑，以《龙岩市红色文化遗存保护条例》为依据开展监督较为适宜。但其关于红色文化遗存的认定条件使用了“重要”“代表性”等外延不确定性用语，此时援引条例作为监督依据，并非具有必然的法理正当性。[②] 二是非文保类旧址的政策支持不足。现行法规体系尚未对旧址等在党史上具有重大意义的非文保类红色文化遗存，设置专门的保护依据与有利的政策条件支持。如荣坑交通站旧址，多年申报文物保护单位未成功，所有权人自费将外墙修缮后捉襟见肘，遑论开展进一步的深入保护。

（四）推动旧址深层次开发利用“孤掌难鸣”

红色交通线旧址蕴含着巨大的思想价值与教育价值。然而，县域内旧址的活化开发程度冷热不均。一些乡镇政府重视且周边交通便利的旧址，观瞻人员络绎不绝，如红旗跃过汀江渡口遗址打造的农文旅综合体。[③] 而较多旧址除清明节或烈士纪念日稍有人气，日常则门可罗雀。此外，宣教融合水平也亟待提升。约60%的旧址没有反映史实的标志性设施，历史事件与遗存无法相对应，更遑论以旧址为依托开展红色教育。

审视原因，在主观认识层面，表现为对红色交通线珍贵文化内涵的重视不够。行政主管部门重建设保护、轻开发利用，在面对县域内红色遗存

---

① 参见唐张、胡方、梁馨文：《文物保护检察公益诉讼的困境与完善路径》，载《中国检察官》2022年第19期。

② 《龙岩市红色文化遗存保护条例》第3条规定：“本条例所称红色文化遗存，是指新民主主义革命时期，中国共产党团结带领各族人民进行革命活动所遗留的，具有纪念、教育意义或者史料价值的遗址、遗迹和实物。包括：（一）重要机构、重要会议旧址；（二）著名人物故居、旧居、活动纪念地、纪念设施及其遗物；（三）与重要历史事件、革命运动、重要战斗有关的遗址、遗迹和代表性实物；（四）反映革命历史、革命精神的重要文献资料和代表性实物；（五）其他与红色文化相关的具有代表性的遗址、遗迹和实物。”

③ 参见《纪念“红旗跃过汀江”95周年活动在福建长汀举行》，载 http://t. m. china. com. cn/convert/c_5bWmOB77. html，最后访问时间：2025年5月13日。

遍地分布的优势时，未充分意识到其独特价值，致使了解相关史实的群众仅占少数。在客观障碍层面，旧址点位分散的区位特点，增加了开发利用的难度。约40%的旧址位于远离集镇中心、交通运输不便的山区农村，沿线道路等级低、路况差。此外，行政机关人员配置不足，又缺乏经费外聘专职管理人员，因此旧址一般由村干部兼任管理或居民自我管理，管理人员的文化素养制约了其开发利用效能。

三、实践之探索：行政公益诉讼守护红色交通线旧址的有益尝试

民有所呼，检有所为。长汀县人民检察院于2023年10月至2024年6月，开展守护中央苏区红色交通线旧址（长汀段）公益诉讼专项行动，以党建融合办案模式，突出党建抓思想发动、组织建设与党史学习的优势，将基层党组织的政治功能转化为红色检察公益诉讼的最佳效能，着力让红色记忆在长汀看得见、摸得着、留得下。

（一）组织联动破壁垒，构建部门协同监管

探索党建引领办案机制。成立红色交通线旧址保护公益诉讼专案组，将党小组建在办案一线。与县委党校、县党史方志办联合开展理论授课与现场教学，系统学习红色交通线旧址的历史渊源、党史事迹、保护价值，做到人手一本《中央苏区红色交通线长汀段革命史迹》，为红色交通线旧址司法保护的开展奠定扎实调查基础。及时有效组织圆桌会议明确县文体局为统筹协调的主责部门，属地政府为配合落实部门，协同履行旧址精神挖掘、消防安全、环境保护等职责，破解多头管理困境。注重发挥旧址所在地基层党组织的战斗堡垒作用，对偏远山区旧址，采用“专业维护团队+村干部兼职管理”模式，出动检查人员273人次，开展虫蚁消杀防治15次，清除垃圾杂物300余公斤，将旧址保护“一址一责一主体”责任落实到位。

（二）先锋示范促共治，共护私有旧址公益

针对私有产权旧址维护陷入僵局的问题，专案组积极协助乡镇文化站下沉开展“一户一策”释法动员，而专案组中的党员干警也勇于担起释法

重任。对于多户共有的宗祠类建筑，专案组积极推动属地乡镇与产权人协商，明确修缮资金专用于文物维护而非征收，释清产权人疑义，促成12处私有旧址产权人全部签订《安全管护责任书》，有效凝聚私有旧址产权人日常维护公益的共识。同时，专案组还主动对接县方志办深挖旧址红色历史，据此推动属地政府主动寻访红军后代、社会乡贤与社会组织，争取社会捐助近150万元，破解私有产权旧址资金掣肘难题。

（三）配套政策补短板，纾解未定级文物困境

在办理红色交通线旧址保护的公益诉讼实践中，检察机关积极争取地方党委、政府的政策支持。以专项调研形式主动向县委、县政府、县人大汇报专项监督情况，努力向上争取专项补助资金，优先用于未定级文物旧址的结构加固与消防设施升级。先后促成申请国家专项资金347万元，维修年久损毁建筑结构16处，增设补充消防设施14处。督促完善旧址保护考核机制，将旧址保护开发情况列入县委对乡镇党委、乡镇党委对村委会的考核指标，激发行政机关党员干部主动作为、长效履职的内生动力，确保旧址保护、利用、传承形成闭环并可持续运行。

（四）学干融合促长效，激活旧址宣教效能

打造党史教育实体阵地。将5处交通便利旧址纳入党性教育教学基地，推动古城镇设立中央苏区红色交通线陈列室，作为检察机关长效开展党史教育的重要抓手，把在学中干、在干中学落实到旧址司法保护中。面向社会广泛征集与旧址关联的史料、实物，增设文物史实展板9处，实现遗存与史实对应。促成举办红色主题教育186场次，覆盖省、市、县三级党员干部、群众约7460人次。开展“追红色记忆 悟建党精神”专题研学，由检察长带领全体干警前往红旗跃过汀江遗址追寻红色足迹，并邀请人民监督员、“益心为公”志愿者现场问效。

四、对策之反馈：行政公益诉讼助力红色交通线旧址保护的提升路径

推动红色交通线旧址的有效保护与利用这一难题的解决，考验的是检察机关的监督智慧。如何提升红色交通线旧址保护效能，需要检察机关积

极协同地方党委、政府对症下药，以行政公益诉讼的“小切口”推动红色文化遗存的大治理，方能共同写好新时代“传承红色基因，赓续红色血脉”的新篇章。

（一）全面厘清监督对象及其职责范围

检察机关结合案涉旧址保护的实际情况，通过全面细致的调查进行核实，从多角度考量确定被监督对象和对应监管职责。[①] 一是以调查案涉公益损害问题的具体表现为前提。按照受损表现、危害公益类型对结构损毁、消防安全、应急隐患、卫生脏乱、环境污染等问题进行分类，初步划定保护该类型公益保护事项对应的行政管理事项。二是以调查案涉行政管理事项的法律法规为切入。按照从特定行政管理事项到宏观行政管理领域，再到特定行政管理部门的思路，全面寻找各级法律法规、规章，以及地方“权责清单”“三定方案”“行政执法权移交书”等内部规范性文件。[②] 对“监管”职能应做限定解释[③]，原则上不包含指挥、统筹、协调等宏观管理之义。[④] 三是以征询拟监督对象履行法定监管职责意见为关键。某一项公益受损问题对应多个行政机关的，通过灵活运用磋商会议、圆桌会议等调查手段，听取被监督对象的合理意见和诉求，降低监督对象失准与职责划分错误的风险。四是以引入“外脑”考量监督的合理性与科学性为助力。以组织公开听证会、专家评估会的形式，邀请“益心为公”志愿者、人民监督员、人大代表、政协委员以及文物保护专家参与，研判拟监督对象的履职能力与预期整改效果，科学确定行政机关在具体案件中需承担的监管义务。

---

① 《人民检察院公益诉讼办案规则》第 34 条、第 35 条、第 45 条已对检察机关调取证据的类型、取证形式、行政机关不予配合的后果都作出相对全面的规定。

② 参见余凌云：《检察行政公益诉讼的理论构造》，载《行政法学研究》2023 年第 5 期。

③ 参见彭劲荣、李立峰：《从四方面准确把握行政公益诉讼监督对象》，载《检察日报》2021 年 2 月 26 日。

④ 《龙岩市红色文化遗存保护条例》第 5 条第 1 款规定：“市、县两级人民政府应当将红色文化遗存保护工作纳入本级国民经济和社会发展规划，加强对红色文化遗存保护工作的组织领导和统筹协调。”此处行政管理职能指的就是组织领导、统筹调配、协调具体监管机关参与保护的宏观指导职能。

（二）完善私有产权红色交通线旧址的保护利用机制

充分发挥检察公益诉讼“我管”促“都管”的履职优势，督促红色交通线旧址产权人做好家族内部析产与共同管理。一是强化产权人修缮旧址的补偿保障。在落实《文物保护法》《龙岩市红色文化遗存保护条例》施行的配套法规政策时，明确私有产权人依法享有的补偿权利，设计与之配套的申请主体、申请程序、项目范围、费用标准、资金来源等规定。同时，可出台激励政策，在税收、旅游、教育等各方面给予产权人优惠，构建权、责、利统一的法律保护体系。二是稳步探索旧址转换社会管理的机制。一方面，转换为国有管理。推动属地政府用修缮资金置换建筑类旧址的租金，使政府在较长时间内取得建筑使用权。[①] 另一方面，转换为社会主体管理。[②] 参考公共工程建设领域的PPP模式，由政府与符合资质的第三方市场主体签订契约，引入社会资本纾解国有管护资金压力，共同保护红色文化遗存。三是健全旧址析产与管理的法律监督。一方面，加强析产的规范化监督。检察机关联合司法、法院、文旅等部门，对私有产权旧址进行产权划分，提供一站化、无偿化、专业化的法律服务，助力矛盾快速化解。另一方面，注重维护的日常化监督，鼓励共有人成立“家族守护站”等内部管理机构，防止旧址管护陷入“九龙治水”境地。

（三）健全未定级文物类红色交通线旧址保护的法律支撑

优化对未定级文物类红色交通线旧址开展公益诉讼法律监督的法理正当性支撑，是早日实现对该类旧址有效管护的应有之义。一方面，应加快推动旧址纳入红色文化遗存保护名录。构建文物行政执法与检察公益诉讼衔接机制，在前期线索摸排、取证阶段，以共同查阅档案史料、联合现场督导，共同明确申报所需的文化内涵、产权归属、保护范围、建设控制地带等必要信息。在磋商、整改阶段，可联合组织公开听证会、专家咨询会、提交调研报告，争取地方党委、政府支持，加快上级主管部门审批进

---

① 参见最高检于2020年12月2日发布的检察机关文物和文化遗产保护公益诉讼典型案例之浙江省嵊州市人民检察院督促保护中共浙江省工作委员会旧址行政公益诉讼案。

② 参见最高检于2024年6月8日发布的文物和文化遗产保护检察公益诉讼典型案例之广东省江门市新会区人民检察院督促保护涉侨文物行政公益诉讼案。

程。另一方面，应畅通旧址申报文物保护单位的绿色通道。为旧址在配套经费、人员配备、设施配置、日常监管等方面提供更多法规支撑与资源投入。充分发挥检察一体化履职优势，注重引入“外脑”做好申报的论证工作。[①] 基层检察机关可申请上级检察机关，邀请文物保护、党史研究专家对旧址的历史风貌与独特价值做深入挖掘，为人力与评估专业性存在困难的基层文物主管部门补充外部支持。

（四）着力推进红色交通线旧址的一体开发与活化利用

红色交通线旧址是党艰辛而辉煌的奋斗历程的见证，应当珍惜好、保护好、利用好这份宝贵精神财富。[②] 第一，以强化组织领导为抓手，推动旧址利用的一体化开发。一是将旧址维护、管理、开发与利用纳入政府重要议事日程，纳入区域赓续红色血脉、培育红色文化的发展大局中。二是将旧址开发融入当地产业与城乡规划建设的全过程。在各类工程动工过程中，避免旧址原有历史风貌遭受破坏。同时，积极打造“重走红色交通线”精品文旅路线，将散落各地未经系统利用的旧址点串联起来，培育研学旅行和体验旅游特色品牌。第二，以加强宣教融合为指引，促进旧址精神的立体式挖掘。一方面，积极拓展对旧址历史意义与革命精神的展示宣传。检察机关在监督中应着力做好产权人的思想工作，争取对公众开放，对尚不具备开放条件的，可以设立纪念标志、悬挂纪念铭牌、放置宣传展板等多重手段开辟旧址外部展示空间。另一方面，推动构建机关单位参与旧址保护的共建共享机制。如组织党员干部、中小学生、社区矫正人员定时定批前往旧址瞻仰学习或参与清洁维护，发挥公益诉讼制度的聚合力。[③] 此外，注重以数字化手段开展活化利用。对内部设施建筑结构、周围环境信息、附属文字图像等开展数字化信息采集，探索建设数字化陈列室，以AR、VR、MR虚拟交互体验等数字手段直观呈现旧址蕴藏的丰厚革命

---

① 参见黄星任、王启源：《浅议文物保护检察公益诉讼的办案方式》，载《中国检察官》2023年第1期。

② 参见徐日丹：《守护好我们的精神家园——检察机关开展红色资源保护公益诉讼专项监督工作纪实》，载《检察日报》2023年8月3日。

③ 参见邢昕：《行政公益诉讼启动标准：基于74份裁判文书的省思》，载《行政法学研究》2018年第6期。

精神。

（五）优化党建引领办案的“三位一体”效能

以党建为纽带整合资源与凝聚合力，构建思想、组织、行动“三位一体”路径，是破解公益诉讼监督红色交通线旧址保护难题的基础支撑。第一，党建统领思想，凝聚红色遗存保护共识。将党史学习教育贯穿旧址保护公益诉讼办案全过程，通过邀请文物专家授课、编发专题教材、组织党支部共建活动，引导检察干警与被监督行政机关深刻领会旧址的党史价值与保护紧迫性，实现党建理论与办案双融双促，筑牢守护红色根脉的思想根基。第二，党建建强堡垒，激活一线办案效能。将党小组建在办案一线，选拔政治素养高的检察专家、领军人才作为“领头雁”，确保党的领导贯穿线索摸排、立案监督、整改落实全流程。借力党组织联动破解部门协同治理壁垒，搭建检察机关与行政机关党组织的协作机制，成立红色遗存保护“党建联盟”，定期召开联席会议，明确主责部门，统筹调配人力、资金等资源，破解管护责任虚化困局。第三，党建驱动实践，发挥先锋示范作用。党员干警带头攻坚，敢啃监督中“硬骨头”，针对私有旧址保护痼疾，联合村党支部与村内乡贤下沉释法说理。以党建考核推动责任落实，将保护成效纳入行政机关党委考核指标，激励其善作为敢作为，保障维护长效常治。

涉农用地公益诉讼案件办理的难点审视及对策研究

——以 L 区公益诉讼司法实践为考察样本

金　琳　张榜照*

农用地是土地资源的重要组成部分，对于保障国家粮食安全、生态安全和社会稳定具有重要作用。根据《土地管理法》第 67 条的规定，县级以上人民政府自然资源、农业农村主管部门对违反土地管理、农村宅基地管理法律、法规的行为进行监督检查。人民检察院在履行职责中发现主管部门不依法履职的，依据《民事诉讼法》第 58 条第 2 款、《行政诉讼法》第 25 条第 4 款之规定，依法向人民法院提起公益诉讼。

一、涉农用地公益诉讼案件办理情况及案件特点

（一）涉农用地公益诉讼案件办理现状

2020 年 1 月至 2023 年 12 月，L 区人民检察院（以下简称 L 院）共办理涉农用地行政公益诉讼案件 15 件，民事公益诉讼案件 2 件。上述案件按照农用地类型划分，涉及林地 2 件，耕地 15 件。按照违法行为类型划分，涉及未经批准擅自违法占用耕地 8 件，超出抛荒地整治范围破坏林地 3 件，向农用地倾倒固体废物 8 件，未履行耕地质量保护、建设和管理职责 1 件。L 院通过公益诉讼依法履职，督促行政机关依法查处涉农用地违法行为，并恢复耕地 2.9382 公顷、林地 0.2087 公顷，督促剥离耕作层 1.6291 公顷，清理耕地上工业固废 450 千克、建筑废弃物 1500 立方米。

* 金琳，浙江省温州市鹿城区人民检察院第二检察部主任、一级检察官；张榜照，浙江省温州市鹿城区人民检察院第六检察部检察官。

（二）涉农用地公益诉讼案件违法行为涵盖的主要类型

1. 未经批准违法占用农用地

此类案件的违法情形主要表现为在农用地上非法建造经营性用房。根据《土地管理法》和《中华人民共和国土地管理法实施条例》（以下简称《土地管理法实施条例》）的规定，建设项目确需占用国土空间规划确定的城市和村庄、集镇建设用地范围外的农用地，应经批准。比如，2013 年 8 月至 2014 年 1 月，L 区某镇村民叶某某未经批准，擅自对水田进行水泥硬化并建造二层砖混结构房屋作为五金加工厂房使用，建筑面积 0.177 公顷，经核对土地类别确认非法占用耕地面积 0.0892 公顷。又如，L 区某旅游公司在违法受让使用某镇公园内土地及地面上建筑物、构筑物后，未经批准，在周边修建停车场等建筑物，用于乡村旅游用地、办公室和展厅，非法占用水田 0.0293 公顷、旱地 0.0442 公顷、林地 0.1299 公顷。

2. 将永久基本农田或者一般耕地转为其他农用地及农业设施建设用地

2022 年以来，中央一号文件以及相关立法规定不断强化耕地用途管制，从 2022 年严格管控耕地转为其他农用地。2023 年探索建立耕地种植用途管控机制，明确耕地利用优先序，再到《粮食安全保障法》对耕地“非粮化”问题正式作出规定，都反映出“严守耕地保护红线，筑牢粮食安全根基”的精神。同时，耕地保护力度也相应不断加大，在落实和完善耕地占补平衡方面，从 2022 年“实现补充耕地产能与所占耕地相当”，到 2025 年坚持“以补定占”，将各类耕地占用纳入占补平衡统一管理，表现出国家对耕地资源可持续发展的重视。[①] 2023 年，L 院根据 Z 省人民检察

---

① 2022 年中央一号文件《中共中央 国务院关于做好 2022 年全面推进乡村振兴重点工作的意见》规定，严格管控耕地转为其他农用地。实现补充耕地产能与所占耕地相当。2023 年中央一号文件《中共中央 国务院关于做好 2023 年全面推进乡村振兴重点工作的意见》规定，加强耕地保护和用途管控，严格耕地占补平衡管理，探索建立耕地种植用途管控机制，明确利用优先序，加强动态监测。2024 年中央一号文件《中共中央 国务院关于学习运用“千村示范、万村整治”工程经验有力有效推进乡村全面振兴的意见》明确改革完善耕地占补平衡制度，坚持“以补定占”，严厉打击非法占用农用地犯罪和耕地非法取土。2025 年中央一号文件《中共中央 国务院关于进一步深化农村改革扎实推进乡村全面振兴的意见》严格耕地总量管控和“以补定占”，将各类耕地占用纳入占补平衡统一管理。2024 年起施行的《粮食安全保障法》第 12 条规定，国家严格控制耕地转为林地、草地、园地等其他农用地。

院下发的天地图卫星矢量图斑线索，结合从自然资源和规划部门调取的土地利用现状图（全国土地利用现状第二次调查数据）、《W市L区土地利用总体规划（2006—2020年）》局部图，现场勘验查明L区某镇有4块耕地存在挖塘养鱼、被设施用房占用等非粮化（非耕农用地占用一般耕地）情形，且占用永久基本农田总面积达3271平方米。

3. 擅自砍伐破坏林木、破坏植被，倾倒生活垃圾和建筑垃圾

在农用地擅自砍伐破坏林木、破坏植被，倾倒生活垃圾和建筑垃圾的行为，除了破坏耕地的种植条件外，还会造成土壤污染。建筑垃圾含有的碎石、粉尘，在堆放和雨水冲刷过程中产生的有害物质、生活垃圾产生的腐败物，以及生活垃圾含有的有害物质都有可能渗入土壤。比如，L院办理的瓯江山福庄岩段固体废物污染治理公益诉讼系列案件，该区域存在生活垃圾、工业固废随意倾倒，以及垃圾露天焚烧问题，通过委托专业机构进行检测，确认相关区域面积为0.213公顷，垃圾随意堆放造成原有林地0.13公顷、旱地0.0747公顷被破坏，成为碴地，河流水质遭污染，自然资源受到严重损害。又如，L院办理的某镇某村耕地被违法倾倒建筑垃圾案件，案涉耕地上长期堆放大量建筑垃圾，层高近2米，与田间道路齐平，垃圾内有大量的水泥块、碎砖块、碎石头、碎瓷砖等物。经调取2017年至2021年案涉区域卫星图历史影像数据，该案中的建筑垃圾堆放区域的耕地自2018年起就呈现灰白色，与周边种植农作物区域呈现的青绿色形成明显反差。再如，L院办理的某镇小岙村仙人洞背山相关区域林木砍伐及植被破坏案，案涉公益林及商品林被大面积砍伐，总面积共计12.1374公顷，绿色植被遭到严重破坏。经核对L区森林资源“一张图”2020年数据，从2019年至今没有任何单位和个人办理过该地林木采伐许可证。

4. 未履行耕地质量保护、建设和管理职责

十分珍惜、合理利用土地和切实保护耕地是我国的基本国策。耕地特别是永久基本农田是粮食安全和农产品供给的重要保证，各级人民政府负有保护、开发土地资源，并制止非法占用行为的职责。因此，行政机关是否履行耕地质量保护职责，是办理农用地公益诉讼案关注的重点之一。比如，L院在办理某建设项目占用耕地但未按照规定实施耕作层剥离案时，发现某镇社区卫生服务中心区块原部分面积系农用地，该区块在转建设用地后未按照规定实施耕作层剥离；另一处地名为临江沙头组团C－10b－2

地块在实施耕作层剥离工作后存在储存土壤不规范的情形，检察机关在通过诉前程序督促行政机关履职后，发现剥离的耕作层堆放现场仍未见围挡、排水等设施，表土、底土间未设置区分标识以及存储区上还混有生活垃圾和建筑垃圾等情况，极易引起水土流失。

二、涉农用地公益诉讼案件办理难点剖析

（一）部分非法占用农用地涉及历史遗留问题，如何处理存在分歧，且上位法规定较为模糊

非法占用农用地有的时间短，但也有的时间长达十几年，成为历史遗留问题。比如，L院办理的占用基本农田挖塘养鱼案件就涉及历史遗留问题，因此检察机关与自然资源和规划部门在处理上存在认识分歧。分歧主要表现为两个方面：一是案涉挖塘养鱼是否系违法行为。自然资源和规划部门提出案涉的两个鱼塘建成已有十多年，其中一处鱼塘建成时间为1992年，当时的《土地管理法》尚未对挖塘养鱼作出具体规定，因此无法根据《土地管理法》认定系违法行为。检察机关认为1988年的《土地管理法》已明确规定，在耕地上挖土、挖沙、采石、采矿等，严重毁坏种植条件的，责令限期处理，并处以罚款。虽然没有明确规定挖塘养鱼，但在采矿后用了“等”，也就包含了其他破坏种植条件的行为，因此该案当事人挖塘养鱼，严重破坏耕地，属于违法行为，应依法予以处理。同时，根据最高人民法院行政审判庭《关于如何计算土地违法行为追诉时效的答复》，对非法占用土地的违法行为，在未恢复原状之前，应视为具有继续状态，其行政处罚的追诉时效，应根据《行政处罚法》第29条第2款的规定，从违法行为终了之日起计算。案涉被占用的农田至今仍是鱼塘，应认定为没有恢复原状，违法行为仍在持续。二是行政机关是否未依法履职和案件如何处理。自然资源和规划部门以挖塘养鱼系历史遗留问题，认为不属于违法行为，进而否定该部门的监管职责，同时提出案涉鱼塘所处地域系基本农田也可能系土地调查时错划所致。检察机关认为，根据自然资源部、农业农村部、国家林业和草原局《关于严格耕地用途管制有关问题的通知》和浙江省自然资源厅、浙江省农业农村厅《关于加强和改进永久基本农田保护工作的实施意见》，已划定的永久基本农田，任何单位和个人不

得擅自占用或者改变用途。因此，无论案涉鱼塘占用基本农田系划定不实或者历史上设施农用地办理手续不全所致，均需要复垦为农田，不能复垦的，则通过补划永久基本农田来实现耕地“占补平衡”。目前，根据辖区“三区三线”划定成果①，案涉鱼塘确涉及占用永久基本农田，故自然资源和规划部门应通过履行基本农田保护职责，及时稳妥地对耕地被占用情况作出处理。由于行政机关和检察机关有认识分歧，办理此类涉及历史遗留问题的农用地公益诉讼案件难度较大。目前，《土地管理法》《基本农田保护条例》《土地管理法实施条例》等法律、行政法规并未对历史遗留的耕地“非农化”“非粮化”问题作出规定，对违规占用永久基本农田或一般耕地的处理，仅体现在实施意见、通知等文件中，一定程度上给行政机关推诿、抗辩留下了空间。

（二）对受损农用地所涉的“国家、社会公共利益”是否得到全面保护的认识上存有分歧

农用地受损既包括农用地被擅自占用或被倾倒固体废物后无法正常使用，也包括违法行为对农用地所具有的生态功能造成的破坏。因此，认定行政机关是否全面依法履职，除了现场查看搭建的违建物是否被拆除、堆放的固体废物是否被清理，还要判断农用地的基本功能是否得到恢复。但在现实整治及其认定上，行政机关与检察机关对依法履职的理解存在不同认识。主要表现为：（1）行政机关往往以违法行为人是否破除非法建造的水泥地面等为作为履职的判断依据，至于违法行为人是否已经将土地的质量恢复到《土地复垦质量控制标准》（TD/T 1036—2013）所规定的要求则不予关注。而检察机关则认为违法行为人应当通过采取整治措施，将土地恢复到可供利用状态，即被破坏的农用地应能够用于种植农作物或者栽种林木等。比如，L院办理的某镇某村村民委员会非法占用耕地、林地民事公益诉讼案，自然资源和规划部门对L区某镇某村村民委员会非法占用

① 2019年1月23日，中央全面深化改革委员会第六次会议审议通过了《关于建立国土空间规划体系并监督实施的若干意见》《关于建立以国家公园为主体的自然保护地体系指导意见》等文件。这对于实现国土空间合理规划和利用，正确处理自然资源保护与开发的关系具有重大意义。其中，科学划定“三区三线”，区划生产、生活、生态“三生”空间，是协调自然资源科学保护与合理利用的基础性工作。

农用地行为作出行政处罚决定，并向法院申请强制执行，后案涉土地上水泥地面被破除并覆土。检察机关实地调查发现，该地虽然大部分水泥地面已破除，但覆盖的植被稀疏，尚有大量砾石散落，遗留的水泥碎块嵌入土壤，靠南侧边缘区域仍有水泥地面覆盖，但案涉土地却通过了行政机关的土地复垦验收。L 院在办案中还发现多个涉农用地行政处罚案件，行政机关申请法院强制执行后均存在类似情形，行政机关所出具的耕地复耕质量验收鉴定仅有地块基本情况的面积测量结果、复耕到位面积及现场照片，对耕地复耕后是否已经达到《土地复垦质量控制标准》（TD/T 1036—2013）均未作说明。（2）部分行政机关以自己不属于业务主管部门，不熟悉相关标准为由，为不认真、不严格按照土地复垦标准查验被侵害的农用地复垦的行为辩护。部分破坏农用地的民事公益诉讼案件，行政机关向法院申请强制执行后，法院通常裁定由自然资源和规划部门及属地街镇共同负责组织实施土地复垦，而地方“裁执分离”有关问题会议纪要又规定自然资源和规划部门仅仅是配合，故土地复垦的职责主要落在属地街镇上。尽管 L 区已经出台了《L 区恢复耕地种植条件标准及耕地复耕质量验收相关程序》，明确复耕验收标准为所要达到的土层覆盖厚度，强调复垦为土层内砾石含量与周边耕地现状基本保持一致，形成田埂或田坎，但属地街镇在实施土地复垦中，往往以复耕具有专业性为由，提出难以判断土地是否复垦到位的抗辩意见，而且由于 L 区未明确行政非诉案件强制执行费用追索流程，属地街镇通常也不会通过鉴定机构来鉴定判断土地是否复耕到位。

（三）涉农用地公益诉讼案件部分违法行为隐蔽，违法事实调查难度较大

农用地大多分布在城市建成区以外，破坏农用地的行为通常出现在城市郊区、农村，乃至山区，故部分受损的耕地、林地因地理位置隐蔽偏远，而长期未被发现。同时，由于农用地本身类型较多，土地整治、利用等又多涉及地方政策、项目建设，导致全方位查清公益受损的具体事实有时相当困难。比如，L 院办理的瓯江山福庄岩段固体废物污染治理公益诉讼系列案件，瓯江沿岸“蛇尾矶”被破坏的林地、耕地部分因山体阻挡，行政执法人员在日常巡查中难以发现；部分农用地被破坏的时间久远，进一步导致违法行为难以查明。又如，L 院办理的某镇小岙村仙人洞背山相关区域林木砍伐及植被破坏案，检察机关通过现场勘验、委托测绘机构测绘等手段查明案涉区域林木大范围被砍伐，并要求行政机关依法履行森林资源（公益林）保护监管职责。行政机关调查后发现，案涉的林木植被遭破坏的地块与抛荒地整治范围存在交叉，且该地块原系村集体土地，属地街镇根据L区乡村振兴富裕项目组织施工单位砍伐林木，但砍伐的林木范围涵盖了抛荒地整治范围。而该抛荒地整治已经相关业务主管部门批准且补偿事项获得农户同意，现不存在退耕还林情形，故该案擅自砍伐并破坏林地用途的总面积应当扣除抛荒地整治面积。[①]

（四）受损农用地修复不易，督促整改缺乏机制保障

L院办理的多件农用地公益诉讼案件涉及的受损农用地面积都较大，而且违法行为肇始的时间多数较早，其中占用农用地面积0.1公顷以上的案件12件，占比60%；0.5公顷以上的案件6件，占比30%；1公顷以上的案件2件，占比10%。比如，L院办理的叶某某擅自在耕地上建房破坏生态环境民事公益诉讼案，检察机关在调查时发现当事人非法改变耕地用途所建的厂房存在安全生产重大事故隐患，遂以安全生产行政公益诉讼案立案。其间，当事人知晓其需要承担相关法律责任后情绪激动，并抗拒拆除修复。虽然行政机关多次督促当事人拆除地上建筑物，但当事人仍未将耕地恢复原状，后在属地乡镇政府介入并协同行政机关与当事人反复进行沟通、协调的情况下，当事人才破除硬化的地面、清理矿渣、覆土并种植农作物，最后将案涉耕地恢复原状。另外，对办理的农用地公益诉讼案件，检察机关在督促行政机关履职时，会要求行政机关对违法行为主体依法查处，但对行政处罚决定作出后，违法行为主体未履行行政处罚决定的，根据《行政强制法》第53条的规定，没有行政强制权的行政机关需要在当事人不申请复议或者提起诉讼期限届满之日起方能申请法院强制执行，这有可能会造成行政机关无法在检察建议设定的两个月的期限内完成整改。

---

① 《退耕还林条例》明确耕地若存在水土流失严重、粮食产量低而不稳等情形的，耕地应当纳入退耕还林规划。

三、检察机关办理涉农用地公益诉讼案件的路径探索

（一）厘清行政机关依法保护职责内涵，破解历史遗留问题

涉农用地公益诉讼涉及的历史遗留问题包含三种不同情形。第一种是耕地或者永久基本农田被占用确系事实，但案发当时不认为“违法”的。第二种是虽认为“违法”但当时法律法规或规章并没有设定相应的罚则。1998 年修订的《土地管理法》规定禁止占用永久基本农田发展林果业和挖塘养鱼，但在“法律责任”一章并未设置相关罚则，对上述两种情况，不应以当时“不违法”或者违法行为是否能处罚，而否定行政机关现在对土地修复治理的责任。修复受损农用地不能仅依赖于行政处罚职责，行政机关积极主动监管也是实现受损利益得到修复的路径之一。《基本农田保护条例》、自然资源和规划部门三定方案和自然资源部、农业农村部、国家林业和草原局《关于严格耕地用途管制有关问题的通知》，都明确规定自然资源和规划部门负责本行政区域内的基本农田保护管理工作，其管理职责既包括对非法占用、破坏耕地种植条件行为的处罚，也包括对“耕地转入转出”的，自然资源和规划部门负责耕地转入的前端审核验收和耕地转出的后续监管。对于相关规定出台前、耕地转为其他农用地的历史遗留问题，自然资源和规划部门应当根据实际情况，稳妥审慎处理。此外，对于第二种情形，尽管当时法律法规或规章并没有设定相应的罚则，但《土地管理法》在“监督检查”一章已明确县级以上土地行政主管部门应责令非法占用土地的单位或者个人停止违法行为，因此行政机关仍有要求违法行为人停止继续占用土地的职责。第三种是行政机关存在对农用地核定不实或错划等情形，导致国家利益和社会公共利益受损且长期难以纠正，最终成为历史遗留问题。比如，L 院办理的村民所建住宅用房占用永久基本农田的案件，村民建住宅占用永久基本农田，是由用地登记造册不完善以及资规部门未实地调查错划永久基本农田造成的。对于这种情形，浙江省自然资源厅、浙江省农业农村厅《关于加强和改进永久基本农田保护工作的实施意见》明确规定，将自然资源部、农业农村部《关于加强和改进永久基本农田保护工作的通知》所划定的八种错划为永久基本农田的情形，在合法合规的基础上，分情形制定具体整改修复措施，包括对违法建设

的，责令恢复种植条件，其他划定不实的，直接补划永久基本农田。故对于农用地核定不实或错划等情形，行政机关仍须履行监管职责。对于这种情形，自然资源部、农业农村部、国家林业和草原局《关于严格耕地用途管制有关问题的通知》明确，对于2020年9月10日国务院办公厅《关于坚决制止耕地“非农化”行为的通知》（国办发明电〔2020〕24号）和2020年11月4日国务院办公厅《关于防止耕地“非粮化”稳定粮食生产的意见》（国办发〔2020〕44号）印发之前，将耕地转为林地、草地、园地等其他农用地的，应根据实际情况，稳妥审慎处理。自然资源部《关于统筹规范耕地保护卫星遥感监测工作的通知》明确，按照耕地和生态保护“长牙齿”硬措施工作机制要求，涉及违法违规占用破坏耕地和永久基本农田以及生态敏感区的重大疑似问题图斑，同步交由自然资源督察机构直接开展实地核查，对于核准后的重大违法问题，部将采取直接立案查处、挂牌督办、督察督促等方式进行处理。故对于农用地核定不实或错划等情形，行政机关仍须履行监管职责。

（二）源头整治修复农用地，正确认定国家利益、社会公共利益是否得到有效保护

涉农用地自然资源公益诉讼的立足点在于保护农用地在生态环境和资源方面的价值和功能，因此判断受损农用地所涉的国家利益、社会公共利益是否得到有效保护，首先要明确受损农用地是否已经恢复被破坏之前的质量，是否符合土地复垦相关标准。2023年自然资源部办公厅《关于办理非法占用耕地案件涉及恢复原状有关问题的通知》明确，非法占用耕地恢复原状，应当在已拆除非法占用的土地上新建的建（构）筑物和其他设施、硬化地面已全部破碎、建筑垃圾清运为零等前提下，通过工程措施，将非法占用的耕地恢复为不少于占用前数量、不低于占用前质量的耕地。同时，由于农用地的类型不同，对应的复垦质量控制标准也不同。《土地复垦质量控制标准》（TD/T 1036—2013）还明确耕地有效土层厚度要大于40cm，土壤要具有较好的肥力，配套设施（包括灌溉、排水、道路、林网等）应满足相关工程建设标准要求。因此，对农用地被改变用途的，检察机关应督促行政机关严格按照上述规定把握违法行为是否整改到位。

此外，负有综合管理职责的行政机关是否已协同履职、促成整改，也是衡量国家利益、社会公共利益得到有效保护的关键。对当前争议较多的

属地政府的协同治理职责。要结合宏观、原则性的规定以及微观具体的修复依据准确把握。《基本农田保护条例》第6条第3款、第14条明确，乡（镇）人民政府要确保土地利用总体规划确定的本乡（镇）基本农田数量不减少、质量不降低、耕地用途不改变。《浙江省土地管理条例》第4条第4款明确乡镇人民政府、街道办事处应按照有关法律、法规和上级人民政府的规定，做好辖区内土地管理相关工作。上述规定为属地政府治理受损农用地明确了宏观的职责归属依据。而地方法院裁定属地政府协同组织实施则通过“裁定形式”将具体的执行职责转化为属地政府的法定职责，且根据最高人民法院《关于“裁执分离”后行政机关组织实施行为是否具有可诉性问题的批复》，强制执行行为不符合准予裁定确定的范围、对象等，具有可诉性，因此属地政府需要履行法院裁定的强制执行行为。另外，对于属地街镇组织实施复垦但因费用追索流程不明影响履职的，可探索行政机关通过民事诉讼的方式进行追偿，根据《行政强制法》第51条规定，代履行费用由当事人承担。故行政机关可在代履行实施完毕后将支出的履行费用送达违法行为人，并作出限期缴纳上述费用决定，当事人不履行的，可作为金钱给付义务申请法院强制执行。

（三）以社会力量协同、技术赋能等拓宽线索来源，破解公益诉讼违法行为“查明难”问题

农用地被随意倾倒建筑垃圾、生活垃圾或受到其他污染，其被破坏的情形较为直观，但农用地被占用的违法情形有时则比较隐蔽。公益诉讼的调查取证要充分运用其他取证方法，弥补传统调查方式的不足，摆脱事实难以查清的困境。一方面，协同多方力量，通过扩大线索来源及时查明违法事实。如依托市政12345热线、“益心为公”志愿者平台，及时发现群众投诉反映强烈但尚未得到解决的问题。同时，由于土地利用、整治与不同时期政府行为密切相关，在确认是否系违法行为之前，可先查找地方性规定及相关政策，并与相关职能部门、属地政府、村民委员会等单位做好沟通对接。另一方面，精准把握涉农用地违法行为的特征，农用地被占用或被转为其他用途的，转化为现实状态就表现为“永农”非粮化、“永农”非农化、高标农田建设占用生态保护红线等场景。因此，可发挥科技化、数字化在助力公益诉讼高质量发展中的优势，探索通过卫星遥感图像采集上述矢量数据构建目标检测场景。比如，通过“卫星遥感+无人机航

拍”等技术构建涉农现场平面布局图，实现对案涉地点的全面勘查，或通过比对林地、耕地等具体农用地数年间遥感成像矢量图斑的变化情况，分析是否存在破坏林地、耕地的行为以及农用地被破坏的程度。另外，还可通过自然资源和规划部门的省域空间治理数字化平台，将案涉地点精准定位后与土地利用规划、“三区三线”区间进行套图比对，查找农用地被侵占相关线索。

（四）以“协同治理”“综合监督”理念为督促修复受损农用地提供机制保障

公益诉讼检察是一项需要各类治理主体共同参与的系统工程。检察机关要注重办理政府及其部门遇到阻力或者需要几家单位协同解决的难案。[①]特别是在办理涉农用地的公益诉讼案件时，仅仅是督促行政机关履职，但是不对违法行为人释法说理，或者某个行政机关仅是从自身履职角度出发，单独采取整改措施，就可能达不到良好的整改效果。比如，对于受损农用地复耕难度大、违法行为主体抗拒情绪强烈的情况，检察机关就有必要在发出检察建议时，同步通知属地街镇一同参与，对整改中可能存在的“硬骨头”问题提前做好风险预防，制定释法说理和应对方案。另外，行政机关对涉农用地违法行为作出行政处罚，当事人在法定期限内未申请行政复议或者提起行政诉讼，又未履行行政处罚决定的，虽然《行政强制法》第53条规定了申请人民法院强制执行的条件和期限，但根据《行政处罚法》《行政强制法》的相关规定，作出行政处罚决定的行政机关在这个过程中仍应采取催告、加处罚款等方式督促其履行。同时，要健全完善土壤治理修复相关机制，明确行政机关对受损农用地后续生态修复工作的监督、管理法定职责，对土地复垦义务人不复垦的，行政机关也可以通过资金供给、复垦技术扶持等措施督促行为人完成整改。

① 张雪樵、万春主编：《公益诉讼检察业务》，中国检察出版社2022年版，第24页。

非法经营同类营业罪的法律适用研究

——以《刑法修正案（十二）》出台为背景

浙江省杭州市临平区人民检察院课题组*

2023 年 12 月 29 日，十四届全国人大常委会第七次会议审议通过《刑法修正案（十二）》，自 2024 年 3 月 1 日起施行。此次修正工作，将《刑法》第 165 条非法经营同类营业罪的保护范围扩大至民营公司、企业，将实践中反映较为集中的民企内部人员非法经营同类营业行为规定为犯罪，旨在贯彻落实党中央关于依法保护民营企业的决策部署，回应平等保护民企产权和企业家合法权益诉求。在法律适用方面，上述条款在犯罪主体、违法性出罪条款、“重大损失”判定等方面仍有较大探讨空间。本文通过引入平等保护、审慎处理、调查研究等基本原则，进一步探讨非法经营同类营业罪的构罪标准和出罪路径。

一、非法经营同类营业罪的内涵变化及法律适用难点

（一）主体拓展及范围界定不明晰

《刑法修正案（十二）》在《刑法》第 165 条非法经营同类营业罪中增加第 2 款。包括民营企业在内的“其他公司、企业”内部人员实施的非法经营同类营业行为，如构成犯罪的，将依法追究刑事责任。将原来仅规制国有公司、企业人员的背信犯罪拓展到民营企业内部人员，非法经营同

---

* 课题组主持人：高翔，浙江省杭州市上城区人民检察院党组书记、检察长；高艳东，浙江大学光华法学院副教授。课题组成员：张爽，浙江省杭州市临平区人民检察院第三检察部主任、一级检察官、浙江省检察理论研究人才；黄心怡，浙江省杭州市临平区人民检察院第三检察部工作人员。

类营业罪的犯罪主体进一步扩充。同时，本次修订将第 1 款、第 2 款的犯罪主体均限定为“董事、监事、高级管理人员”，与《公司法》的修改进行了衔接。

实践中，对于“高级管理人员”范围的把握存在争议。非法经营同类营业罪的犯罪主体限定为“董事、监事、高级管理人员”，但由于实践中民营企业的治理结构和经营模式千差万别。虽然《公司法》第 265 条规定了“高级管理人员”指经理、副经理、财务负责人、上市公司董事会秘书和公司章程规定的其他人员，但对“高级管理人员”本身的概念界定相对模糊，相较于“董事、监事”，对上述概念特别是“经理”“公司章程规定的其他人员”的认定容易发生分歧。

此外，我国民营企业股权代持现象常见，存在隐名股东、实控人勾结或操控董事、监事、高级管理人员非法经营同类营业从而损害公司利益的可能。对于上述人员的构罪认定，是以共同犯罪认定，还是参照实践中职务侵占罪对犯罪主体的突破，将实控人“穿透”认定为实行犯，亦有探讨空间。

（二）违法性出罪要件情形繁杂

《刑法》第 165 条第 2 款规定“违反法律、行政法规规定”这一构罪条件，强调民营企业相关主体构罪需违反前置法的相关规定。为经营同类营业行为入罪设置违法性构罪门槛，既是尊重民营企业的自主决策经营，也是法秩序统一性的要求。我国民营企业发展程度不一，经营情况各异，《公司法》《合伙企业法》等法律对合法的同类营业行为作出了规定，实践中也不乏企业内部人员进行同类营业系出于提升企业竞争力、巩固市场地位的需求。因此，相关主体在进行合法同类营业行为时，不具备行政犯的行政违法性，亦不能被评价为刑法上的违法行为。

违法性出罪条款在实践中情况复杂。从文义解释的角度看，第 2 款中的“其他公司、企业”规制所有非国有的公司、企业，包括公司、合伙企业、个人独资企业等。基于民营企业类型的区别，对相应人员在进行前置法竞业禁止义务的认定时应当区分情况。例如，在合伙企业中，普通合伙人与有限合伙人所负竞业禁止义务不同，而有限合伙人与个人独资企业中受聘管理人所负“相对禁止”的竞业禁止义务亦存在“约定禁止”与“约定放行”的区别。在此基础上把握违法性出罪条款，需要对公司、合伙企业、个人独资企业中相关人员的出罪路径进行分别探讨。

需要注意的是，在公司制企业中，“一人公司”由于不设立股东会，其代表公司意志的股东会决议由一人股东作出。结合“一人公司”在实践中仍有存在的人格混同、财产混同情形，是否能够让事实上具有决策权的法定代表人、实控人也成为代表“一人公司”意志的主体“放行”同类营业行为，以防止过于严格的限缩合法的经营行为，或是严格遵守《公司法》对于授权主体及作出形式的限定，亦值得讨论。

（三）“重大损失”构罪标准值得探讨

《刑法》第 165 条第 2 款中规定“致使公司、企业利益遭受重大损失”，将公司、企业利益所遭受的重大损失结果作为构罪标准。与《刑法》第 165 条第 1 款认定国有公司、企业相关人员构罪的“获取非法利益，数额巨大”要件进行区分，系出于对民企人员与国企人员工作廉洁性的要求不一，认定民企内部人员构罪强调行为人对企业本身造成的危害。从第 1 款、第 2 款的入罪标准来看，国企侧重“肥私”结果，而私企则侧重“损公”。

《刑法修正案（十二）》生效后，“致使公司、企业利益遭受重大损失”的具体情形、认定办法和证明标准暂不明晰，有待新的司法解释性文件出台。民营企业内部人员非法经营同类营业行为的本质应当是行为人利用同类营业非法转移任职公司的利益，截取客户资源、商业机会等，造成任职公司的利益损失。对于构罪标准而言，“重大损失”是否仅能依据公司、企业所遭受的经济损失金额来衡量，若行为人的同类营业行为致使公司、企业处于不良经营状况，该处境是否能被认定为“利益遭受重大损失”，均有待相关文件的出台以进一步明确。

此外，《刑法》第 165 条第 1 款的表述为“利用职务便利，自己经营或者为他人经营与其所任职公司、企业同类的营业”，并未明确表述同类营业行为之间需存在竞争关系。但在实践中，商业行为本身存在风险，市场因素有其复杂性，在考虑行为人构罪与否时，进一步判断该同类营业行为与任职公司业务之间的竞争关系、与“重大损失”之间的因果关系，以及“重大损失”的内涵界定等问题，在具体案件的法律适用中值得探讨。

二、法律适用的基本原则

（一）平等保护原则

最高检要求依法惩治民营企业内部人员实施的背信损害公司利益犯罪，追究民企董事、监事、高管违规谋取公司商业机会，开展同业竞争等违背忠实义务行为的法律责任。近年来，民营企业频繁出现内部人员贪腐现象，其中，背信行为特别是非法经营同类营业行为的情况较为突出。《刑法修正案（十二）》将民营企业人员纳入非法经营同类营业等背信犯罪的规制范围，实现对国企、民企在法律和制度上的平等对待。

如前所述，基于文义解释，理论上所有非国有的公司、企业均受第165条第2款规制，包括公司、一人公司、合伙企业、个人独资企业等。在司法实践中，将公司制、合伙制等企业注册类型均纳入保护，亦是平等保护原则在本条款的具体法律适用以及保障民营企业权益方面的体现。而对于不同企业类型，《公司法》《合伙企业法》分别对董事、监事、高级管理人员，以及普通合伙人、有限合伙人的竞业禁止义务作出了规定，并对相应行为规定了追究刑事责任的笼统条款。《个人独资企业法》规定了管理人员所负的竞业禁止义务，并明确规定了管理人员未经投资人同意从事与企业相竞争业务构罪的法律责任。在民商事法律关系中，各类企业的相关主体均负有不同程度的竞业禁止义务，以及违反该类义务可导致的刑事责任。因此，基于平等保护原则，不论民营企业的类型其利益均应受到保护。

（二）审慎处理原则

最高检要求依法稳慎适用强制措施，规范、监督执法机关对涉案财物、企业财产的“查、扣、冻”，加强监督涉企刑民交叉案件，体现审慎处理原则。要保障民营企业经营自由，防止公权力过度干预。区别于国有企业人员廉洁性的从严要求，我国民营企业，特别是中小企业，缺乏合理有效的组织架构、制度条件，其治理结构和日常管理相对不规范。对于民营企业实施的经济活动是否需要启动刑罚规制，需考量诸如在刑民交叉法律问题上谨防利用刑事手段干涉企业正常生产经营活动，严格区分罪与非罪，防止影响民营企业经营自由。

立法平等不等同于司法平等。对于非法经营同类营业罪构罪主体的认定，应当以实质性理解为基础，“司法平等应当允许差异化，包括对入罪、出罪加以区别对待”。[①] 区别于国有企业规范的管理制度和人事任命流程，民营企业的规模、管理模式各异且仍有多数为“家族式”企业，治理层级、人员情况复杂。因此，对于《刑法》第 165 条第 2 款犯罪主体的认定，要基于审慎处理的原则，在参照《公司法》规定的基础上结合具体情形进行实质性认定。例如，对于民营企业中“高级管理人员”的认定，虽然部门经理等主体在被列入公司章程后可成为非法经营同类营业罪规制的主体，但由于公司章程具有可变性，对该类人员的认定仍应实质性考虑其职责对公司的重要性。又如，未被列入公司章程，但因亲友、血缘等关系在公司实际行使类似董事、经理职权的，探讨该类人员是否可被认定为“高级管理人员”。此外，对于同类营业行为之间“竞争关系”的认定，也应当基于审慎处理原则，与我国反不正当竞争法语境中存在竞争关系的认定进行比较区分，考虑适当限缩，防止刑法过度干预经济活动。

（三）调查研究原则

最高检要求联合公安部研究制定非法经营同类营业罪等罪名的立案追诉标准，细化完善涉案财物认定标准，体现调查研究原则。现阶段我国民营企业存在不同程度的管理问题，包括治理结构混乱、业务流程不规范、监督机制缺位等，且实践中公司、股东财产混同，公司、法定代表人行为混同较为常见。对于民企人员背信犯罪的法律适用，要根据不同企业的具体情况，关注涉案企业的经济利益和实际经营，将公安机关侦查、检察机关指导侦查及自行补充侦查相结合，深入分析企业特点，通过个案办理、类案对比，结合比较法的视角参考不同法系对背信罪的认定，逐步确定法律适用的具体标准，保障法律的精准实施，防止司法僵化。

可基于调查研究原则，对民营企业隐名股东、实控人进行构罪探讨。结合非法经营同类营业罪明确规定了违法性出罪条款，对比司法实践中职务侵占罪可从实质性判断出发将实控人“穿透”认定为犯罪主体的情形，

---

① 孙道萃：《〈刑法修正案（十二）〉的立法要义和司法表达》，载《中国应用法学》2024 年第 2 期。

参考英美法系下认定背信罪对利益冲突的审查等，讨论隐名股东、实控人涉嫌非法经营同类营业罪的构罪路径。同时，对于公司制企业中较为特殊的“一人公司”，其经营管理状况相对更为复杂、混乱，其授权“同意”主体的认定，在现阶段我国民营企业内部人员涉嫌非法经营同类营业罪司法实践较为空白，且我国《刑法》暂未设立一般背信罪的情况下，也可基于调查研究原则，参考德国、日本的《刑法》对一般背信罪的法律规定以及对“信任关系”的探讨，考虑“一人公司”授权“同意”经营同类营业行为的主体限定。

三、民企人员非法经营同类营业罪的法律适用

（一）参照与突破——高级管理人员的实质认定

1. 参照《公司法》的相关规定

《公司法》第265条规定“高级管理人员，是指公司的经理、副经理、财务负责人，上市公司董事会秘书和公司章程规定的其他人员”。

关于“经理”的认定。依据《公司法》的相关规定，股东大会委托董事会管理公司，董事会选任经理，由经理提名副经理、财务负责人，经理对董事会负责，列席董事会会议，按照公司章程规定代表公司执行公司事务。从公司治理结构的角度审视，结合经理的职能权限，“经理”这一职位实质上行使的是对整个公司的管理权。对于仅管理一个部门或某项业务的部门经理、业务经理，或是公司为进行商业活动对外称呼的销售经理等，不应认为是受非法经营同类营业罪规制的主体。

关于“公司章程规定的其他人员”的认定。依据上述《公司法》的规定，“高级管理人员”包括“公司章程规定的其他人员”。我国民营企业大多数为有限责任公司，“人合性”特点突出，在保护股东意思自治的原则下，公司可以将对公司整体经营、管理有重要作用或负责核心业务的重要管理人员以列入章程的形式确定为“高级管理人员”，成为非法经营同类营业罪的犯罪主体。从背信犯罪特点来看，行为人构罪系实施了“背

叛”企业、投资人信赖及由此衍生的受托义务的行为。[①] 公司通过召开股东会修改章程，将重要管理人员列入“高级管理人员”的范畴，不仅在《公司法》层面为该类人员赋予了法定高级管理人员的身份，亦体现了公司或投资人对该类人员的信赖。故从背信犯罪打击的行为来看，将此类人员列入非法经营同类营业罪犯罪主体亦符合背信犯罪的立法本意。

2. 突破《公司法》，以实质职权认定“高级管理人员”

关于重要管理人员的构罪探讨。如上所述，依据《公司法》，一般来说不属于“高级管理人员”的部门经理、业务经理或负责人，在被列入公司章程后可成为非法经营同类营业罪规制的主体。但需要注意到，实践中公司章程具有可变性，控股股东、治理架构、经营模式等变化都可能引起章程的变更。出于对“高级管理人员”职权以及对公司重要性的把握，在认定重要管理人员是否为“高级管理人员”时，除依据《公司法》的规定外，需实质性判断被列入章程的人员对公司整体经营、管理的重要性，或其所负责的业务是否处于核心地位，其重要性是否与拥有公司整体管理职权的经理相当。除此之外，在“家族式”企业中，存在虽仅为部门经理或负责人，但因血缘、亲友等关系在公司掌握很高话语权，掌控公司运营，行使类似董事、经理的职权，该类人员即使未被列入公司章程，也应当认为属于“高级管理人员”。因此，实践中应当基于审慎处理原则，进行“名＋实”实质性审查，以是否实际拥有对整个公司的决策权、管理权认定“高级管理人员”。

关于隐名股东、实控人的构罪探讨。一是以共同犯罪认定。从《刑法》第 165 条第 2 款的文义上看，除“董事、监事、高级管理人员”以外，其他工作人员不能构成非法经营同类营业罪的实行犯。实践中，在股权代持的场合下，隐名股东、实控人不是公司的登记股东，未记载于章程或股东名册，且通常不担任董事、监事、高级管理人员，不是非法经营同类营业罪规制的主体。但当隐名股东、实控人指示、操控董事、监事、高级管理人员实施非法经营同类营业行为，可认定构成共同犯罪。二是突破犯罪主体，以实质性判断认定为实行犯。隐名股东可通过实际行使管理职权、支配公司行为，成为公司的实际控制人。此时章程不能反映公司经

① 时延安：《民营公司管理者背信犯罪的解释原理及认定要点——〈刑法修正案（十二）〉相关条款分析》，载《法律科学（西北政法大学学报）》2024 年第 3 期。

营、管理的真实情况，实控人具备和高级管理人员相当的职权和地位。当实控人进行非法经营同类营业行为时，其与公司董事、监事、高级管理人员行使的职权完全类似，对公司的危害性相当。在司法实践中，存在确能证明实控人身份、主导公司日常经营等主客观证据的情况下，从实质性判断出发将实控人“穿透”认定为职务侵占罪犯罪主体的情形。例如，在浙江省温州市鹿城区人民法院（2020）浙0302刑初669号判决书中，法院认为被告虽未与涉案公司签订劳动合同或聘任协议，但据证人证言均能证实被告在涉案公司担任财务总监职位且负责公司财务和日常管理，被告为职务侵占罪适格主体。因此，实践中对职务侵占罪犯罪主体的认定，侧重实质上“是否利用了职务上的便利”，而不拘泥于行为人的身份。

但非法经营同类营业罪涉及的情况有其特殊性。从法律规定来看，《刑法》第271条规定的职务侵占罪是指公司、企业或者其他单位的工作人员，利用职务上的便利，将本单位财物非法占为己有的行为。非法经营同类营业罪则在法律条文中明确规定了违法性出罪条款。参考英美法系下“董事忠实义务的本质就在于避免董事等与公司发生利益冲突”[①]及“禁止不公平的利益冲突行为才是董事忠实义务的宗旨”[②]，是否存在“不公平的利益冲突”是认定董事是否违反忠实义务的重点。我国实践类似，《公司法》第184条规定了相关主体可以通过公司意思自治层面的“程序合法”允许“公平的利益冲突”存在。换言之，董事可主张已通过该程序层面的审查，从违背忠诚义务的指控中豁免。但就实控人而言，基于“商事外观主义”其并非公司登记在册的股东、董事、监事或高级管理人员，并非《公司法》规定的可以提请召开董事会或股东会的主体，本身并不具备获得公司许可的程序启动条件。即使该类实控人实施的同类营业行为系“公平的利益冲突”，但缺乏获得公司“程序合法”许可的条件。若认为该类人员可成为非法经营同类营业罪的犯罪主体，则其天然不存在通过获得公司“程序合法”层面的“同意”允许“公平的利益冲突”以出罪的可能。虽然《公司法》第180条对实控人参照董事规定了忠实、勤勉义

---

① Weinberger v. UOP, Inc, 457 A. 2d 701 (Del. 1983) [citing Guth v. Loft, Inc., 5 A. 2d 503, 510 (Del. 1939).]

② 李军：《背信损害上市公司利益罪中“违背对公司忠实义务”的认定》，载《政治与法律》2016年第7期。

务，但实践中二者在公司法体系下的法定身份、实质权责较为复杂，本文认为暂不宜参照职务侵占罪中犯罪主体的认定将该类人员划入非法经营同类营业罪的实行犯，而是以共同犯罪认定为宜。

（二）规范与修正——违法性出罪条款的理解

《刑法》第165条第2款将“违反法律、行政法规规定”规定为非法经营同类营业罪的构成要件，则前置法规定的相应人员的竞业禁止义务是非法经营同类营业罪的入罪前提。

1. 基于企业类型的出罪路径分析

一是通过程序合法获得公司“同意”。《公司法》第184条规定了相关主体经董事会、股东会报告决议、获得通过后，可以祛除同类营业行为的违法性，则合法的同类营业行为不能被后续评价为刑法上的犯罪行为。二是合伙企业、个人独资企业的“约定禁止”与“约定放行”。普通合伙人、个人独资企业受聘管理人、有限合伙人在前置法下所负的竞业禁止义务负担呈依次递减。《合伙企业法》第32条规定合伙人不得经营与本合伙企业竞争的业务，第71条规定除合伙协议另有约定外，有限合伙人不负竞业禁止义务。不同于普通合伙人同类营业行为系“绝对禁止”，有限合伙人所负的竞业禁止义务系相对禁止且系“约定禁止”。因此，在处理有限合伙人涉背信犯罪案件时，合伙协议对有限合伙人设置竞业禁止义务是启动刑事保护的前提。与此相对，《个人独资企业法》第20条规定未经投资人同意，受聘管理人员不得从事与本企业相竞争的业务，故个人独资企业受聘管理人员的同类营业行为系相对禁止但系“约定放行”，即在获得投资人同意后可合法进行。

2. “一人公司”授权“同意”的主体

依据《公司法》，一人有限责任公司不设立股东会，股东决策以书面形式记录并要求股东签名或盖章后备置于公司。获得“一人公司”对同类营业行为的“同意”，主体上应当获得股东的同意，形式上必须是书面。实践中“一人公司”的管理模式、治理情况相对不完善，为避免多个授权主体造成的混乱，表示“同意”的主体应严格按照《公司法》的规定限定为“股东”。与此同时，出于对刑事手段干预民营企业实施经济活动的审慎态度，防止过于严格的限缩合法经营同类营业行为的范围，可考虑让法定代表人、实控人成为被公司授权的代表，获得以上主体的授权也可视为“公司同意”，从而保护市场主体自由经营的活力。

我国《刑法》并未设立一般背信罪。参照德国、日本的《刑法》对背信罪的法律规定，德国《刑法》规定背信罪包括“滥权构成要件”及“背托构成要件”，即受托人违背权限宗旨、法律规定损害财产利益享有人的利益，违反财产照料义务。① 日本刑法界对于背信罪的认定存在“权限滥用说”和“违背信任说”，以认为背信罪的实质系行为人违反信任关系、诚实义务侵害原主财产利益的“违背信任说”为主流，后又吸收“高度的信任关系”等内容对犯罪构成要件加以限定。② 可见，认定背信行为，以行为人违背了信任关系，具有“滥权”行为，损害了原主或财产所有人的利益为标准。回到非法经营同类营业罪中，信任关系的违背体现在公司与董事、监事、高级管理人员之间，“滥权”系未经公司同意利用职务便利经营同类营业，最终损害的是任职公司的利益。

对于本节所述问题，可从“信任关系”及是否未损害“原主利益”的角度讨论。法定代表人、实控人并非《公司法》规定的“放行”同类营业行为问题上可代表公司意志的法定人员。就“一人公司”而言，其本身管理相对不规范，公司人员构成、内部权利分配情况复杂，在不具备上述法定身份的情况下，法定代表人、实控人在是否允许同类营业行为问题上能否代表公司意志，是否具有决策权较难证明。若认为法定代表人、实控人在该问题上亦可作出决定，则此情况下“信任关系”实质上存在于法定代表人、实控人与董事、监事、高级管理人员之间，而非缔结于公司与董事、监事、高级管理人员之间。此外，被该类人员允许的同类营业行为是否将对公司造成损害，其决策是否真正维护公司利益亦存疑。因此，为避免“多头授权”造成的混乱，本文认为“一人公司”表示“同意”的主体需严格按照《公司法》限定为股东，形式以书面股东决定作出为宜。

（三）假设与求证——“重大损失”的判定思路

1.“重大损失”的具体情形

一般来讲，公司、企业所遭受的“损失”类型大体上可以分为经济损

① 吴波、陈玲：《德国背信罪之研究》，载《上海政法学院学报（法治论丛）》2011 年第 2 期。

② 张心向：《析日本刑法中的背信罪》，载《河北法学》1998 年第 5 期。

失（直接经济损失、间接经济损失等）和不良经营状况。以此分类，“重大损失”可分为：（1）大额的经济损失；（2）严重的不良经营状况以致无法正常经营，如破产，停产、停业，吊销营业执照等行政处罚。

就停产、停业而言，构成“重大损失”应当达到“长期”的标准。司法实践中通常以“6个月”为期限判断一个公司、企业的经营情况。例如，《公司法》第260条、《个人独资企业法》第36条均规定公司、个人独资企业成立后无正当理由超过6个月未开业或开业后自行停业连续6个月以上的，登记机关可以吊销营业执照。因此，公司、企业停产、停业6个月以上，可以认为是遭受“重大损失”的情形。而就受到行政处罚而言，应当是受到与破产程度相当的吊销营业执照，责令关闭、解散等处罚，导致企业事实上无法继续正常经营。

2. “重大损失”的认定

关于导致“重大损失”同类营业行为与任职公司业务间竞争关系的认定。构成非法经营同类营业罪，要求行为人任职公司与兼营公司之间存在同类营业行为，前提是涉案公司在市场上均有经营行为并存在竞争关系。虽然存在竞争关系并未明确表述在《刑法》第165条，但竞业行为在《合伙企业法》第32条、第71条及《个人独资企业法》第20条中均有表述为经营、从事与本企业相竞争的业务。因此，基于前置法对竞业禁止义务的规定，同类营业行为间应当具有竞争性。

存在同类营业行为并不等同于存在竞争关系。例如，行为人的任职公司与兼营公司在同一行业内开展经营活动，但面向不同层次的目标客户，则二者系存在同类营业，但不宜认为具有竞争关系。对比我国《反不正当竞争法》第2条第2款的规定“本法所称的不正当竞争行为，是指经营者在生产经营活动中，违反本法规定，扰乱市场竞争秩序，损害其他经营者或者消费者的合法权益的行为”，《反不正当竞争法》的实施同样需要以界定是否存在竞争关系为前提。笔者在案例检索中发现，反不正当竞争法语境下司法实践对于经营者之间存在“竞争关系”的认定，愈发倾向于不受经营范围相同的限制，对于间接竞争行为同样进行规制[①]，不以二者属于

① 参见最高人民法院于2014年7月5日发布的第七批指导性案例之指导案例30号——兰建军、杭州小拇指汽车维修科技股份有限公司诉天津市小拇指汽车维修服务有限公司等侵害商标权及不正当竞争纠纷案。

同一行业或存在狭义的竞争关系为前提。[①] 按照此标准，前述案例中任职公司与兼营公司属于同一行业、面向不同客户群的营业行为将倾向于被认定为存在竞争关系，甚至不属于同一行业内的行为也可能被认定为存在竞争关系，则同类营业行为与竞争行为的界限相对模糊。

基于审慎处理原则，非法经营同类营业罪语境下“竞争关系”的认定不宜参照《反不正当竞争法》的标准。上述认定倾向系由于现阶段我国市场经济的高速发展和新业态的持续涌现，过于严苛认定“竞争关系”将不利于打击实践中日益多样化的不正当竞争行为及手段，不利于保护市场主体的良性发展。本节探讨的犯罪构成要件要求“致使公司、企业利益遭受重大损失”，而造成市场主体遭受损失的原因本身有其复杂性，市场波动、决策失误、投资因素等均可能导致企业蒙受损失。在此背景下，严格认定是否存在“竞争关系”这一前提，可进一步准确认定行为人实施了同类营业行为、致使任职公司遭受损失这一逻辑链条，进而更公允地评价其行为是否构成犯罪，是否应当对损害结果承担刑事责任。因此，非法经营同类营业罪“竞争关系”的认定需相较于反不正当竞争法语境下的“竞争关系”进行限缩，考虑任职公司与兼营公司间是否具有“直接的竞争关系”。对此，可基于客户群体是否重合，经营业务是否属于同一市场及市场份额占比大小等因素进行审查，与仅仅具有同类营业性质的行为相区别，以进一步保证法律的准确实施。该处理亦符合刑法的谦抑性原则，防止刑法过度干预经济活动，保障民营企业的经营自由。

关于经济损失类“重大损失”的认定应以任职公司损失的利润为宜。从非法经营同类营业罪的法律规定来看，要求发生损害结果以构成犯罪的结果犯，以行为对公司、企业所造成的损失程度来衡量行为人的违法性程度。实践中，非法经营同类营业行为可分为横向竞争、纵向竞争两种形态。横向竞争行为，是指行为人的兼营公司与其任职公司生产、销售、提供相同产品、服务，行为人利用职务便利将任职公司的商业机会交给兼营公司经营。纵向竞争行为，是指行为人的兼营公司与其任职公司处于交易上下游链条，行为人利用职务便利，将任职公司购销业务等商业机会交给兼营公

① 参见最高人民法院于2022年4月21日发布的2021年中国法院50件典型知识产权案例之第28号——百度在线网络技术（北京）有限公司诉北京子乐科技有限公司、北京经纬智诚电子商务有限公司不正当竞争纠纷案。

司，由兼营公司低价买入、高价售出获取购销差价。横向竞争行为系在市场机会、市场价格方面进行竞争，纵向竞争行为的目的在于赚取差价、攫取经营利润。

一方面，横向竞争中任职公司损失的系可得利润，纵向竞争中损失的系购销差价导致的利润损失（被攫取的利润），两种竞争模式直接侵害的均为“利润空间”，该“利润空间”系与犯罪行为具有直接因果关系的损失。另一方面，对于《刑法》第165条第1款“获取非法利益”的认定，实践中有案例认为“非法利益”是指行为人所获取的与其非法经营同类营业行为具有直接对应关系的非法所得[①]，具体表现为经营利润、经营报酬。以此为参照，第2款“重大损失”应与行为人的经营活动具有直接对应关系，即任职公司被侵害的“利润空间”。因此，对于经济损失类“重大损失”的认定，应以与犯罪活动有因果关系或直接对应关系的利润损失为宜，且对该部分损失的证明在实践中也相对较易操作。与此相对，对于不具有直接对应关系的为恢复正常经营活动而另行寻找合作机会、合作伙伴等采取补救措施、挽回损失的支出，则不宜纳入损失的认定。

对于企业的预期利益，有观点认为“公司、企业利益并非简单等同于公司财产，公司利益的内涵较之公司财产权更广，预期利益应属于公司利益的重要组成部分”“行为人获取的商业机会即已违背竞业禁止义务”[②]。该观点有一定合理性，但相较于与非法经营同类营业行为具有直接对应关系的现实利益损失（利润），该部分损失在实践中的认定较为困难，且极易受到市场变化等因素的影响。此外，考虑到与经济类损失相对应的不良经营状况类重大损失相平衡，如前所述不良经营状况类重大损失可以破产、吊销营业执照、长期停产、停业等事实上已无法正常经营的状态来认定，本文认为将“重大损失”限定为任职公司现实中已遭受的损失为宜。

关于经济损失类“重大损失”可以“非法获利数额”为参考。在无充分证据可以证明任职公司所受经济损失（利润损失）的情况下，可以参

---

① 《三堂会审｜承揽所任国企的工程为何构成非法经营同类营业罪　从广西来宾工业投资集团有限公司原董事、副总经理黄国旺案说起》，载中央纪委国家监委网，https://www.ccdi.gov.cn/yaowenn/202203/t2022 0330_182897.html。

② 商浩文：《非法经营同类营业罪的法教义学解析》，载《中国政法大学学报》2024年第3期。

照行为人的“非法获利数额”认定。“非法利益”系对客体侵害程度的数量表现，在一定程度上可以反映行为人任职公司所受损失。“获取非法利益与致使公司、企业利益遭受重大损失是一体两面的关系”[①]，将被告人所得等同于被害人损失具有一定的合理性。并且，此类认定方式在司法实践中相对便于操作，行为人的实际获利可通过交易记录等流水查清，亦可以审计报告作为认定依据，聘请具有专门鉴定资质的鉴定机构和人员，对获利情况进行鉴定，参照获利情况认定损失数额。

① 刘宪权：《〈刑法修正案（十二）〉修正内容之规范解读与思考》，载《财经法学》2024 年第 3 期。

民事检察和解制度的适用研究

——以最高检 2024 年 4 月 11 日发布的涉房地产纠纷民事检察监督典型案例为样本

权凤麟*

民事检察实践中，民事检察和解在参与社会治理，积极化解矛盾纠纷等方面凸显其制度优势，对于加强民生司法保障，运用法治“力度”提升民生“温度”具有显著的现实意义。但受法律缺失等因素影响，实践中也遇到一些困境，如何破解困境更好发挥这一制度优势，是新时期民事检察工作的需要。

2024 年 4 月 11 日，最高人民检察院发布了 6 件涉房地产纠纷民事检察监督典型案例。[①] 在该批典型案例中有 4 件适用了民事检察和解制度，实质性化解了纠纷，具体阐释了检察机关依法履职的生动实践。本文以最高检发布的这 4 件民事检察和解案例为样本，对民事检察和解制度的适用进行分析，探寻适用民事检察和解制度的具体路径。

一、民事检察和解制度适用的必要性

《人民检察院民事诉讼监督规则》第 51 条规定了民事检察和解，明确“人民检察院在办理民事诉讼监督案件过程中，当事人有和解意愿的，可以引导当事人自行和解”，彰显了检察机关履行法律监督和化解矛盾的双重职能。这是民事检察监督的法治使命，也是检察机关深入践行以人民为

---

* 权凤麟，河南省洛阳市瀍河回族区人民检察院第一检察部检察官助理。

① 《涉房地产纠纷民事检察监督典型案件》，载最高人民检察院网，https：//www.spp.gov.cn/spp/xwfbh/wsfbt/202404/t20240416_651933.shtml#2。

中心的发展思想的体现。检察机关要从政治上着眼，从法治上着力，将民生“护”出公平正义。检察机关应有的政治站位和法治担当，使民事检察和解所呈现的功能与涉民生的民事检察监督案件有较多的契合点，有利于实现民事检察监督政治效果、法律效果和社会效果的有机统一。

（一）把“从政治上着眼”落实到民事检察监督的需要

检察监督是政治性极强的业务工作，也是业务性极强的政治工作。从政治上着眼，就是要把讲政治摆在第一位。民心是最大的政治。当前我国处于转型发展阶段，民生领域矛盾纠纷多发，检察机关聚焦的案件都是与民生息息相关的热点和突出问题。在民事检察监督中要通过办好每一个案件，守住民心，厚植党的执政根基。民事检察和解应时代发展之需，以柔性手段化解矛盾、定分止争，有利于和谐社会的构建和民心稳定。同时，对于一些法律只有原则规定，却涉及人民群众急难愁盼问题，运用检察和解“兜底”化解纠纷，也是在践行人民至上的初心和使命。

（二）把“从法治上着力”落实到民事检察监督的需要

从法治上着力，就是要坚持法治思维，依法做好民事检察监督工作。最高检发布的民事检察和解典型案例，旨在指导各级检察机关充分运用法治思维和法治方式，妥善化解检察环节的矛盾纠纷。民事检察和解是检察机关在监督案件过程中，依循当事人内心意愿，引导当事人达成和解。对当事人来说，可以迅速案结事了，实现民事权利，减少诉累。对检察机关来讲，这类案件大多纠纷时间长，经历多轮诉讼环节，在法定性与必要性审查的基础上，引导当事人和解，有利于节约司法资源。对一些案件事实难以认定、法律适用确有困难的特殊类型案件，借助和解化解纠纷，能保障经济社会发展在法治轨道上运行，体现“成本最低、效益最大”的原则。[①]

（三）民事检察精准监督的需要

法律对于民事检察监督方面规定得较为原则，当前涉民生的民事检察

① 参见彭艳妮：《民事检察和解助推社会治理现代化》，载《检察日报》2021 年 2 月 24 日。

监督案件多元而复杂，如果单靠抗诉的监督形式，不能很好地解决监督中遇到的所有问题。精准监督实质上就是根据不同案件，匹配不同的监督方式，投入最少的司法资源实现最大程度的公平正义。因此，应积极探索并形成多种监督手段相互配合、相互补充的监督格局。民事检察和解正是检察制度创新的有力体现，检察机关可充分运用包括民事检察和解在内的多元纠纷疏导机制，有效地化解民事领域复杂纠纷，实现精准监督。

（四）民事检察监督践行双赢多赢共赢理念[①]的需要

双赢多赢共赢理念是新时代检察工作的重要指导思想。这一理念强调，检察机关在行使法律监督职能时，应认识到监督者与被监督者的目标是共同的，价值是一致的。通过法律监督，帮助被监督者解决问题、补齐短板，共同维护社会公平正义，在民事法律监督中运用检察和解，不仅助力法院解决问题，共同维护群众的合法权益，还通过为群众化解纠纷，让群众对检察机关感到更可信任，从而实现双赢多赢共赢。

二、民事检察和解制度的适用的现状

（一）民事检察和解适用的情形

现阶段，对于何种类型案件适用民事检察和解，理论界尚未形成一致的意见。有观点认为，民事检察和解得以适用的情形应为：当事人对无明显错误（无错误或仅有瑕疵）之裁判不予信服，并就此向检察机关提出法律监督申请的民事纠纷案件。生效裁判在案件事实认定、法律适用等方面存在明显错误的案件则不属于民事检察和解适用的情形，而应依法提出再审检察建议或提起抗诉的方式予以纠正[②]。也有观点认为，适用民事检察和解的案件范围可不局限于生效裁判的对与错，只要各方当事人均有和解意愿，且不违反法律规定，检察机关即可开展和解工作[③]。

《人民检察院民事诉讼监督规则》对民事检察和解制度仅作了原则性

---

① 《法律监督要树立双赢多赢共赢理念》，载《检察日报》2018 年 5 月 14 日。

② 郭晋磊：《“枫桥经验”视域下民事检察和解的界定、价值与完善》，载《荆楚学刊》2023 年第 6 期。

③ 张艺馨：《民事检察和解制度理论问题探析》，载《中国检察官》2023 年第 15 期。

规定。检察实践中，在何种情形下适用民事检察和解，需要进一步厘清。[①]据此，本文以最高检发布的 4 件涉房地产纠纷民事检察和解案例为样本，分析探讨适用民事检察和解的具体情形。

第一种，生效判决有错误，符合监督条件，但涉及群体利益，简单提出抗诉不能解决实际问题，难以从源头上彻底化解矛盾，从切实维护民生民利出发，充分评估实质化解争议的可能性，开展检察和解。

案例一：张某等 71 户业主与贵州省安顺市某房地产开发有限责任公司商品房预售合同纠纷检察和解系列案。张某购买某房地产开发有限责任公司商品房，约定交房并办理产权登记，逾期按约定支付违约金。某房地产开发有限责任公司逾期交房但未办理产权证，也未支付违约金。张某诉至法院。经一审、二审和再审，法院以未备案为由对办证的诉讼请求未予支持，对约定的违约金酌情调减。同期，70 户业主亦获得类似判决。张某等 71 户业主不服再审判决，申请监督。检察机关认为再审判决未按约定计算违约金证据不足，适用法律错误。综合考量市场形势、企业困境及法律适用，认为不能“一抗了之”。开展检察和解，一揽子解决了购房者反映强烈的办证及违约金问题，最大限度保障了购房者的合法权益。

第二种，生效判决并无不当，本不符合监督条件，但检察和解可以解决当事人急难愁盼的事项，能从根本上化解矛盾纠纷。

案例二：孙某与衡水某房地产开发有限公司确认合同无效纠纷民事检察和解案。孙某购某房地产开发有限公司二楼商铺，合同规定二楼楼顶归三楼使用。入住后，三楼私搭破坏楼顶致孙某的商铺漏雨，且禁止其维修，影响经营。孙某起诉要求确认该合同格式条款无效，一审法院以非格式条款及无效情形为由驳回。后经二审再审维持原判。孙某向检察院申请监督。检察院受理后核实，三楼住户私搭导致孙某的商铺漏雨。检察院认为，虽条款为格式条款，但楼顶非孙某专有部分，条款不存在无效。为化解矛盾，检察院组织公开听证会，邀请多方参与，促使双方达成和解，实现了案结事了人和。

第三种，生效判决事实不清，判决错误，符合监督条件，但为减轻当事人诉累，节约司法资源，检察和解最大效率解决当事人矛盾纠纷。

---

① 《更新监督理念 做好新时代民事检察和解工作》，载《检察日报》2021 年 2 月 24 日。

案例三：张某仲与唐某房屋租赁合同纠纷检察和解案。张某仲与唐某签订《商铺租赁合同》，租赁某购物广场商铺十年。后因张某仲拖欠租金，唐某起诉，要求其支付租金、违约金及物业费。一审法院缺席判决张某仲支付总计 447 万余元。唐某申请执行，法院扣划张某仲部分资金，冻结其资产，列入失信名单并限制高消费。执行过程中，张某仲申请法院再审被驳回。张某仲随即向检察院申请监督，称实际承租人为张某，法院缺席审理不当。检察院审查发现判决事实不清，组织公开听证会，调解唐某、张某及张某仲间的矛盾。经检察官耐心引导，三方达成和解协议，并依照检察和解协议签署了执行和解协议。案件得以妥善解决。

第四种，生效判决有瑕疵，诉讼标的额较小，当事人情绪严重对立，且又引发新的诉讼纠纷，检察和解可以一揽子解决纠纷，避免和防范当事人之间的冲突升级，较快实现当事人各自的利益诉求。

案例四：宁波某建筑装饰有限公司与宁波某文艺创作工作室装饰装修合同纠纷检察和解案。某建筑装饰有限公司与某文艺创作工作室签订施工合同，总价 13 万元。完工后，双方因装修质量起争议。某文艺创作工作室起诉要求解除合同并索赔 52.7 万元，后减至 5.7 万元。诉讼期间，双方因装修合同纠纷引发警情。法院认为，装饰公司基本完成装修，但因无资质及质量问题影响验收，判决装饰公司退回部分装修款及承担违约金等共 16100 元。某建筑装饰有限公司上诉，二审维持原判，申请再审被驳回。遂向检察院申请监督。检察院经详查，确认法院认定有瑕疵，某建筑装饰有限公司未违约。某建筑装饰有限公司因对本案判决不服，又另诉某文艺创作工作室支付涉案工程合同范围外的劳务报酬。鉴于双方为小微企业，争议标的小，检察院积极促进和解。召开听证会，平衡双方利益。最终，双方和解，纠纷圆满解决。

综上，在民事申诉案件审查过程中，适用民事检察和解的案件范围不局限于裁判对与错，在当事人自愿的基础上，在国家法律法规的框架内，检察机关都可选择启动和解程序。

（二）实践经验及适用效果

从上述案例可以看出，检察机关展现出前所未有的主动性与创新性，其核心目标直指群众最关切、最迫切的民生问题。这不仅是对司法为民理念的深刻诠释，也彰显了检察机关在复杂案件中寻求最佳解决方案的智慧与成果。

1. 依法履职，实质解决当事人困难

在案例一中，面对71户群体当事人的购房热点问题，检察机关并未选择墨守成规的“一抗到底”，而是深入剖析，敏锐洞察到简单抗诉背后的执行困境与民生难题。依法履职，搭建起双方沟通的桥梁，引导当事人在法律框架内寻找共识，实现了办证难题与违约金争议的一揽子解决。不仅高效维护了购房者的合法权益，更彰显了检察机关对社会和谐稳定的深切关怀。在案例四中，检察和解从源头上化解矛盾纠纷，避免和防范当事人的冲突进一步升级，也保护了小微企业的活力与稳定。

2. 降低诉讼成本，节约司法资源

民事和解中，意思自治发挥的空间是一个与公权力融合的进程或者是产物。[①] 对没有必要以抗诉进入再审程序的案件，由检察机关引导当事人和解，解决纠纷的成本相对较低。案例二中，如果检察机关简单作出不支持监督申请决定，就会案了事未了，某房地产开发有限公司在销售过程中不规范行为以及三楼业主使用楼顶平台不当引发的矛盾依然存在，当事人可能会在解决纠纷的道路上继续奔波。和解解决了当事人的急难愁盼问题，也减轻了诉累。案例三中，检察机关在查明事实的基础上，引导三方当事人签署检察和解协议促使名义承租人与实际承租人自愿共同负担债务，避免了案件因遗漏当事人，还将可能有多轮诉讼才能解决纠纷的情况。这不仅大幅减轻了当事人的诉讼负担，还显著节约了宝贵的司法资源。

3. 多部门协同发力，提升检察和解实效

案例一中，检察机关采取了全面且主动的矛盾调解策略，强调了一体化办案和跨部门协作的重要性。通过紧密的检法合作和府院联动，不仅推动了行政审批的高效进行，还助力追踪房企资产，同时加强了对当事人的法律解释和风险预警。这一系列措施，不仅增强了检察和解的实效性，也体现了检察机关在促进社会和谐、维护法律权威方面的积极贡献。

4. 做好释法说理工作，创造和解环境

向检察机关申诉的当事人，往往对立情绪严重，检察官首先要从情

---

① 连宏星、陈慧芳：《检察环节民事和解的现状与期待》，载《法学杂志》2012年第12期。

理、利弊得失等角度，疏导当事人情绪，软化对立立场，使其可以理智地坐下来谈问题。这是和解的前提。[①] 典型案例中，检察机关都把释法说理融入办案中，耐心细致地搭建理性沟通平台，为和解创造有利环境。为做好释法说理工作，在案例二和案例四中，检察机关还邀请人民监督员、人大代表、律师、行业会长、金牌调解员等通过开听证会参与引导和解，帮助当事人分析利弊得失。释法说理如同桥梁，连接着法律与人心，促进着矛盾化解与社会和谐，从而实现办案以法为据、以理服人、以情感人。

5. 积极推动检察和解与法院执行和解无缝对接，助推实现双赢多赢共赢的办案效果

案例三中，检察机关在办案中积极推动检察和解与法院执行和解无缝对接，通过构建“调查核实查明事实 + 公开听证 + 引导检察和解 + 对接法院执行和解 + 跟进督促执行”的办案模式，既保证和解协议有效落实，又与法院形成合力，共同保护各方民事主体的合法权益。该案中，检察和解对接法院执行和解，避免程序空转，节约司法资源，最大效率解决当事人矛盾纠纷，实现双赢多赢共赢的办案效果。

（三）适用困境

民事检察和解在上述实践中得到良好应用。但也应看到，在典型案例之外的广泛司法实践中，仍存在一些问题。在当前的探索实践期，还存在着立法滞后、效力缺失和救济不足等适用困境。

1. 法律规则供给不足

目前，法律并未对民事检察和解作出具体规定。《人民检察院民事诉讼监督规则》第 51 条的规定过于原则性，对民事检察和解的适用条件、和解效力、救济途径等问题没有作出具体规定。显然，和解案件的法律支持不足。

2. 适用范围不明确

因缺乏明确的立法指引，民事检察和解的适用范围还存在诸多争议。哪些类型的案件可以适用民事检察和解，哪些情况下应当优先采用民事检察和解，都需要进一步的明确和规范。

---

① 于新民、王德良：《民事和解的理论解析及制度构建——以民事检察为视角》，载《天津法学》2011 年第 2 期。

3. 法律效力不明确

民事检察和解是在检察机关主持下进行的和解，意味着公权力的介入。各方当事人一旦签订和解协议，生效后当事人应当履行。如果当事人反悔拒不履行和解协议，应当如何对待其效力，法律没有明确规定，即民事检察和解协议不具有强制执行效力。效力不明在一定程度上会影响当事人达成和解协议。

4. 救济程序不明确

检察和解协议是在双方自愿的基础上，对生效裁判进行的一种有限度的变更。这种变更是双方在检察机关的引导下所确定的权利义务关系，经过协商达成协议。这意味着和解协议书仅具有普通合同的效力，其是否履行、如何履行等完全取决于各方当事人。如果当事人一方不按约定履行，对方当事人权利保障的救济程序找不到明确的法律规定。因民事检察和解协议不具备强制执行效力，那么当事人是申请法院强制执行原审生效裁判，还是由检察机关恢复监督程序，或向人民法院提起新的诉讼?[①] 法律对此尚无具体规定，导致守约方的权利救济问题仍悬而未决。

三、民事检察和解制度适用的完善路径

(一) 民事检察和解制度适用的原则

为民事检察和解建立适用原则，一方面是为检察和解提供行为准则，另一方面是防止和解的扩张适用。从检察职能视角来看，其适用原则必须与其所依据的《民法典》的基本原则相统一，并体现民事检察和解的特性。

1. 自愿原则

民事检察和解必须坚持自愿原则，各方当事人都有权按照自己的真实意愿选择和解，决定和解的内容和方式，不能将自己的意志强加给对方或任何第三方。只要和解协议不违反法律规定，即可达成。当事人真实意愿，是和解协议正当化的前提。

2. 合法原则

合法原则是指和解的过程和解协议的内容必须符合法律法规的规定，

---

① 参见张迪娜:《论民事检察和解制度的完善》，西南政法大学 2014 年硕士学位论文。

不得与法律法规相抵触，要在国家法律的框架内进行，不得侵害国家利益、社会公共利益和他人的合法权益，不得违背公序良俗。

3. 中立原则

检察机关的定位应为“引导者”，检察机关在审查案件、主持和解过程中应体现公正中立，保障双方当事人的合法权益，做到不偏不倚。中立是检察机关主持和解的司法权威所在。

4. 法理情相统一原则[①]

民事检察和解的价值重在追求实质化解纠纷，在处理民事检察和解案件时，检察机关要找到各方利益的平衡点，在释法析理中将法、理、情充分融为一体，实现政治、法律和社会三效果的有机统一。

（二）划定民事检察和解制度的适用范围

在法律中明晰民事检察和解制度适用范围，为适用好和解制度提供依据和遵循。以典型案例为指引，本文认为在办理民事诉讼监督案件过程中，对不违反国家法律法规，不损害国家利益和社会公共利益及他人合法权益的，只要各方当事人均有和解意愿，检察机关都可适用和解制度。可侧重以下情形开展检察和解工作：（1）涉及群体利益，案件当事人众多，社会影响较大的；（2）生效判决有错误，执行困难，简单提出抗诉难以从源头化解矛盾，和解处理纠纷更能达到合情合理的；（3）生效判决错误，但为减轻当事人诉累，节约司法资源，最大效率解决当事人矛盾纠纷的；（4）生效判决无不当，但可解决当事人急难愁盼事项的；（5）生效判决有瑕疵，当事人矛盾激化，易引发新的诉讼纠纷的；（6）争议的诉讼标的额较小，但当事人情绪严重对立，矛盾易激化升级的；（7）诉讼阶段当事人有和解意向，有可能达成和解协议的。

（三）规定民事检察和解的效力

《民事诉讼法》第100条与《人民调解法》第33条清晰界定了在特定司法程序下（法院调解与人民调解委员会调解并经法院确认）达成的调解书或协议具备法律上的强制执行力，这一机制确保了调解结果的权威性和

---

① 刘燕：《坚持三项原则 做好新时代民事检察和解工作》，载高最人民检察院网，https：//www. spp. gov. cn/spp/ztk/dfld/202311/t20231115_636049. shtml。

可执行性。然而反观当前，由于缺乏直接的法律规定赋予其和解协议以强制执行力，该制度的实践效能与价值实现受到了一定程度的制约。

鉴于上述情况，明确民事检察和解协议的法律效力，对于强化检察和解制度的公信力与实效性至关重要。从司法调解的广义视角出发，无论是法院调解还是检察和解，均属于司法体系内促进纠纷解决、维护社会和谐的重要机制，二者在功能定位上具有高度的相似性。因此，从法律效力的层面给予两者同等的法律地位与保障，是符合司法公正与效率原则的。

为此，建议构建检察与法院之间的协作机制，即可将民事检察和解协议副本提交至法院进行备案审查。此举不仅有助于法院对检察和解活动进行必要的监督与指导，还能在确保协议内容合法、公正的基础上，赋予其强制执行力。换言之，一旦法院经审查确认检察和解协议合法有效，该协议即获得与法院调解书同等的法律强制力，从而确保协议内容的顺利执行，进一步彰显检察和解在多元化纠纷解决体系中的独特价值与重要作用。

（四）规范民事检察和解的救济

当事人在协议签订后可能出现反悔或拒不履行的情况，这对检察和解的实效性构成了威胁。参考最高人民法院《关于执行和解若干问题的规定》第9条，该条款为处理执行和解协议违约提供了法律路径，即允许申请执行人在对方不履行协议时申请恢复执行原生效法律文书。鉴于此，建议对于检察和解协议违约问题，可借鉴类似机制，允许在特定条件下恢复至原生效裁判状态，以此作为违约救济措施之一。

但需注意，对于是否重新开启监督审查程序，应依据不同主体及具体情况作出区分处理。若申诉人违背和解协议并请求检察机关恢复监督审查，则需承担举证责任，证明原和解协议存在法定的无效或可撤销事由，否则检察机关有权不予受理，以维护协议稳定性和司法效率。相反，若被申诉人违约，申诉人申请重新检察监督时，检察机关应严格审查，符合条件的可依法提起抗诉；若不符合抗诉标准，则应引导当事人通过其他合法途径（如另行提起诉讼）寻求救济，[①] 确保案件处理的公正性与灵活性。

---

① 衣小慧：《新时代“枫桥经验”视野下民事诉讼监督案件和解制度再思考》，载《理论学刊》2023年第5期。

“民转刑”案件风险防控视角下的预防性司法：逻辑与路径*

张　垚　朱昕怡**

一、问题的提出：司法工作何以“预防性”？

党的二十届三中全会强调健全社会治理体系，提出坚持和发展新时代“枫桥经验”、完善社会治安整体防控体系等重大举措[①]，呈现出逻辑清晰、系统完备、措施精准的改革动向：一是更加突出强化基层法治建设，以完善建设中国特色社会主义法治体系为改革重心，推动基层治理机构、职能、权限、程序、责任法定化，促进政务服务标准化、规范化、便利化，强化执法司法活动的监督制约，健全人权执法司法保障机制[②]；二是更加突出强化矛盾纠纷化解，持续深化“枫桥式”乡村治理模式，全面把握预防、调解、法治、基层四个立足点，着眼于家庭、婚恋、邻里、债务等重点方面，以预防研判、排查化解、源头防控、依法处置为主要路径，推动信访工作法治化，确保实现“小事不出村、大事不出镇、矛盾不上交”；三是突出强化社会治安整体防控，在系统治理、依法治理、综合治理和源

---

* 本文系2022年度最高人民检察院检察理论研究重大课题“贯彻落实习近平法治思想 全面提升新时代检察机关法律监督质效研究”（编号：GJ2022A01）的阶段性研究成果。

** 张垚，浙江省人民检察院办公室二级主任科员、全国检察机关调研骨干人才、全国检察理论研究人才；朱昕怡，杭州铁路运输检察院第一检察部检察官助理。

① 《中共中央关于进一步全面深化改革 推进中国式现代化的决定》，载《人民日报》2024年7月22日。

② 陈文清：《完善中国特色社会主义法治体系》，载《人民日报》2024年8月6日。

头治理的基础上，探索运用专项治理手段，把准新形势下基层犯罪活动的规律特点，聚焦农村“村霸”、精神障碍患者、涉罪未成年人等重点人群，以及重点领域、突出问题等，完善政府、社会、家庭、司法等多元管控格局，严防发生个人极端事件。[①]

面对一系列的改革导向，司法工作如何主动融入和服务治理体系，必将愈发涉及“司法活动是否具有预防性的价值与职责”这一核心命题。其背景在于[②]：一是植根于“不治已病治未病，不治已乱治未乱”等本土治理传统，我国司法工作历来具有“教化”“解纷”“促和”等预防之功效；二是立足于风险社会的涌现趋势，我国法律体系中的预防性法律制度不断健全，更加注重对犯罪行为发生前的干预和预防，这一立法理念已深刻传导至执法、司法、守法和法律服务的全过程和各环节，司法工作就此进行了更新调适；三是依托于数字法治的蓬勃发展，极大地激活了司法环节潜在的数字资源和治理效能，通过对司法数据的海量归集、算法预警、规律研判，不仅能穿透式全面打击隐匿犯罪，更能助力精准把控犯罪走势，突破“行刑双向衔接”等共治障碍，有效解决司法工作的碎片化、被动性、局限性等弊端，为司法的预防性提供了基础支撑和现实可能。在新的改革形势下，司法机关如何践行落实“既要抓末端、治已病，更要抓前端、治未病”的要求，应当遵循怎样的司法规律，厘清司法职权边界，特别是有效防范各类矛盾纠纷的再发生及进一步升级为恶性极端案件？这些问题，事关司法机关全面融入基层社会治理改革大局，迫切需要进一步探索深化预防性司法的逻辑与路径，提出更具科学性、主责性、实效性的措施方案。

二、从“民转刑”案件新趋势看司法应对焦点

近年来，因民事纠纷恶化转变为故意杀人、放火、投毒等个人恶性暴力犯罪案件频发，甚至发展成为“一杀多人”戕害他人祸及无辜的极端个

---

① 阊柏：《健全社会治理体系》，载《学习月刊》2024 年第 9 期。

② 参见黄文艺：《论预防型法治》，载《法学研究》2024 年第 2 期。

人暴力事件，如广东珠海市驾车冲撞行人案[①]等，严重破坏社会大局稳定，直接危害公共安全、群众人身财产安全，成为影响社会安全稳定的重要风险点。司法机关必然要立足办案，从“民转刑”案件的趋势变化中，积极适应新形势下风险防控的规律特点，更好发挥司法的预防和治理功效。

（一）诱因的日常生活化

基于司法实践观察，“民转刑”类案件往往源起于生活琐事，以熟人关系为基点，时常存在“过错在先”“互有责任”等前提，主要集中在以下三种民事纠纷矛盾：一是利益纠纷，包括农村道路通行、山林田塘界、邻里矛盾等，多为抢占田地、破坏林界、占路占道以及房屋宅基地改造等情形，事件背后常与生产经营、补贴补偿、资金投放、征地拆迁等个体利益紧密相关。[②] 比如，某邻居双方因相邻道路通行问题积怨20余年，其间就曾“打过官司”，但后因门前过路问题，双方又起争执、发生扭打，导致其中一人轻伤和轻微伤2处。[③] 二是情感纠纷，主要指道德伦理、家庭暴力、家庭纠纷、老幼照护等领域，常见情形有夫妻感情长期不和、离婚后财产分配不公、不正当两性关系、恋爱分手纠缠、表白不成功、报复前任。比如，一女子与丈夫及男方家属常因琐事发生矛盾；一日，其与丈夫、婆婆发生争吵后，遂将家中两瓶农药倒入剩菜，意图下毒谋害报复丈夫及公婆三人。[④] 同时，这类案件并非单纯的情感纠葛，时常掺杂经济因素、财物给付等多重因素。三是债权债务纠纷，多数因合伙经营、民间借贷、劳资纠纷等经济纠纷引发矛盾，在漫长的催讨、调解甚至诉讼中逐步积累怨恨，引发肢体冲突，进而发生恶性案件的情况。

---

① 《习近平对广东珠海市驾车冲撞行人案件作出重要指示强调》，载《当代党员》2024年第23期。

② 曹永新：《新时代农村“民转刑”案件的类型、成因及其防范——基于对湖北省长阳土家族自治县检察院“民转刑”案件的调查》，载《三峡大学学报（人文社会科学版）》2021年第5期。

③ 史兆琨、赵晓明：《什么是“当宽则宽，该严则严”》，载《检察日报》2022年11月1日。

④ 郑雯：《家庭纠纷引发情绪抑郁，投毒后迷途知返》，载《检察日报》2024年9月27日。

（二）矛盾的激发衍变化

伴随我国治安形势持续保持稳中向好，“民转刑”案件中的激情犯罪比例持续下降，案件中的矛盾纠纷愈发呈现出反复性、蓄意性和复杂性等演变特质，即矛盾或为“原矛盾”的发展形态，抑或是基于“原矛盾”引发的“新矛盾”。这类案件大多前期被执法司法处置，甚至案发时仍处于执法司法环节。比如，某因邻里纠纷引发的案件中，公安机关虽对当事人双方进行多次矛盾调解，但是其中一方及其两个儿子不仅不接受调解，还多次声称“拼了这条命，也一定要让对方挨一家伙”，且在当地矛盾纠纷调处化解中心介入后，因双方经济赔偿问题难以达成一致，双方矛盾又进一步激化，存在“刑转命”的高风险。[①] 甚至有的案件正是因其对执法司法机关活动不满，对调处结果的公正性、合法性、中立性存在质疑，致使矛盾再次升级。比如，湖南衡东“9·12”恶性案件中，行为人先后6次被判处有期徒刑，且身患多种疾病，在第6次被法院判刑后，由于对法院判决不满，遂一日驾驶机动车冲进某县城广场，故意猛烈撞击人群，又下车持械砍伤现场群众，导致15人死亡、43人不同程度受伤。[②] 又如，近年来，极少数极端案件当事人由于对自身诉求未获法院支持等缘由，北京昌平、黑龙江哈尔滨、河南漯河等地出现伤害法官、漠视生命的暴行，挑衅和践踏国家法治尊严，严重扰乱社会秩序。[③]

（三）群体的特殊同质化

“民转刑”案件中，行为人呈现出低龄化、低学历以及无职业、前科比例高的“两低两高”特点。其中，前科多数为故意伤害、抢劫、抢夺、敲诈勒索、聚众斗殴、寻衅滋事等暴力犯罪，犯罪特殊主体的持续性人身

① 吴贻伙、刘晨：《双方矛盾激化，检察官迎“雷”而上》，载《检察日报》2024年9月1日。

② 《湖南衡东“9·12”恶性案件犯罪嫌疑人因涉嫌以危险方法危害公共安全罪被依法批捕》，载新华网，http：//www.xinhuanet.com/politics/2018－09/15/c_1123435600.html。

③ 《法，不能向不法让步！正义，绝不向邪恶低头》，载《人民法院报》2024年8月14日。

危险表现明显，是影响社会安全稳定的严重隐患。[①] 同时，存在精神或心理障碍相关疾病的人员作案情形逐步多发，案件恶性程度较高。比如，2022 年江苏镇江一名有精神病史的司机驾驶机动车撞上停在非机动车道内等待红绿灯的 4 辆非机动车，致使 4 人受伤。又如，2023 年 5 月 23 日，湖北省孝感市某村发生一起精神障碍患者持刀伤人案造成 8 人死亡、1 人受伤，均系其家属及周边邻居，其中死者包括该精神障碍患者的 80 多岁母亲和 1 名 2 岁儿童。[②] 上述群体基于成长特点、遗传外伤或外在环境等因素，对自身行为及其后果的预判力和控制力较弱，易受暗示、顺从、激怒、效仿等影响，存在行为的突发性、任意性，司法防控处置的难度加大，但犯罪的规律化特征明显。

（四）行为的重大恶性化

从犯罪行为看，行为人多数为报复、泄愤、自我证明等对当事方采取极端伤害行为，被侵害主体从当事方延伸至公权力机关、社会不特定群体；伤害手段从使用剪刀、菜刀等生活用品转变至引发火灾、驾驶机动车等行为；事件性质从个体性极端事件升级至群体性恶性事件。比如，“大连宝马车撞人案”，行为人因无法接受投资失败的现实，驾车故意冲闯红灯，冲撞多名行人，造成 4 人当场死亡、1 人当日抢救无效死亡、8 人不同程度受伤。2023 年 4 月，行为人因犯以危险方法危害公共安全罪被判处并执行死刑。又如，广州天河“1·11”驾车撞人案中，行为人为发泄个人情绪，故意驾车冲撞行人和道路设施，造成 6 人死亡、20 余人不同程度受伤等严重后果，犯罪手段极其残忍，已于 2024 年 4 月以以危险方法危害公共安全罪被判处并执行死刑。

三、从“民转刑”案件防控问题看预防性司法的形成逻辑

“民转刑”案件大部分动机明确、针对性强，民事矛盾纠纷潜伏期长，

---

① 梅锦：《经济发达地区“民转刑”命案的防范机制探究——以无锡市“民转刑”命案的实证分析为视角》，载《犯罪研究》2016 年第 1 期。

② 《湖北孝昌一精神障碍患者伤人致 8 死 1 伤》，载新华网，http：//www. news. cn/20240524/4c6ee674eb044f32a1b696facefd6a2a/c. html。

案发往往有章可循，但纠纷却难以化解。因此，矛盾纠纷的及时排查和有效化解既是“民转刑”案件防控的关键点，也是预防性司法形成的逻辑起点。

（一）从机械型司法到融通型司法

通过司法办案化解矛盾风险缺乏主动性、时效性，多以被动调解为主，而且对高风险矛盾纠纷的调处能力普遍较低，部分矛盾纠纷化解流于形式，仅满足于当面和解或简单劝解，深度评估和后续跟进不力，出现问题后又不依法处理，使得问题更加尖锐复杂，动摇了当事人对公权力的信赖，从而走上自力救济的途径，引发恶性刑事案件。比如，某夫妻长期因琐事争吵，丈夫曾因对妻子施暴被公安机关告诫。一日，二人再次发生冲突，丈夫持菜刀将妻子、女儿砍伤，分别造成损伤程度为轻伤一级和轻伤二级。妻子因此产生应激反应综合征，同时巨额医药费也成为家庭的沉重负担。[①] 特别是针对诱因日常化这一特点，若执法司法人员机械性地仅依据法律文本和法律逻辑作出判断，对案中的常情常理不加以审查和考量，就会陷入就案办案的法律形式主义误区，极易使案中矛盾风险扩大化、积聚化，难以实现法理情相融合，达到政治效果、法律效果、社会效果的有机统一。

（二）从流程型司法到协同型司法

不难发现，不依法规范办事往往是引发当前“民转刑”社会矛盾的导火索，矛盾纠纷实质性化解是关键要务。当前，司法调解、人民调解、行政调解三大调解手段之间存在主体职责不清、分工不细、信息不畅等问题，部门之间缺乏资源共享和实时联动。公安、法院、司法等政法单位之间办理民事案件或调解民间纠纷各自独立，信息共享和集中研判不足，难以及时有效地对案件情况进行掌握分析，未形成对“民转刑”案件的源头预警。同时，目前对“民转刑”案件还没有统一明确的界定标准，司法解释空白、学术定论模糊，行政机关和司法机关对该类案件缺乏统一认识，难以形成工作合力。尤其是基层矛盾纠纷化解的司法资源和力量十分薄

---

① 尚晓宇、周蔚、单曦玺：《塞上江南“石榴红” 检情浇灌“团结花”》，载《检察日报》2024 年 10 月 21 日。

弱，存在警官、检察官、法官“身兼多职”等情形，经常“力不从心”“顾此失彼”，一定程度上影响执法司法工作实效。针对“矛盾的激发衍变化”这一特征，司法机关不能拘囿于自身的诉讼流程和职责定位，一方面，必须严格执法、公正司法，全面引导人民群众通过法定程序表达诉求，充分运用法律手段解决纠纷，切实增强司法的定分止争功效，增强人民群众对法治的信心和信念；另一方面，要以非诉讼纠纷解决机制建设为重点，深度链接基层治理体系，贯通诉前、诉中、诉后环节，综合运用信访、救助等治理手段，实现矛盾纠纷的全领域发力、全流程消解、全方位管控。

（三）从普适型司法到精准型司法

对三类特殊人员的管控、服务不到位，构成“民转刑”恶性案件的潜在威胁。一是对犯罪前科人员的管控、帮教缺位。刑满释放人员释放后需凭释放证明书到派出所办理户籍登记，公安机关能够掌握该类人员的信息，但实践中只有再次发生刑事案件后才能查询当事人的违法犯罪前科记录，未起到事前的管控作用。此外，相关职能部门对刑满释放人员的教育、引导、矫正方式单一，后续帮扶和动态管理效果欠佳，前科人员再犯罪风险高。二是对精神病患者缺乏有效管控。现阶段精神病患者的信息主要依靠医院在诊疗中发现六大类人员后主动填报，信息采集不全面；对于精神病患者多采取家属监管及社区民警走访的管控方式，缺乏科学有效治疗和针对性管控措施，导致精神疾病患者暴力犯罪时有发生。三是对外来人员的关怀保障不够。“民转刑”案件多半发生在外来人群当中，他们的生活方式与本地居民有一定差异，基层调解组织对这部分人群工作生活的了解有限，外来人员也对本地的基层调解组织缺乏认同感和信任感，发生纠纷后往往寻求老乡、亲友帮助，情绪难以有效疏解，易诱发恶性案件。在此情况下，司法人员若仅作一般化处理，未能“一人一案一策”，只会导致长期疲于案后应对处置，不能在违法犯罪、矛盾纠纷发生前有效进行预防式干预，精准实施预测预警预防，难以从“治已病”向“治未病”的办案境界跃升。[①]

① 黄文艺：《论中国式司法现代化》，载《中国应用法学》2024 年第 1 期。

（四）从封闭型司法到回应型司法

从办理的案件来看，其中的民事纠纷都属于私权范畴，部分甚至涉及个人隐私，在性质转化前，公权力难以直接介入。[①] 同时，受“清官难断家务事”观念的影响，一些司法机关缺乏主动排查矛盾风险的意识。此外，发现苗头性、倾向性问题早期预警机制尚不健全，导致不能及时发现可能存在的风险隐患，特别是民事纠纷无法及时筛查、掌握，存在纠纷排查盲区。值得注意的是，在自媒体发展时代，一些网络账号采取无中生有、翻炒旧闻、移花接木等形式，恶意编造突发案事件等领域谣言，严重误导公众认知，造成公众恐慌，甚至会引发效仿、产生类似事件，具有极为恶劣的溢出效应。[②] 面对此类境况，司法机关绝不能自我封闭于社会体系之内。一要通过公开听证、以案释法等方式，针对案件中的社会行为和现象依法表达司法立场，提升社会公众的辨别能力和防控能力，从而实现对社会成员行为的合理引导。二要依法保持司法活动的开放性，强化司法公开、自觉接受监督，协同行政机关及时澄清或通报案事件进展情况，积极回应社会公众关切。

四、预防性司法的具体展开：严控“民转刑”实施进路

司法权是人类文明演进的产物，在不同历史阶段具有不同的权力外观与文明向度。[③] 面对“民转刑”恶性案件多发势头，司法机关要全面、准确贯彻宽严相济刑事政策，坚持惩治犯罪与预防犯罪并举、依法从严与依法从宽并重，在严格依法办案的同时，持续深化新时代“枫桥经验”，将惩治与预防相结合；基层组织、社会群体等各方力量要积极协作配合，及时发现矛盾纠纷源头、妥善化解矛盾纠纷，标本兼治，促进基层社会治

---

① 曹永新：《新时代农村“民转刑”案件的类型、成因及其防范——基于对湖北省长阳土家族自治县检察院“民转刑”案件的调查》，载《三峡大学学报（人文社会科学版）》2021 年第 5 期。

② 《8583 个涉突发案事件、社会民生领域造谣账号被查处》，载新华网，http://www.news.cn/20241013/ae70cfc83b5440d7b9c49fc41bf62a59/c.html。

③ 章安邦：《人工智能时代的司法权嬗变》，载《浙江工商大学学报》2020 年第 4 期。

理，有效防控“民转刑”恶性案件。[①]

（一）依法严惩恶性刑事犯罪，维护大局稳定

充分发挥刑罚的威慑作用和预防功能是控制和减少“民转刑”恶性刑事案件高发多发的有效路径。司法机关要履行好指控、证明犯罪的主导责任，秉持客观公正立场，精准定罪量刑，有力维护人民群众的安全感和社会稳定。一是从严从快办理具有重大社会影响的“民转刑”恶性案件。坚持以“客观公正”“保障人权”为引领，对社会关注的热点敏感案件第一时间介入，及时向上级和党委、政府报告，依法审查起诉，及时回应群众关切。二是加强与执法机关协作，积极构建侦诉审协同的大控方格局。着眼于民间纠纷的形成、积累与作案动机、犯罪预谋、被害人过错等事实认定的关联，司法机关进一步加强“民转刑”恶性案件的提前介入引导侦查，将取证要求提前向侦查机关传导，综合运用引导侦查取证和自行补充侦查，形成侦诉合力，夯实案件证据体系。三是克服一些“民转刑”恶性案件年代久远、客观性证据较差的客观困难，严格把握核准追诉案件标准，依法追诉已过追诉期限的陈年命案，保持打击此类犯罪的高压态势。

（二）强化风险预警预判，实现精准防控

紧扣“立足预防、立足调解、立足法治、立足基层”的要求，切实做到预防在前、调解优先、运用法治、就地解决。[②] 一是建立健全民事矛盾纠纷风险排查和评估预警机制。定期开展专项排查和集中整顿，重点关注婚恋情感、邻里关系、经济往来、土地权属领域等民间矛盾纠纷，对群体性事件、社会舆情事件及缠访闹访等极端行为及早研判。进一步加强对基层工作人员的专业培训，提高风险评估能力，变被动反应为主动排查、精准排查。二是抓好有关人员的摸排管控。加强对犯罪前科人员的安置帮教和分级管理，建立帮教、管控、服务一体化机制，强化社区对前科人员和无业的违法人员履行形势政策教育和就业指导的主体职责，及时将违法前

---

① 刘军：《预防性法律制度的理论阐释与体系构建》，载《法学论坛》2021 年第 6 期。

② 陈文清：《坚持和发展新时代“枫桥经验”提升矛盾纠纷预防化解法治化水平》，载《求是》2023 年第 24 期。

科人员的表现情况反馈到综治部门，防控再犯罪风险；加强对精神病患者的筛查、诊断和危险性评估，推动精神病患者信息共享平台建设，加强医疗机构对精神病患者的日常随访，特别是对一些行为反常、不按时服药、有纠纷背景的患者要引起高度重视，同时落实家庭监管和社会救助，对于部分无家庭监管条件的精神病患者，由民政福利院实行集中托养；切实保障外来务工人员合法权益，落实企业监管责任。[①] 三是加强法治宣传教育。针对婚恋、劳务、债务等“民转刑”案件高发领域，根据当事人身份、职业等群体特征，通过实地走访农村、企业，拍摄普法公益广告、短视频等多种途径，有针对性地开展普法教育，以案释法提升全民守法观念，提升群众民事矛盾纠纷向刑事案件转化的预防意识。

（三）实行多元联合化解，提升调解质效

加大司法环节矛盾纠纷排查力度，协同各方力量，严格依法、统筹协调、妥善处理各方面利益关系。一是充分发挥矛盾调解中心调解力量的集成优势，开展信访接待、人民调解、认罪认罚、法律服务、心理疏导等工作，引导当事人通过法定程序实现诉求，提升矛盾纠纷调处质效。若矛盾一时无法化解，及时通报基层综治部门和调解组织，必要时可适时引入法院的人身保护令，最大限度防止矛盾激化酿成恶性杀人惨剧。二是加强司法机关与相关行政机关、调解组织的协调配合，探索建立乡镇（街道）综治中心、派出所、司法所、法庭、基层检察室矛盾纠纷联调机制，对重大疑难纠纷和群体性纠纷实行联合接访、联合调处、联合督办，落实排查、化解、回访等调解机制，形成矛盾纠纷化解闭环，实现“由治标到治本”的良性转变。三是加大数字赋能融合力度，提升矛盾纠纷智治水平。依托矛盾调解中心“基层治理四平台”，建立健全高效有序运转的线索流转、快速响应机制，打造矛盾纠纷兜底化解、风险预判、行业治理等功能相融合的多跨场景应用，强化“民转刑”矛盾纠纷分析研判，定期形成预警报告，当好党委、政府决策参谋助手。对“民转刑”恶性案件暴露出来的部分行业领域的突出问题，研发不同领域和功能的应用模块，推动行业治理，实现前端摸排、中端智慧监测、末端精准干预，有效减少“民转刑”

---

① 邹鹏：《预防性法律制度的内涵诠释及其实践进路展望》，载《山东行政学院学报》2023 年第 2 期。

案件发生。四是重点加强基层机构职能建设，不断强化基层经费和编制保障，加快推进职业化、专业化队伍建设，合理优化考核指标，充分调动基层工作人员积极性、主动性，为矛盾纠纷排查化解工作扫除组织瓶颈和机制障碍。

（四）充分履行司法职能，主动融入基层社会治理大格局

司法机关在严格依法办案的同时，积极发挥司法职能作用，有效参与社会矛盾纠纷治理，聚焦加强社会治安整体防控，严防发生重大安全事件。一是强化法律监督促进矛盾化解。积极开展民事检察监督、基层执法司法活动监督等专项活动，及时发现并纠正处警不力、有案不查、拆迁处置不当、正当防卫认定错误等基层司法不公正、不规范问题，加大纠正民事裁判和执行活动违法力度，维护群众合法权益，从源头消除风险隐患。二是创新运用“枫桥经验”，建立完善公检法司机关参与基层社会治理模式。坚持预防在前、调解优先、运用法治、就地解决，积极适用认罪认罚从宽、开展公开听证等工作，推动矛盾纠纷源头化解。深化检察长带头接访、领导包案制度，推行检察工作网格化，积极发挥基层检察室作为基层矛盾纠纷的第一道防线的优势作用，推进检察工作覆盖各乡镇，实现全方位延伸，打造密切联系群众、参与社会治理、发现监督线索的有效平台。针对办案中发现的苗头性、倾向性问题，通过制发检察建议、司法建议等方式督促基层组织将矛盾纠纷排查、调解的任务和责任落实到位。三是深化心理干预指导和司法救助等帮扶措施。针对因民事纠纷激化情绪反常、因案导致被害人或其家属心理创伤等情况，加强与专业心理疏导团队开展长期合作，以行为矫正、化解犯罪倾向、打开心结为主要目的，加大对特定群体进行心理干预的力度，建立“安全阀”机制，积极构建心理疏导与释疑解惑相结合、危机干预与风险防控相结合的工作机制。聚焦妇女、老年人、残疾人、儿童等特定群体，聚焦重点领域、敏感时段、关键节点，从就业、就学、低保、司法救助等方面开展综合救济帮扶。深入探索多部门、多形式、多渠道联合救助的模式，重点关注“民转刑”恶性案件被害人司法救助，通过上下级联动、跨部门联合提升经济帮扶力度，做好司法救助与社会救助有效衔接，实现常态化、多样性帮扶。

检察委员会议案范围认定之困境与破解

卓先发　董莉霞*

检察委员会（以下简称检委会）作为各级检察机关的最高办案组织，履行讨论决定“重大、疑难、复杂案件”的重要职能，而“重大、疑难、复杂案件”属高度概括性概念，因此厘清议题范围是检委会高质效办案首先要解决的难题。本文重点结合检委会工作实践，就如何在司法体制改革不断深化的背景下，准确把握检委会的议案范围，更好地发挥检委会的职能进行探讨，侧重研讨检委会办事机构（以下简称检委办）如何发挥过滤作用问题。

一、检委会议案范围的历史嬗变

（一）萌芽阶段：围绕“重大案件”笼统划定议案范围

检委会制度建立之初，主要在组织条例或者组织法里对议案范围进行规定。1949年，中央人民政府委员会颁布的《中央人民政府最高人民检察署试行组织条例》明确规定，检委会会议的任务是议决有关检察之政策方针、重大案件及其他重要事项，并总结经验。1954年颁布的首部《人民检察院组织法》规定，检委会在检察长领导下，处理有关检察工作的重大问题。1979年颁布的《人民检察院组织法》规定，检委会实行民主集中制，在检察长的主持下，讨论决定重大案件和其他重大问题。此阶段的特点是以“是否重大”为标准，缺少对“重大”概念的细化规定，可操作性

* 卓先发，福建省龙岩市人民检察院党组书记、检察长、二级高级检察官；董莉霞，福建省龙岩市人民检察院法律政策研究室副主任、一级检察官。

不强。

（二）发展阶段：在扩大议案范围的基础上初步分项列举

1980 年颁布的《人民检察院检察委员会组织条例》，首次将议案范围扩大到疑难案件的处理。此后，《最高人民检察院检察委员会议事规则》等检委会相关司法解释陆续颁布，出现以分项列举的方式规定议案范围。如 1998 年颁布的《最高人民检察院检察委员会议事规则》规定检委会议案的范围包括“讨论本院直接受理案件的立案、决定逮捕、移送起诉等事项和省、自治区、直辖市人民检察院、专门检察院按照有关规定请示的事项以及各省、自治区、直辖市人民检察院提请本院抗诉的案件，并作出相应决定”。2008 年颁布的《人民检察院检察委员会组织条例》又将检委会的议案范围调整为“重大、疑难、复杂案件”“下一级人民检察院提请复议的案件或者事项”以及“其他需要提请检察委员会审议的案件或者事项”三类。2009 年颁布的《人民检察院检察委员会议事和工作规则》在议案范围前面都增加了“经检察长决定”的表述，并进一步扩大、细化为“有重大社会影响或者重大意见分歧的案件，以及根据法律及其他规定应当提请检察委员会决定的案件”“按照有关规定向上一级人民检察院请示的重大事项、提请抗诉的刑事案件和民事、行政案件，以及应当提请上一级人民检察院复议的事项或者案件”“检察长认为需要提请检察委员会审议的其他议题”三类。此阶段的特点是议案范围迅速扩大并且逐渐细化，从单一的“重大案件”发展到“重大、疑难、复杂案件”，同时开始加入具体案件类型指导性说明，便于实践操作。

（三）完善阶段：明确职能定位并细化议题范围

2015 年，最高检出台的《关于完善人民检察院司法责任制的若干意见》规定，检委会讨论决定的案件，主要是本院办理的重大、疑难、复杂案件，涉及国家安全、外交、社会稳定的案件和下一级人民检察院提请复议的案件。2018 年修订后的《人民检察院组织法》将检委会制度相关内容规定在人民检察院的办案组织章节，明确了检委会作为办案组织的定位和“讨论决定重大、疑难、复杂案件”的职能，同时规定检察官可以就重大案件和其他重大问题，提请检察长决定。2020 年，修订后的《人民检察院检察委员会工作规则》（以下简称《工作规则》）第4条进一步明确，检委会的职能之一是讨论决定重大、疑难、复杂案件，第8条取消了“经检察长决定”的表述，并将议题范围细化为“涉及国家重大利益和严重影响社会稳定的案件”“拟层报最高人民检察院核准追诉或者核准按照缺席审判程序提起公诉的案件”“拟提请或者提出抗诉的重大、疑难、复杂案件”“拟向上级人民检察院请示的案件”“对检察委员会原决定进行复议的案件”以及“其他重大、疑难、复杂案件”六类。2024年，最高检印发《关于人民检察院全面准确落实司法责任制的若干意见》，对于应当提请检委会讨论的案件，在《工作规则》基础上，增加了“涉及国家安全的案件”，并将“其他重大、疑难、复杂案件”细化为“根据《人民检察院刑事诉讼规则》《人民检察院民事诉讼监督规则》《人民检察院行政诉讼监督规则》《人民检察院公益诉讼办案规则》等的规定，其他需要提请检察委员会讨论决定的重大、疑难、复杂案件”。此阶段的特点是议题范围稳定表述为“重大、疑难、复杂案件”，并在此基础上进行细化，但仍然未能避免使用“其他重大、疑难、复杂案件”的兜底条款。

二、现行法律框架下检委会议案范围的认定困境

（一）实践适用困境

1. 重大、疑难、复杂的认定缺少统一标准

司法责任制改革意味着，对于绝大多数案件的办理和决定，应当由检察官或检察官办案组负责；少数因案情较为重大或诉讼环节重要，不适宜由检察官或检察官办案组作出决定的案件，可提请检察长决定；只有“重大、疑难、复杂案件”才提交检委会讨论决定。[①] 检察官相对独立的职权有可能受主观情绪或者先入为主等固化思维的影响，导致对“重大、疑难、复杂”的认定过于片面，因此更加需要有一个“统一标准”对何谓“重大、疑难、复杂”作出界定，这种“统一标准”应当能够放之四海而

① 万春：《以习近平法治思想引领检察委员会制度创新发展》，载《人民检察》2023年第14期。

皆准，即便不通过列举方式，依然能够通过该标准迅速准确地对任何一个个案是否属于“重大、疑难、复杂”作出判断。实践中，虽然立法和司法解释层面都在力求为检委会议案范围作出一个清晰的界定，但仅靠当前列举式的立法表述不能穷尽所有“重大、疑难、复杂”案件类型，导致“其他重大、疑难、复杂案件”这种兜底条款的存在仍有其必要性。由于至今仍缺少“统一标准”，在脱离列举情形之外的“其他重大、疑难、复杂”定义仍然属于高度概括、需主观判断的概念，因此在现有立法技术条件下，对议案范围的认定仍难免会出现模糊地带。

2. 重大、疑难、复杂的认定容易走向极端

“统一标准”的缺位意味着检察官在认定“重大、疑难、复杂”时具有更高的自主性，但由此导致对“重大、疑难、复杂”的适用出现了另一个困境，即检察官可能利用自己相对独立的职权，从自身需求出发去理解“重大、疑难、复杂”，忽略了案件的客观属性，从而使“重大、疑难、复杂”的适用出现“滥用”或者“沉睡”两种错误的极端倾向。一是将不应当上会的案件上会。部分办案检察官为规避办案风险，随意降低“重大、疑难、复杂”的标准，通过“其他重大、疑难、复杂案件”的兜底条款，将根据检察官权力清单本应自行决定的简单案件提交检委会讨论，而检委办由于把关不严，或者过于信任业务部门，对业务部门提交的议案均默认符合议题范围，出现了“重大、疑难、复杂”适用“口袋化”倾向。二是对应当上会的案件没上会。部分办案检察官或是认为提请上会程序烦琐会影响自身办案效率，或是认为检委会讨论结果无法预期不利于自身拟作出的决定，因此故意拔高“重大、疑难、复杂”的标准，从而达到规避案件上会讨论的目的；部分基层院对检察官过度放权，对于部分符合议题范围的案件，检察官也可向检察长汇报后做出决定；[1] 又或者检委办把握过严，除《工作规则》明确规定应当上会的，不轻易认定为“重大、疑难、复杂”，导致“其他重大、疑难、复杂案件”的兜底条款几乎没有适用的空间。

① 参见马朝阳：《检察委员会工作机制的规范》，载《中国检察官》2024 年第 5 期。

（二）困境产生的因素

1. 过滤条文缺失与程序审查要求的背离

实践中存在办案检察官经内设机构负责人审核并报检察长决定上会后，再将案件移送给检委办的做法。上述“检察长决定上会”可以作两种理解：一是同意移送检委办进行程序审查，二是同意提交检委会讨论决定。如果按照第二种理解，检委办无权也不宜改变检察长决定，也就实际上缺失了程序过滤的职责。但如果按照第一种理解，鉴于《工作规则》未明确检委办的程序过滤职责以及过滤流程。因此，即便检察长决定上会之后仍然要经过检委办程序审查，但此时的审查“只具有形式审查功能，重点是审查议题材料是否符合格式要求和行文规范”[①]，并不代表程序过滤功能的实现。

2. 办案期限紧迫与工作流程规范的矛盾

议案从提交到正式上会需要遵循严格的流程规范，其间涉及议案原案作为刑事诉讼案件的办案期限以及作为检委会议案的办案期限，但两种办案期限分别属于承办检察官以及检委会两个不同办案主体，因此很难达到同步，相较于作为检察机关内部流转的检委会议案的办案期限，作为刑事诉讼原案办案期限显然更为紧迫，实践中往往出现检委会办案流程让位原案诉讼流程的现象，难以保证有足够时间对议案进行规范的审查过滤。

3. 职责定位偏离与检察业务属性的抵触

实践中，检委办大多设在研究室，极少以独立内设机构存在，且大部分基层院未设立研究室，仅是将检委办和案管、控申等职能一起并为综合业务部门，机构编制的缺失导致检委办很难实现专人专职，在研究室或者综合业务部门业务种类繁多的背景下，检委会业务一般仅指定一名工作人员相对固定负责，且该工作人员往往需要身兼数职，个别地方甚至由书记员负责检委会的事务性工作，对于拟讨论的案件无法开展实质审查，难以提出实质性的意见和建议，未起到参谋助手作用。

---

① 参见皇甫长城、王立华：《加强检察委员会工作应当注意的三个问题》，载《人民检察》2023年第6期。

4. 追责机制泛化与办案终身责任的冲突

承办检察官无论是出于办案时限还是免责需要，都有可能出现滥用提交议案权行为，而检委办也有可能出现审核把关不严格或者一刀切等问题。由于缺少对承办检察官以及检委办在议案提交、审核方面的考核机制，即使因此导致检委会决定出现案件质量问题，承办检察官或检委办也不用为不符合议题范围承担任何责任，最终导致责任转移至委员承担，或者无人承担责任等追责机制的泛化现象，违背了司法责任制的初衷。

三、检委会议案范围认定的破解思路

（一）加强检委会办事机构建设

检委办是检委会制度运行的协调中心，是检委会工作的枢纽，其作用发挥情况直接影响检委会审议效率和水平。[①] 加强检委办组织建设，市级以上设立专门的检委办，基层院配备专职人员，使检委办有充分的时间和精力从事议案审查，充分发挥议案管理功能。首先，应当明确提交时限。除了审查逮捕等办案期限较短的特殊案件以外，所有需提交检委会审议的案件，均应明确提交检委办的时限。其次，应当落实例会制。例会制不等于周例会，而是在相对固定时间开会，但是原则上每个月至少召开一次检委会会议。采取例会制，能够提前预判检委会召开时间，有利于承办检察官向检委办提交议题以及检委办向委员发送议题材料等时限要求，为检委办留足充分时间进行过滤，避免临时上会，确保议案质量。

（二）建立合理可行的过滤机制

对拟提交检委会审议的案件进行三级过滤审查，即检委办的形式审查和程序过滤，专业检察官会议的实体过滤。

1. 规范形式审查

形式审查是程序和实体过滤的前提，《工作规则》对于检委办形式审查的要求是，案件及其报告的内容和形式不符合相关规定或者欠缺有关材

① 张惠云、刘飞龙：《对基层检察委员会制度有关问题的探讨》，载《国家检察官学院学报》2001 年第 4 期。

料的，应当提出意见。现行《人民检察院检察委员会议题标准（试行）》分别规定了提请检委会审议的刑事案件、民事行政抗诉案件议题报告的主要内容，建议增加公益诉讼案件的内容，对“四大检察”议题报告的主要内容进行整合，并在此基础上进一步明确检委办对报告形式审查的主要内容包括：议题基本情况、焦点问题及分歧意见、案件基本情况、承办检察官工作情况、承办检察官和检察官联席会议意见、类案检索情况、其他需要说明的问题等。

2. 强化程序过滤

程序正义是维护公平正义的基础保障，检委会如果脱离了程序保障，就会影响组织决策质效。

第一，以现有标准合理限缩适用范围。一是以《工作规则》为总括性指引规范。《工作规则》系以最高检的名义下发，是在《人民检察院组织法》基础上对议案范围的细化，其他规范性文件即便对议案范围作出规定，也必须遵循《工作规则》的总括性规定。二是以其他法律法规和司法解释为补充性指引规范。从补充性指引对议案范围的规定方式来看，又可以进一步分成两类：第一类是明确规定由检委会决定的案件，如果该补充性指引的层级不低于《工作规则》，检委办在确认效力以及内容无误后可以直接适用，如果层级低于《工作规则》，则应当进一步审核是否与《工作规则》相抵触，并在确认不抵触后依据该补充性指引提出应当提交检委会讨论决定的意见。第二类是明确规定“由检察长或者检委会决定”“报检察长或者检委会决定”的案件，以及各地权力清单中规定“检察长、副检察长或者检委会决定的事项”，检委办要根据前述客观评价原则审查是否属于重大、疑难、复杂案件，再提出是否可以提交检委会讨论决定的过滤意见。

第二，在实践基础上吸收各省已有类型化标准。近年来，各省级检察机关结合本地实际，对“重大、疑难、复杂”案件的范围开始探索类型化的判断标准，通过检答网检索也可以发现，近年来已有 12 个省从实体和程序两个角度，对“重大、疑难、复杂”案件范围进行了明确。一是重大案件，主要指可能判处重刑、影响大、关注度大、数额（标的额）大的案件。二是疑难案件，主要指法律适用方面存在疑难或者较大分歧的案件。三是复杂案件，主要指涉及法律关系复杂或者涉案人数众多的案件。上述标准虽系规范性文件之外的类型化整理，但具有较高的逻辑性、实用性，且经过实践检验，可以被合理吸收为全国性的“重大、疑难、复杂”案件细化标准。对于以上案件，检委办应当提出可以提交检委会讨论的意见，由检察长作出是否提交检委会讨论的决定。

3. 拓展实体过滤

检委办缺少对案件证据的亲历性，仅凭形式审查和程序过滤，很难对是否属于事实问题作出准确判断。因此，对于拟提请检委会讨论决定的案件，检委办在程序过滤后，还应当组织专业检察官会议对案件进行实体性审查，判断提请讨论决定的问题属于事实问题还是法律适用问题，并对属于法律适用问题的，提出处理意见，供检委会参考。实践中，事实与法律问题往往交织在一起，若专业检察官会议审查后仍然存在分歧，检委办应及时将案件连同分歧意见报检察长，由检察长决定是否属于不宜提交检委会讨论的事实问题。

（三）完善责任追究机制

在检委会表决阶段引入议题质量评价机制，由检委会围绕议案的提出和审核把关展开评价，倒逼检察官严格按照议题范围提交检委会讨论，推动检委办以严格标准审查议案范围。对于因检委办审核把关不严导致不应当上会而上会的案件，应综合考量检委办的主观过错程度以及对检察长最终作出同意上会决定的影响力后，再进行责任分配。对于检察官以办案期限即将届满为由不按预定时限要求提交上会的，在案件被妥善处理后，应对该案启动案件质量评查，重点评查是否存在办案拖沓、质效不高等问题。另外，可以在检察业务应用系统内授权检委办案件查询功能，通过不定期抽查部分案件，检查是否存在“应当上会而未上会”的情形。

（四）科学设计系统流程

关于形式审查，检委办可以在接收文书前选择“查看案件信息”，对内容和形式不符合相关规定或者欠缺有关材料的，选择“退回”并写明退回原因；对内容和形式符合相关规定，选择“新案件登记”，进入办理流程。关于程序过滤，可以分为承办检察官提交至检委办阶段，以及检委办报检察长决定阶段，对于后一阶段，目前做法较为统一，即均由检委办制作《检委会办公室（专职委员）关于×××议题的审查意见》（列明程序过滤意见），经检委办分管领导审核后报检察长决定。但对于前一阶段，目前存在两种做法，其区别仅在于承办检察官制作《提请检委会会议审批表》报所在内设机构负责人、分管领导审核同意后，是否需要再报检察长决定后才移送检委办。从有利于实践的角度，本文倾向于无须报请检察长决定后再移送检委办。首先，若在移送检委办之前经过检察长决定，基于检察长的身份，就算仅是同意移送检委办审查，也难免产生检察长“有考虑上会”的影响，此时即便明确赋予检委办程序过滤的职能，也难以客观中立发挥审核作用。其次，同一个议题，先后两次经过检察长决定，且每次决定的侧重点又各不相同，不利于简化程序。关于实体过滤，在专业检察官会议讨论完毕后，利用“案件上会议题”业务中的“联席会议”功能，为检察长决定是否上会提供参考。关于评价机制，建议在个案表决下面增设“案件评价”案卡，设置是否符合议案范围的选项。

基层检察院深入践行新时代“枫桥经验”的路径探析

王小烨*

20世纪60年代初，浙江省诸暨县（现诸暨市）枫桥镇干部群众在实践中探索总结了“发动和依靠群众，坚持矛盾不上交，就地解决，实现捕人少，治安好”的社会治理经验，为全国基层社会治理树立了新样板，取得了良好的社会反响。1963年11月，毛泽东同志亲笔批示“要各地仿效，经过试点，推广去做”，由此“枫桥经验”成为践行和贯彻党的群众路线的生动典范。2013年10月，习近平总书记就坚持和发展“枫桥经验”作出重要指示，强调要把“枫桥经验”坚持好、发展好，把党的群众路线坚持好、贯彻好。作为立足社会治理“一线”和前沿的基层检察院，应深入学习贯彻习近平总书记关于坚持和发展新时代“枫桥经验”的重要指示精神，深刻把握新时代“枫桥经验”的科学内涵和实践要求，切实把“矛盾不上交、就地化解”的工作理念和目标导向贯彻落实到检察履职全过程，持续提升基层检察院矛盾纠纷预防化解法治化水平。

一、深刻认识基层检察院践行新时代“枫桥经验”的重大意义

党的二十大报告指出：在社会基层坚持和发展新时代“枫桥经验”，完善正确处理新形势下人民内部矛盾机制，加强和改进人民信访工作，畅通和规范群众诉求表达、利益协调、权益保障通道，完善网格化管理、精细化服务、信息化支撑的基层治理平台，健全城乡社区治理体系，及时把

* 王小烨，甘肃省平凉市崆峒区人民检察院综合业务部负责人。

矛盾纠纷化解在基层、化解在萌芽状态。习近平总书记指出，推进改革发展稳定的大量任务在基层，推动党和国家各项政策落地的责任主体在基层，推进国家治理体系和治理能力现代化的基础性工作也在基层。基层社会治理，是国家治理的重要组成部分和基础。而“枫桥经验”就是“从群众中来，到群众中去”的中国特色基层社会治理经验，因此，坚持和发展“枫桥经验”，对于有效提升基层治理能力水平，维护社会安全稳定、推动经济社会发展、保障人民群众权益具有十分重要的意义。作为基层检察院，要始终坚持以人民为中心，把坚持和发展新时代“枫桥经验”放在为大局服务、为人民司法、为法治担当的重要位置，通过全面协调推进“四大检察”主责主业，加强矛盾纠纷源头预防、前端化解、关口把控，及时发现、及时预警、及时矫正、及时惩治不法行为，最大限度修复受损法益，让新时代“枫桥经验”在检察实践中深化落实，让人民群众更加直观地感受到检察温度。

一是践行新时代“枫桥经验”更加有利于巩固党的执政根基。基层是党执政的基础，最直接面对群众，最直接回应人民群众诉求，最直接体现党和群众的血肉联系。践行“枫桥经验”，就是要求基层检察院树牢群众观点，贯彻群众路线，积极宣传党的主张和方针政策，坚持一切为了人民、一切依靠人民，下沉基层一线、立足群众身边、依法就地化解矛盾，最大程度体现党和国家组织群众、服务群众、发动群众的卓越成效。

二是践行新时代“枫桥经验”更加有利于促进基层社会治理。基层检察院通过深入践行新时代“枫桥经验”，逐步完善事关人民群众切实利益的刑事申诉、来信来访、司法救助、公开听证等制度机制，充分运用法治化方式解决群众身边的实际困难和问题，及时把问题解决在基层、化解在萌芽状态，能够确保人民安居乐业、社会安定有序、国家长治久安，为推进中国式现代化创造安定团结、和谐稳定的社会环境。

三是践行新时代“枫桥经验”更加有利于充分彰显司法为民宗旨。基层检察院通过坚持和发展新时代“枫桥经验”，始终秉持为民初心、将心比心、如我在诉，充分运用法治思维和法治方式化解矛盾、维护稳定、应对风险，依托多元化的纠纷解决机制，及时解决矛盾纠纷，切实做到处置依据和程序合法合规、处置结果可预期，最大程度解决群众合理合法诉求，有效增强法治在化解矛盾、解决纠纷中的权威地位，以公开促公正赢公信，真正用心用情解开群众的法结、情结、心结，在实体、程序和效果上让人民群众可感受、能感受、感受到公平正义。

二、深入践行新时代“枫桥经验”的具体做法（以崆峒区检察院为例）

近年来，崆峒区检察院坚持人民检察为人民的工作宗旨，更新司法理念，创新服务模式，积极践行“枫桥经验”，强化基层社会治理，着力化解社会矛盾，取得了良好成效。该院控申部门连续七次被最高检授予“全国文明接待示范窗口”，多次被省市院评为“文明接待先进集体”，被省院荣记集体一等功。2023 年 10 月，该院“控申为民办实事”团队荣获全国检察机关“为民办实事”实践活动表现优秀团队。

一是强化思想引领，树牢为民便民新理念。坚持以人民为中心，认真学习习近平总书记关于坚持和发展新时代“枫桥经验”的重要论述，严格落实《信访工作条例》及信访维稳、综合治理等各项工作制度，制定出台了《办案预警机制工作方案》《群体性突发事件处置预案》等一系列规范性文件，建立健全定责、履责、考责、问责“四位一体”的责任体系，制定信访维稳工作要点，实化细化责任清单，定期研判、定期督促各部门抓主抓重、合力攻坚，营造了事事有人管、件件能落实的工作氛围。

二是创新制度机制，畅通群众诉求新通道。严格执行“7 日内程序性回复、3 个月内办理过程或结果答复”要求，健全领导干部带头办理信访案件工作机制，做到领导干部“带头接待上访群众、带头审阅信访案卷、带头化解信访矛盾、带头跟进信访事项落实”“四个带头”。严格落实首办责任制，按照“谁登记谁负责、谁转交谁监督”的原则一抓到底，践行“7 日内程序性回复、3 个月内办理过程或结果答复”承诺，实现群众反映诉求在最短时间内解决，2023 年以来，共接待群众来信来访 582 件（次），群众来信来访回复率、答复率均达到 100%。加强 12309 检察服务中心建设，积极适应新形势新变化，改造升级建成了 200m^2 的 12309 检察服务中心及案件管理中心，构建集检察业务办理、案件信息公开、接受外部监督为一体的 12309 检察服务中心平台建设，积极发挥网上视频接访系统“网络直通车”作用，向社会提供更加便捷高效的“一站式”检察服务，实现从“来人访”到“视频访”“网上访”模式的转变，有效缩减信访成本，最大限度方便群众、服务群众。健全司法救助体系，采取心理疏导救助、经济救助、司法援助救助的“三助合一”方式，重点对辖区内因遭受严重暴力犯罪侵害，导致严重伤残、死亡的刑事被害人及近亲属实施救助，帮助刑事被害人缓解经济压力，疏解精神痛苦，办理国家司法救助案件21件，发放国家司法救助金78万余元。余某萍等5件国家司法救助案被评为全省检察机关典型案例。

三是强化服务职能，凸显司法为民新作为。充分发挥检察建议助推社会治理的积极作用，加强与公安、法院协作配合，提高依法妥善办理敏感案件的能力，充分发挥检察建议弥补民事、行政检察监督“短板”效用，及时回应群众关切，切实提高检察机关的公信力和人民群众满意度。建立多元化司法信访化解机制，积极邀请律师接待信访群众、评析信访案件，开展释法说理、引导申诉、帮助申请救助等工作，推动群众主动邀请律师参与化解和代理其信访案件，促进依法、规范处理涉法涉诉信访问题，律师参与化解涉诉信访案件30余件。全面保障律师依法履职，坚持注重发挥律师在矛盾纠纷化解、促进文明执法、防止冤假错案等方面的重要作用，完善律师介入执法办案监督机制，切实落实各项检律业务交流机制，接待律师阅卷411件（次），接待案件当事人、律师案件信息查询158人（次），辩护与代理预约342件，办理妨碍律师依法履行诉讼权利控告案1件，召开检律协作会8次。全面推开检察公开听证，信访案件听证化解率达98.6%，做到“法结”“心结”一起解。

三、深入践行新时代“枫桥经验”面临的挑战

（一）顺应群众司法需求新期待标准更高

立足新时代，经济社会和人民群众的精神文化生活发生着翻天覆地的变化，社会主要矛盾已经由人民日益增长的物质文化需要同落后的社会生产之间的矛盾转化为人民日益增长的美好生活需要和不平衡不充分的发展之间的矛盾。各种利益和需求互相交织，社会关系多元化、复杂化，群众法治意识日益增强，依靠运用法治手段解决诉求纠纷的需求增大，给新时代法治供给侧带来了新的挑战。如何顺应时代和人民群众需求，切实拓宽群众利益和诉求表达渠道，全面准确及时回应群众关切，成为新时代检察机关的新课题。

（二）依法履职的司法理念需适时跟进

《中共中央关于加强新时代检察机关法律监督工作的意见》提出，要“准确把握新发展阶段，深入贯彻新发展理念，服务构建新发展格局，充分发挥检察职能作用，为经济社会高质量发展提供有力司法保障”；同时要求，要准确把握宽严相济刑事政策，落实认罪认罚从宽制度，积极参与社会治安防控体系建设，促进提高社会治理法治化水平。这就要求检察机关要更加充分发挥法律监督职能作用，把“高质效办好每一个案件”作为新时代新征程检察履职办案的基本价值追求，切实牢固树立“检察产品”意识，弘扬“工匠精神”，为大局服务、为人民司法、为法治担当，持续做实人民群众可感受、能体验、得实惠的检察为民。

（三）新时代检察履职能力水平需不断增强

面对统筹推进“五位一体”总体布局、协调推进“四个全面”战略布局的大背景，基层检察院始终坚持讲政治、顾大局、谋发展、重自强，以高度的政治自觉依法履行刑事、民事、行政和公益诉讼等检察职能，实现各项检察工作全面协调充分发展。但囿于“上面千条线、下边一根针”的现状，基层检察院面临案多人少、办案人员素质参差不齐、“四大检察”办案数量不均、法律监督不够规范有力、综合履职能力有待提升等现实困境，致使司法公信力降低，执法司法防范化解风险系数增加，人民群众的获得感、幸福感、安全感受到一定影响。

四、深入践行新时代“枫桥经验”的对策建议

基层检察院是深入践行新时代“枫桥经验”的“主阵地”和“练兵场”，是贯彻党的群众路线的“探测仪”和“晴雨表”。作为基层检察院，要全面贯彻习近平法治思想，始终坚持以人民为中心，把深入践行新时代“枫桥经验”融入每一个检察工作环节，让更多更优质的“检察产品”成为服务人民群众的新质生产力。

一要强化政治引领，提升社会治理政治自觉。基层检察院作为社会主义法治体系的重要组成部分和参与基层社会治理的重要力量，要充分认识深度参与基层社会治理的重要性，把深入践行“枫桥经验”作为参与基层

社会治理的重要抓手，以推进信访工作法治化为引领，以提高控告申诉办案质效为关键，弘扬“四下基层”优良作风，密切关注群众的司法需求，畅通群众诉求新通道，认真落实院领导接访下访、包案化解工作要求，健全领导干部带头办理信访案件工作机制，严格落实“群众信访件件有回复”要求，着力解决群众的“操心事、烦心事、揪心事”，为人民群众提供多元化的法律服务，最大限度将矛盾纠纷化解在基层、化解在萌芽状态，努力实现案结事了、事心双解，真正使新时代“枫桥经验”转化为服务群众、化解矛盾、定分止争的生动实践。

二要站稳人民立场，践行司法为民根本宗旨。江山就是人民，人民就是江山。践行新时代“枫桥经验”，必须坚持人民至上、司法为民，始终把人民放在心中最高位置，坚持一切为了人民、一切依靠人民，始终实现好、维护好、发展好最广大人民群众的根本利益，这是党执政兴国的根本立足点和出发点，也是基层检察院践行新时代“枫桥经验”的必然要求。作为基层检察院，要注重推进基层矛盾纠纷排查化解力量资源下沉一线，协同信访职能部门、乡镇街道、村“两委”及社区对辖区矛盾纠纷线索进行全面摸排，通过进村入户、座谈拉家常等方式，深入了解社情民意，对家庭纠纷、邻里纠纷进行分类研判，采取“点对点”方式进行法治宣传和疏导化解，让人民群众切身感受到人民检察就在身边。同时，注重调动人民群众参与基层社会治理和支持法律监督工作的积极性、主动性、创造性，广泛听取人民群众对基层社会治理和加强法律监督工作的意见建议，延伸检察服务触角，深挖摸排涉检法律监督线索，着力引导基层社会治理沿着正确的法治轨道运行。在履职办案过程中，要积极推动人民监督员参与司法办案活动，加强公开听证和法律文书公开，注重释法说理，体现司法机关办案的透明度和温度，进一步将检察权置于阳光下运行，让群众了解、参与检察工作，以公开促公正，切实提高检察工作的公信力和满意度。

三要坚持底线思维，着力防范化解矛盾风险。防范化解重大风险是坚持和发展新时代“枫桥经验”的基本原则、重大任务和底线要求。作为基层检察院，要牢固树立“在办案中监督，在监督中办案”的监督理念，准确把握落实宽严相济的刑事政策，着力推动构建“以证据为中心”的刑事指控体系，常态化推进扫黑除恶斗争，依法惩治危险驾驶、医保诈骗、农民工“薪酬”拖欠等群众反映强烈的行为。在工作中注重向被害人释法说理，最大程度消除被害人的负面情绪，消除对司法机关不捕、不诉的疑虑。积极稳妥适用认罪认罚从宽制度，加强对认罪认罚从宽制度的宣传及讲解，让犯罪嫌疑人了解认罪认罚从宽制度，清楚认罪认罚能够从轻及认罪认罚可能导致的法律后果，进而从内心深处自愿认罪认罚，按照法律规定及犯罪情节，准确提出量刑建议，给予认罪认罚的嫌疑人应有的从宽处理。要主动接受社会监督，以公开听证的形式审查案件，促进涉法涉诉信访案件化解，做到案结事了。要持续加大公开听证工作力度，真正让人民群众在每一个司法案件中感受到公平正义。与公安机关共同设立侦查监督与协作配合办公室，既是拓展监督渠道，实现侦诉配合的有效途径，也是通过协作配合助力公安机关提升刑事办案质量的现实需要，努力实现双赢多赢共赢的良好局面，积极为基层社会治理贡献检察力量。

四要依法履职，用心用力做好为民实事。始终坚持依法履职，为大局服务、为人民司法、为法治担当，全面履行各项民事、行政检察监督职责，持续提升民事、行政检察监督质效，用心、用情办好关乎民生民利的检察监督案件。坚持检察与民同行，深入开展“司法救助助力全面推进乡村振兴”“关注困难妇女群体，加强专项司法救助”专项活动，运用法治思维和法治方式化解各类矛盾纠纷，把群众的急难愁盼当作自己的急难愁盼，用心用情用力做好各项爱民惠民利民工作，把服务送到群众的家门口、把工作做到群众的心坎上，切实依靠群众解决好群众身边的矛盾和问题。围绕生产、消防、道路、建筑施工等领域的安全问题，开展守护人民群众头顶上安全、脚底下安全、舌尖上安全等专项检察监督行动，深入居民小区，实地踏查，全面排查风险，防患于未然。立足检察职能找准服务基层群众的着力点，在检察职责范围内融入基层社会治理新格局，助力创建全国文明城市，紧盯“红黑榜”办理辖区内倾倒垃圾污染环境、犬只安全管理混乱等问题，切实为基层群众纾困解难。依托检察办案，对办案中反映出的问题，延伸检察职能，针对在基层治理中存在的管理漏洞和薄弱环节，制发检察建议。采取问询、会商、走访和召开联席会议等方式跟进督促被建议单位对检察建议的回复、落实、整改等情况，让检察建议真正落地落实，富有“刚性”。依托检察制度优势，将法治力量融入基层治理，依托公正司法引领法治意识，将法治力量向矛盾疏导用力。运用检调对接、刑事和解、认罪认罚等手段，把对不捕、不诉和从轻从宽提出精准量刑建议作为重要前提，减少诉讼增量，妥善处置矛盾纠纷，做到矛盾不上交、不升级。运用行政争议实质性化解等手段，依据“应听证尽听证”原则，规范裁量权行使，着力破解行政诉讼“程序空转”等突出问题，减少群众诉累，促进案结事了政和。

五要多元防范化解，凝聚共治共享强大合力。基层是国家治理的最末端，也是服务群众的最前沿，社会治理的重点在基层，难点也在基层。社会治理的最佳选择就是将矛盾纠纷化解于未然，将风险隐患消弭于无形。基层检察院应坚持和发展新时代“枫桥经验”，充分发挥12309检察服务中心、乡镇检察室的作用，切实建立对接受理机制、派单调解机制、规范管理机制和合力攻坚机制，强化力量统合、实战锤炼、信息赋能，积极参与基层社会治理，主动加强“诉调、检调、警调、访调”对接，最大限度将矛盾纠纷化解在基层、化解在萌芽状态，努力实现案结事了、事心双解。要通过检察数字化革新，以大数据赋能检察履职，着力解决人民“急难愁盼”问题，办好身边小案，做好身边小事，赢得人民群众满意，助力推进基层治理的检察服务效能。要进一步加大法治宣传力度，培育全民法治观念，注重发挥村规民约、家教家风的作用，激活法治乡村建设的内生动力，为乡村治理注入活力，着力营造法治乡村建设良好社会氛围。

积极预防型社会治理模式下危险作业罪的检视*

杨　伟　王传龙**

随着社会问题的复杂化，以侵害犯为核心的刑法面临着保护范围和保护力度上的巨大挑战，因此，刑法关注的重点逐渐从实害转向了行为人是否制造了不容许的风险，在刑事立法政策上体现为法益保护的前置化。所谓法益保护前置化，“实质是将犯罪成立的边界向前移动，将刑事处罚时间提前，即对违反关系人类未来的行为规范的行为，也要运用刑法手段来处理”①。基于天津港瑞海公司危险品爆炸事故案、江苏响水“3·21”特大爆炸事故案等重大责任事故犯罪的反思，《刑法修正案（十一）》增设了危险作业罪，对极易导致严重后果的现实危险行为依法追究刑事责任。危险作业罪明确规定了三种犯罪行为且没有设定兜底条款，其罪状设定的依据在于三种情形在实践中均属于“多发易发、造成危险”。危险作业罪在设立之初就面临质疑，所设定的三种行为不具有专属性特征，罪状描述看似全面，但是并没有涵盖实践中所有类似行为。如何看待危险作业罪，其罪状的完善路径该如何选择？本文拟对此进行探讨。

* 本文系2023年度江苏省检察院青年课题“危险作业罪研究”（编号：SJ202335）的部分研究成果。

** 杨伟，江苏省射阳县人民检察院检察委员会专职检委；王传龙，江苏省射阳县人民检察院检察官助理。

① 张红艳：《欧陆刑法中的抽象危险犯及其启示》，载《河北法学》2009年第9期。

一、危险作业罪设立的动因管窥

(一) 宏观层面：社会转型的必然结果

1. 风险社会刑法需要前置

目前，我国社会正步入现代风险社会。“风险社会”的概念首先由德国提出，德国在所谓的后工业化风险社会的背景下，为了消除社会公众的不安感，便更多地采用了抽象危险犯作为立法形式。可以说，公众对社会安全的期盼以及国家对社会秩序的焦虑共同推动了刑法适用范围的扩张。从历次《刑法》的修订案来看，我国刑法犯罪圈的扩张主要是通过以下三种途径展开的：一是预备行为的实行化。刑法基于特定考虑，将一些预备行为直接规定为独立罪名，从而扩大处罚范围、加大处罚力度。二是中立帮助行为正犯化。例如，《刑法修正案（九）》增设的帮助网络犯罪活动罪。三是法益保护的提前化。“刑法开始由传统的罪责刑法转变为安全刑法。”[①] 主要表现为刑法典中抽象危险犯的增加，在司法实践中最典型的就是危险驾驶罪的大量适用。现代社会风险具有不可感知性、影响途径的不确定性、后果的延续性等特点。此外，其他的社会规范不能很好地约束行为人行为。立法者为了有效遏制各种风险行为，逐渐将刑法作为规制社会危险的重要手段。

2. 风险社会需要在轻罪领域严密刑事法网

“现在的社会由于出现了过去没有过的新的加害行为，不可否认，对这些加害行为进行处罚而使刑法早期化的介入是必要的。”[②] 科学技术的不断发展推动了社会的变化，出现了许多新型的有害于社会的行为类型，在这种社会背景下，生态环境、生命伦理、生产安全等问题日渐浮现，所以刑法必须从后卫地带走向前沿地带。在生产实践中，破坏生产安全监控、报警等设备，拒不执行停产停业排除危险，隐瞒重要数据信息，虚假安全评估等类似行为，极易造成严重现实后果。在《刑法修正案（十一）》之

---

① 辛佳东、曾文科：《法益保护前置化下危险作业罪的规范解读与适用》，载《广西政法管理干部学院学报》2022 年第 4 期。

② 山口厚：《危险犯总论》，王充译，载何鹏、李洁主编：《危险犯与危险概念——21 世纪第四次中日刑事法学术讨论会论文集》，吉林大学出版社 2006 年版，第 13 页。

前的安全生产犯罪均属于结果犯，相关类似行为只能由行政法进行规制。这就导致了刑法处罚上的漏洞。因此，风险社会下刑事实体领域有必要增加轻罪，织密生产安全刑事法网，更好地发挥刑法在安全生产领域的一般预防功能。

（二）微观层面：责任事故类犯罪的特殊性要求

1. 风险社会事故后果严重

在安全生产领域，一旦发生重大事故，往往造成比较严重后果。例如，天津瑞海“8·12”爆炸事故、江苏响水“3·21”特大爆炸事故，不仅造成重大经济损失，还给当地的土壤环境、水环境造成不同程度的污染。在实践中，重特大事故一般都不是一触而发，其背后蕴含众多的危险源，各种危险源经过一定的累积，最终形成“多米诺”效应。在整个安全生产过程中，事前的预警及防范更符合社会整体利益。危险作业罪体现了事前预防理念，对于预防生产事故具有重要意义。

2. 事故因果关系具有复杂性

重特大事故发生背后，危险行为与实害后果之间多为“多因多果”。例如，江苏响水“3·21”特大爆炸事故案中，最主要的原因就是硝化废料被刻意隐瞒长期堆放于不具有安全储存条件的煤棚、旧固废库中，涉案企业拒不按要求停顿整改，中介组织出具严重不符的虚假安全评价报告，各种原因叠加下，致使该化工公司发生重大爆炸。[①] 在责任事故类犯罪中，以实害后果作为归责的根据已经不能充分地预防犯罪，危险犯的立法便具有了强大的理论基础。危险作业罪作为具体危险犯，只需要判断构成要件行为具有现实危险即可，在一定程度上减轻了司法人员因果关系的证明责任，也促使生产经营者更注意防范每一个生产环节所可能导致的危险。

二、具体罪状设定检视

危险作业罪属于典型的法定犯，其具体的罪状规定延续了《刑法》关于重大责任事故罪的罪状设置模式。“考察危险作业罪的生成路径可知，

---

① 参见《最高法解析响水“3·21”特大爆炸事故：严惩安全评价中介组织弄虚作假》，载山东应急管理微信公众号，2022 年 12 月 16 日。

故意毁坏设施或数据、拒不消除重大事故隐患、非法从事生产作业活动三种危险作业行为在独立成罪以前，早已以各种形式受到司法规制。”[①] 在此需要明确两个问题：一是为什么要追究此三种行为的刑事责任；二是为何仅追究此三种行为的刑事责任。第一个问题回答的是危险作业罪罪状设定的依据，第二个问题回答的是危险作业罪罪状设定是否科学、正当。

（一）现有罪状设定的依据

《〈刑法修正案（十一）（草案）〉的说明》在介绍草案主要内容时提到，刑事处罚阶段适当前移，针对实践中的突出情况，规定对具有导致严重后果发生的现实危险的三项多发易发安全生产违法违规情形，追究刑事责任。[②] 任何新增罪名均是刑事政策在具体司法实践中的映射，危险作业罪的设立亦不例外。2016 年《中共中央 国务院关于推进安全生产领域改革发展意见》提到，我国目前“生产安全事故易发多发，尤其是重特大安全事故频发势头尚未得到有效遏制，一些事故发生呈现由高危行业领域向其他行业领域蔓延趋势”，中共中央、国务院基于此种判断要求“研究修改刑法有关条款，将生产经营过程中极易导致重大生产安全事故的违法行为列入刑法调整范围”。[③] 2017 年，国务院下发《安全生产“十三五”规划》进一步明确“加强安全生产地方性法规建设，推动将生产经营过程中极易导致重特大生产安全事故的违法行为纳入刑事追究范围，提高违法成本”。“《刑法修正案（十一）》贯彻了《中共中央 国务院关于推进安全生产领域改革发展的意见》的相关要求，顺应了风险社会加大刑事处罚力度的发展趋势，对进一步推动整个安全生产形势的好转，无疑具有重要的理论和现实意义。”[④]

---

① 储琪：《危险作业罪罪状的立法缺陷及其修正——以三项法定情形为中心》，载《政法学刊》2021 年第 6 期。

② 李宁：《关于〈中华人民共和国刑法修正案（十一）（草案）〉的说明》，载《中华人民共和国全国人民代表大会常务委员会公报——2020 年 6 月 28 日在第十三届全国人民代表大会常务委员会第二十次会议上》，2021 年 1 月 15 日。

③ 参见《中共中央 国务院关于推进安全生产领域改革发展的意见》开始部分及第四部分。

④ 代海军：《风险刑法背景下我国惩治危害生产安全犯罪功能转向——基于〈刑法修正案（十一）〉危险作业罪的分析》，载《中国法律评论》2021 年第 5 期。

刑事政策的制定要根植于社会发展实践。危险作业罪所规制的三种行为很早就已经存在于现实，在现实中发生的概率较大也极易造成严重危害后果。司法实践对于危险作业类似行为早已经具备相应的、系统性的司法规制路径基础。2011年，最高法发布《关于进一步加强危害生产安全刑事案件审判工作的意见》（以下简称《2011年意见》）第14条第1项、第4项、第5项就已经对违法、非法生产、故意破坏必要设备、拒不消除事故隐患等三种情形进行规制，只不过是将上述三种情形认定为重大责任事故罪、重大劳动安全事故罪中的“情节特别恶劣”。[①] 2015年，“两高”共同出台了《关于办理危害生产安全刑事案件适用法律若干问题的解释》（以下简称《2015年解释》），其中第12条规制的行为与危险作业罪有规制的行为有所交叉，只是将相关行为认定为“刑法第一百三十二条、第一百三十四条至第一百三十九条之一规定的犯罪行为”[②]，且从重处罚。

从以上论述可以得知，危险作业罪之所以将三种行为入罪最直接的原因是刑事司法政策的要求，根本原因在于司法实务经验的积累。危险作业罪所规制的三种行为在安全生产过程中频频发生且造成严重后果，刑法不

---

① 《2011年意见》第14条规定：“造成《关于办理危害矿山生产安全刑事案件具体应用法律若干问题的解释》第四条规定的‘重大伤亡事故或者其他严重后果’，同时具有下列情形之一的，也可以认定为刑法第一百三十四条、第一百三十五条规定的‘情节特别恶劣’：（一）非法、违法生产的；（二）无基本劳动安全设施或未向生产、作业人员提供必要的劳动防护用品，生产、作业人员劳动安全无保障的；（三）曾因安全生产设施或者安全生产条件不符合国家规定，被监督管理部门处罚或责令改正，一年内再次违规生产致使发生重大生产安全事故的；（四）关闭、故意破坏必要安全警示设备的；（五）已发现事故隐患，未采取有效措施，导致发生重大事故的；（六）事故发生后不积极抢救人员，或者毁灭、伪造、隐藏影响事故调查的证据，或者转移财产逃避责任的；（七）其他特别恶劣的情节。”

② 《2015年解释》第12条规定：“实施刑法第一百三十二条、第一百三十四条至第一百三十九条之一规定的犯罪行为，具有下列情形之一的，从重处罚：（一）未依法取得安全许可证件或者安全许可证件过期、被暂扣、吊销、注销后从事生产经营活动的；（二）关闭、破坏必要的安全监控和报警设备的；（三）已经发现事故隐患，经有关部门或者个人提出后，仍不采取措施的；（四）一年内曾因危害生产安全违法犯罪活动受过行政处罚或者刑事处罚的；（五）采取弄虚作假、行贿等手段，故意逃避、阻挠负有安全监督管理职责的部门实施监督检查的；（六）安全事故发生后转移财产意图逃避承担责任的；（七）其他从重处罚的情形。”

能对此无动于衷。从遏制重特大事故、保障人民群众生命财产安全的现实考量出发，刑法需要积极介入将相关行为单独增设为新罪。

（二）设定依据的相关漏洞

通过上文分析可知，之所以对三种情形追究刑事责任，其背后逻辑是此三类行为在现实中多发、频发容易造成重大安全生产事故，刑法对三类行为进行规制符合刑事司法政策。此种逻辑有一定的合理性，但是却不能合理解释为何仅将此三种情形增设为新罪。因为，在现实生产实践中还存在着其他类型的严重危险作业行为。例如，随意改扩建、随意加层，擅自改变建筑物功能结构，多次发包给无资质人员，未制定专门安全管理制度，等等。实践证明，这些危险作业行为在现实中发生的概率及造成的严重后果并不弱于危险作业罪所规制的三种行为，甚至可能尤甚，在实质上完全满足危险作业罪的入罪标准，但是刑法并未予以规制。这就使得危及生产安全和公共安全的部分行为游离于刑法之外，造成刑法“有心无力”的现象。

其实，不以其他行为做对比，单纯考量危险作业罪的行为方式，也会发现现有规定存在一定问题。例如，危险作业罪所规制的第一种行为就是关闭、破坏直接关系生产安全的设备、设施或者篡改、隐瞒、销毁相关数据、信息，其中关键词就是“设备”和“数据”，以“设备”为例，第一项情形仅是规定了关闭、破坏两种行为。在实践中，针对生产设备的行为有多种多样，如未安装设备、安装不符合安全标准的设备、不按规定程序更换设备，这些行为同样多发、易发，同样能够造成严重的危害后果，危险作业罪的罪状对相关行为却没有规定。概括来讲，危险作业罪的罪状描述看似全面，但是描述缺乏类型性，没有涵摄所有的相类似行为。在危险作业罪的设立过程中，存在以偏概全的倾向。只是看到了“多发易发、造成危险”是故意毁坏设施或数据、拒不消除重大事故隐患、非法从事生产作业活动三种行为的一致性特征，但是不能证明“多发易发、造成危险”是后者的专属性特征。[①] 立法者只是根据当时社会实践，将生产作业过程中多发易发的危险以明确记述的方式规定为犯罪。这样做的一个必然后果

① 参见储琪：《危险作业罪罪状的立法缺陷及其修正——以三项法定情形为中心》，载《政法学刊》2021 年第 6 期。

就是新情况出现后，只能通过继续增设新罪来完善刑法。[①]

按照危险作业罪目前的罪状表述，确实可以在一定程度上避免解释的扩大化，实现保障安全生产与保护企业自主经营之间的平衡。未来危险作业罪的适用可能面临一个尴尬的局面，所明确规定的三种行为在实践中可能实施的频率将有所降低，但是其他三种情形之外的各类危险作业行为将会有所增多。

三、积极预防型社会治理模式下的检视

安全生产是社会系统性工程，对其治理不能过于依赖刑法。危险作业罪是否能达到预期社会治理目的实现立法初衷，仍需要将其置于协同社会治理体系下进行检视。目前，在协同治理观念下危险作业罪面临着两个问题。

（一）危险作业罪可能导致犯罪标签泛化

从社会治理效应及立法技术角度来讲，近年来的《刑法》修订具有积极意义。从传统法益论角度来讲，犯罪圈的不断扩张绝不是刑法发展的合理方向。“从社会治理的角度看，轻罪带来司法成本的提升和犯罪人数量的攀增，国家与犯罪人两败俱伤，并不意味着治理效能的提升。”[②] 同时，我国刑事追诉机制比较严格，在轻罪刑罚配置、轻罪程序等配套措施方面尚不完善，缺乏出罪的缓冲地带。在国家安全生产专项整治三年行动（2020 年至 2022 年）中，仅四川省就发现隐患 47.6 万余项，立案查处 4.8 万余起。[③] 在可以预见的未来，危险作业罪的数量将会日渐增多，对个人及社会发展将会产生重大影响。

① 参见邓红梅、徐洪斌：《从法理到规范：危险作业罪的法教义学分析》，载《长白学刊》2022 年第 4 期。

② 钱小平：《积极预防型社会治理模式下危险作业罪的认定与检视》，载《法律科学（西北政法大学学报）》2021 年第 6 期。

③ 参见《3 年排险除患 241 万余项　四川交出安全生产专项整治成绩单》，载江阳应急管理微信公众号，2023 年 4 月 7 日。

（二）案件移送尚未完全实现行刑衔接

危险作业罪属于法定犯，相关案件线索的发现主要依赖行政执法部门的移送，行政机关在一定程度上控制着危险作业罪实际犯罪圈的大小。行政机关主动将行政执法中发现的涉嫌犯罪的线索移送司法机关处理是行刑衔接机制的关键节点。危险作业罪在判断标准上存在模糊性，是否具有现实危险需要行政执法人员从技术安全及法律规范评价两个方面进行判断。部分行政执法人员基于专业限制不能准确地判断相关行为是否涉嫌犯罪。此外，行政部门内部考核惯性，行政执法人员在实践中可能存在不愿、不肯将案件移送的情形，容易出现“以罚代刑”的问题。

行政处罚程序在运行上存在闭合性，其他部门单位很难接触到相关信息。以浙江省应急管理厅、浙江省人民检察院等四部门联合印发的《浙江省安全生产行政执法与刑事司法衔接工作实施办法》为例，其第 3 条第 2 款规定：“应急管理部门在安全生产行政执法中，发现有关生产经营单位和有关人员的违法行为涉嫌犯罪，或者发现涉嫌安全生产的其他犯罪案件线索的，应当向公安机关移送，不得以行政处罚代替刑事移送。”根据该规定，浙江应急管理部门发现犯罪线索是应当移送。但是，该意见并没有规定应急管理部门违反移送规定的后果是什么。案件线索主要掌握在安全监管部门，检察机关对行政执法很难介入。行政执法机关移送案件线索不及时，侦查机关很可能面临取证不能的情形，致使相关案件很难追诉。

四、罪状完善的构想

通过危险作业罪的立法逻辑可知，设定该罪的主要目的就是对“易发多发”危险作业行为进行预防，即从重视结果危险到重视行为危险。不能将罪状的完善路径简单地希冀于司法解释，而是应将目光转向立法修正。安全生产是系统性的社会治理工程，危险作业行为入刑要结合相关行政法律来把握。《安全生产法》第六章规定了生产经营单位及其从业人员的法律责任，因此可以依据《安全生产法》对人（Man）、项目（Matter）、设备（Machine）、制度（Manage）的相关规定来构建危险作业罪的“4M”理论。

《安全生产法》第 97 条的核心要素是“人”（Man），从事生产经营活动的人必须具备相应的资格并且按照规定考核合格，这里的“人”不仅包括生产作业的管理层也包括一线工作人员。第98条的核心要素是“项目”(Matter)，在生产作业中所有资源的投入均是为了项目成功的实施，所以要严格控制生产经营项目的质量，这里的项目特指“矿山、金属冶炼建设项目或者用于生产、储存、装卸危险物品的建设项目”。第99条核心要素是“设备”(Machine)，项目实施推进离不开适配设备，因此在安全生产中必须对设备进行质量控制。第100条至第102条的核心要素为制度(Manage)，制度分别与人、设备、项目密不可分，建立并且遵守规章制度是保障安全生产的重要方面也是生产有序进行的重要因素。人、项目、设备、制度四个方面涵盖了影响生产活动顺利进行的所有要素，内涵更加全面且更具有类型化，将“4M”作为未来危险作业罪罪状的设定依据更为合适。

本文认为，未来可以根据《安全生产法》的相关规定，在危险作业罪现有的三种行为之外，增设与“从业人员”“生产经营项目”“生产设施设备”“经营制度”相关的可能造成严重后果或者重大伤亡事故的现实危险行为。例如，针对“生产设施设备”，危险作业罪不仅要惩罚故意破坏设施设备的行为，也要惩罚不安装安全设备设施或者安装不符合标准的设施设备行为。此外，要限制罪状的外延避免形成新的“口袋罪”。可以在各种危险作业行为中加入限定词语来减少立法的模糊性。例如，将“生产设施设备”限定在“直接关系生产安全”。这就意味着并非一切与人、项目、设备、制度相关的可能造成严重后果的现实危险行为均被纳入危险作业罪规制范围。危险作业罪所规制的人、项目、设备、制度，应该直接关系生产安全。究竟何为“直接关系生产安全”，刑法前置的节点需要司法机关根据在案证据及实际情况进行确定。

“三个管理”背景下案件质量评查常态化、规范化、实质化研究

绍兴、阿克苏案件质量管理研究联合课题组*

案件质量评查是建立健全高质效办案规范体系、促进落实和完善司法责任制的重要一步。最高人民检察院在《关于全面深化检察改革、进一步加强新时代检察工作的意见》中明确提出，“健全案件质量检查评查制度，压实业务部门自我管理、案件管理部门专门管理和相关部门协同管理责任”，并修订出台了《人民检察院案件质量检查与评查工作规定（试行）》（以下简称《检查评查规定》），以进一步加强对检察官司法办案质量的监督管理。基于此构建检察“大管理”格局和案件质量“大检查”体系，需要正确看待和处理案件办理、案件管理与落实司法责任制之间的辩证关系，以案件质量评查的常态化、规范化、实质化开展，服务检察履职办案回归到高质效办案这个本职、本源上来，从而进一步优化检察管理。

一、案件质量评查应当关注的三个维度

（一）业务管理维度

案件质量评查是检察机关自身对检察权行使的一种自我检视和评价，

* 课题组成员：孟令胜，新疆维吾尔自治区人民检察院阿克苏分院党组书记、副检察长、二级高级检察官；王陆，新疆维吾尔自治区人民检察院阿克苏分院党组副书记、副检察长（分管日常工作）、三级高级检察官；张连生，新疆维吾尔自治区阿瓦提县人民检察院党组书记、副检察长、四级高级检察官；楼辉，浙江省绍兴市上虞区人民检察院四级检察官助理、援疆干部。

是检察长和检察委员会对案件实施管理的延伸和业务管控体系的重要一环，承载着从微观层面“管住质量评查”到宏观层面“管好检察业务”的双重价值。实践中，案件质量评查往往被狭义地理解为对具体个案进行评鉴的业务管理活动，而忽视了其本身对于整体检察业务管理的重要意义。业务管理在检察管理中处于决策范畴，通过案件质量评查的常态化、规范化、实质化开展，为决策者快速摸清检察机关主、被动履职案件管理“底账”和办案“底数”，发现检察履职过程中的主要矛盾和问题，找出办案质量问题和工作短板，从而为下一阶段检察权运行的监督管理、检察资源的合理配置调整以及“三个结构比”的优化等方面，提供决策所需要的实践依据和方向，压缩检察管理成本、提升司法产能。

（二）案件管理维度

案件是检察履职办案的基本载体，案件质量是检察工作的“生命线”，“案件管理的优化是提升案件质量的第一选项”[①]。应勇检察长多次强调，“高质效案件是办出来的，也是管出来的”，且“绝不是案管部门一家的事”[②]。《检查评查规定》明确了办案部门（人员）自查和检务督察部门追责分属案件质量检查评查的首、末两端，而案件质量评查则处于承上启下的中间环节。对此，应当充分认识到这一“桥梁”的重要性，以案件质量评查推动办案部门（人员）自查整改向检察官自我管理延伸、案件质量评查结果向检务督察部门追责衔接，将办案部门的自我管理、案件管理部门的专门管理和相关部门的协同管理统一于高质效办案实践，提升“案”与“人”的关联协同，最大程度释放案件质量评查对案件管理的效能，引导“有形管理”向“有效管理”转变、“软性约束”向“刚性监督”转变。

（三）质量管理维度

案件质量是“案件办理”与“案件管理”综合作用的结果，既关系

---

① 《贯通推进“三个管理”的核心要义与机制完善》，载《检察日报》2025年1月21日。

② 应勇：《构建检察“大管理”格局 一体抓实“三个管理”推动高质效办案》，载最高人民检察院网，https://www.spp.gov.cn/tt/202504/t20250421_693562.shtml，最后访问日期：2025年5月15日。

到质量管理本身，也关系到检察工作全局。构建检查与评查相结合的案件质量“大检查”体系，一方面，要正确看待检察官在案件办理中自查、办案部门在案件归档前核查和案件管理部门在案件办结后统筹组织评查的关系，形成不同阶段、各有侧重的案件质量管理梯度，促进司法责任制能够落实落细到每一个案件的每一个办理环节。另一方面，要根据条线特点和案件类型，建立健全“每案必检”工作机制，综合运用“随机＋重点＋专项”的评查模式，推动“四大检察”重点案件评查全覆盖，有效解决当前案件质量评查工作呈现出的“四多四少”问题[①]，持续做实“三个善于”，充分发挥案件质量评查对于统一规范案件办理、纠错防错的重要价值导向作用和实践意义，以高水平案件质量评查工作“管”出高质效案件办理。

二、当前案件质量评查工作存在的主要问题检视

（一）案件办理与质量评查的辩证性认识不清

一是案件质量评查与条块案件质量管理割裂。在检察业务管理组织体系的架构中，办案部门的自我管理与案件管理部门的专门管理分别具有“基础”和“枢纽”的重要意义。在认识层面，“案件质量评查与条块案件质量管理之间不是非此即彼的关系，而是在各自的职能范围内发挥对案件质量监管的作用”[②]，但在实践层面，案件管理部门通过统筹组织案件质量评查以实现对检察机关案件的集中监督管理，在一定时期内、一定程度上弱化甚至替代了办案部门自身本应承担的案件质量管理职责。换言之，办案部门的条块管理职能在案件质量管理体系中的重要作用，未能引起足够重视和有效运用，仍存在思维桎梏和认知惯性。办案部门与案件管理部门对于谁是管理主体，在认识层面和实践层面都存在不同程度的机械性割裂，导致在具体的工作中未能形成优势互补、齐抓共管的管理格局，削弱了案件质量管理工作的实效。

二是案件质量评查启动与审查办结节点混同。案件质量评查是对“已

---

① 参见高景峰：《检察机关业务管理、案件管理与质量管理一体推进的科学内涵与实践路径》，载《人民检察》2025 年第 4 期。

② 葛建军、周霞琴：《科学推进案件质量评查的体系化建构——以上海市检察机关的工作实践为样本》，载《人民检察》2019 年第 12 期。

经办结”即诉讼程序终结、有终局性诉讼结果的案件进行“全面体检”的检察机关内部监督管理活动。对于仅在检察机关办结但诉讼程序仍在继续的“案结而诉未结”案件，不能列入被评查案件的范围，不能进入案件质量评查程序[①]。因此，应当根据案件的性质予以具体界定该案是否已处于“已经办结”[②] 的状态，从而确定案件质量评查工作的启动时间。但实践中，案件质量评查的启动通常以检察业务应用系统中案件的“审结”作为启动评查的标志，即评查组织部门通常错误地将案件的“审结”当作“办结”，在“选案”这一初始环节即发生了节点混同的错误，造成部分案件在整个诉讼流程尚未结束的情况下就被纳入案件质量评查的范围，徒增不必要的案件重筛工作。

三是案件评查结论定档与责任追究环节错位。案件质量评查既反映检察机关案件办理的整体质量，也反映具体个案办理的情况。通过对个案开展检查评查后进行结果等次的确定，是评估案件办理质量优劣的重要参照。但是，案件质量评查结果等次的定档与司法责任追究之间并不具有对等性，其原因在于案件质量评查的对象是“案”，而司法责任制的落实则是围绕着“人”的责任进行界定与追究展开的。最终基于该“案”是否对“人”追究司法责任，应当依照《人民检察院司法责任追究条例》的相关规定，由检务督察部门经过依法调查后再提出是否追责的处理建议。但实践中，存在检察委员会直接充当惩戒决策者，将案件质量评查结果等次与追究司法责任进行不当关联挂钩，直接对评查认定的瑕疵案件、不合格案件的办案检察官追究司法责任的情形，司法责任的归属、认定、追究存在一定程度失偏。

（二）案件质量评查实质性开展不足

一是评查一体化履职欠佳。检察一体化管理是推进检察工作高质量发

---

① 参见申国军：《案件管理专题研究十八篇》，中国检察出版社 2023 年版，第 54 页。

② 以刑事案件为例：对于审查逮捕案件，应当是案件诉讼程序最终结束，如作出不构成犯罪不捕决定或法院作出生效裁判的，可进行评查。对于存疑不捕案件，从检察内部案件质量管控和外部侦查监督需要出发，侦查机关撤销案件或超过一年未移送审查起诉的，可进行评查。对于法院退回案件，重新起诉或改变管辖后起诉，法院作出生效判决、不起诉、移送单位撤回等流程结束的，可进行评查。

展的重要保障，进而更好地落实“三个管理”。在当前省级层面开展跨地区重点案件交叉评查、专项评查正逐渐成为评查常态的趋势下，部分省、市、县三级院案件管理部门的职责权限分工存在严重同质化、上下一般粗的情况，未能建立起不同主体、不同层级、各有侧重、梯度分明的案件质量评查资源统筹管理和人员调用规范体系，主要表现为：部分省级院的案件管理部门突出抓总牵头、组织协调各方的统筹功能不强，市级院主导、具体实施方案不成熟、措施不具体、把关不严格，基层院本层级内的案件质量自查、评查效果亦不尽如人意。从整体上看，评查案件质量的“人”与“案”尚未在检察一体化履职的框架下被统一管理使用，内部监督管理的整体效能仍有待进一步释放。

二是评查重复化较为突出。近年来，通过开展案件质量评查来查找办案质量问题，已经成为管好检察办案业务、提升办案质量的重要抓手，不同业务部门、不同层级的检察机关甚至跨区域的司法巡查，都在不同层面、不同程度上开展此项工作。但实践中，评查组织部门在通过检察业务应用系统或者利用智能辅助平台进行案件选取时，往往未能根据该次评查工作的实际需要，有效区分案件类型属性，或者囿于案件筛选算法逻辑局限而未能有效识别案件的评查状态，导致同一案件被随机抽查后又被纳入上级检察机关重点评查或司法巡查专项评查范围内，客观上造成同一案件被不同评查主体重复抽取、重复评价。这种情况不仅直接背离了《检查评查规定》中对评查类型进行不同区分的初衷，也给案件管理部门以及办案检察官带来了不必要的工作负累，“每案必检”在一定程度上被异化为“每案多检”。

三是评查报告空心化明显。案件评查报告是反映案件办理质效和记载评查情况的直接载体，如实记录案件质量存在的问题、撰写具有实质性内容的评查报告，也是评查人员正确履行评查工作职责的重要体现。但实践中，相当部分的评查人员往往没有沿着案件质量评查逻辑[①]的指引对案件暴露出的质量问题进行全面审视，而是以“证据链不够完整”“未详细讯问”等概括性语句，避实就虚、“蜻蜓点水式”地潦草带过相关质量问题，导致虽然形成了个案评查报告，但报告内容呈现空心化的现象，主要表现在重点评查、专项评查和随机评查的报告中，或者没有按照评查报告模板

① 参见申国军：《案件管理专题研究十八篇》，中国检察出版社2023年版，第54页。

的提示要求进行叙写，或者没有围绕所评查案件的具体类型和重要问题进行实质性分析说理，或者给出的理由与拟作出的案件质量等次在逻辑关联度上不强，等等，严重影响了评查工作应有的严肃性。

（三）案件质量评查“高质效”体系尚未形成

一是评查侧重不清，不精于评。随机评查、重点评查、专项评查是当前对于案件质量评查类型的通用划分，各自承担着不同的功能与价值：随机评查凭借对大量案件的随机抽查，能够从宏观层面把握案件整体质量状况；重点评查聚焦特定范围的关键案件，有助于精准解决疑难复杂问题；专项评查则针对特定类型案件或突出问题，实现集中突破与深度治理。但实践中，大多数评查组织部门并没有充分认识到不同评查类型之间的差异，评查人员在具体评查时对案件质量评查要点把握不准，或简单地将所有评查都当作同一类型的评查，或对不同类型的评查适用同一类评查标准，导致随机评查抽样无法全面反映整体情况，重点评查难以突出关键症结，专项评查也不能有效解决特定领域的突出矛盾。各类评查失去了应有的区分度和评查针对性，严重影响了案件质量评查工作的实际效果。

二是评查力度不够，不敢于评。案件质量评查是对检察办案工作的一种事后监督，属于专门的办案监督工作，对于把控案件质量、输出合格的“检察产品”具有重要意义。但实践中，一方面，有的评查人员在开展评查工作时，未全面深入审查案件卷宗材料，仅凭形式审查就草率作出评查结论，甚至预先设定好评查结果，对明显存在的办案瑕疵和错误不愿明确指出、具体阐述，不敢“动真碰硬”，让评查流程沦为“走过场”。另一方面，在有的案件质量评查活动中，评查组织部门不敢于直面案件质量可能存在的问题，而是通过前期人工筛选的方式，选择毫无争议的简单案件进行评查，以营造本单位本地区办案质量较高的假象。这些行为“不但严重影响了评查工作质量，更不利于及时发现制约检察工作高质效开展的短板、弱项”[①]，在落实司法责任制上打了折扣、掺了水分。

三是评查转化不佳，不善于评。对于案件质量评查等次结果的确定，

---

① 参见《检察日报社评：案件质量评查要坚持高质效导向》，载最高人民检察院网，https：//www. spp. gov. cn/spp/zdgz/202410/t20241028_670022. shtml，最后访问日期：2025 年 5 月 15 日。

是提升检察机关整体办案质量和落实司法责任制的“最后一公里”，直接关系到对检察官办案质量的精准评价。但实践中，在通过开展案件质量评查来推动实现“案”的管理与“人”的管理的过程中，仍存在不少问题。例如，在评查时未能充分考量引导规范司法行为与依法保护履职积极性的平衡，或仅以法院的生效裁判文书、相关回函未采纳检察机关的意见就对该案的办理一概作否定评价，或仅因个案中部分程序性环节缺失而忽略了案件在实体问题上的处理妥当性考量，就将案件机械地评定为瑕疵或不合格案件等。这种不尽客观的等次评定及结果的不当转化运用，既无法准确反映检察官的真实办案水平，也难以对案件质量的提升起到实质性的推动作用，反而成为提升质量管理的障碍。

三、案件质量评查的完善路径与方向

（一）坚持“高质效”评查的基本原则

一是“自查＋评查”原则，做好源头预防管理。高质效的案件办理和案件管理是提升司法公信力的关键。高质效开展案件质量评查工作，既离不开办案部门和办案人员分别作为案件质量控制的第一道防线和第一责任人的自我管理，也有赖于案件管理部门通过统筹组织评查工作，弥补办案部门自查力度不够、效果不佳、问题暴露不足等局限。基于此，一方面，办案部门要积极主动地做好案件从程序到实体、从流程到效率等方面的自查管理，对能够整改的案件质量问题及时补正。另一方面，案件管理部门要通过案件质量评查，向办案部门及时反馈评查发现的案件质量问题，帮助办案部门将暴露出的“问题”转化为质效提升的“锚点”。通过办案部门自我管理和案件管理部门专门管理“两条腿走路”的协同模式，结束长期以来案件质量管理的“跛脚鸭”状态，缩短质量管理压力链条，为检察权的充分正确行使和案件质量全面审视提供双重保障。

二是“评案＋评人”原则，做好双向责任管理。在当前员额检察官自动具有评查员资格的框架设计下，案件质量评查实际上是检察官之间对司法办案活动以专业化的审视来评判检察履职质效的管理活动。对此，需要从规范评查和正确履职两个维度进行把握：一方面，对案件质量问题进行评价与认定要有理有据，在依照相关法律、诉讼监督规则和《人民检察院案件管理部门案件质量评查要点指引（试行）》等规定的基础上，结合个案因素，全面综合、客观公正地拟定出合理的案件质量结果等次，同时畅通对结果等次异议的申诉渠道，确保承办检察官的权利得到及时救济。另一方面，参与检查评查的人员在职责范围内对检查评查工作质量负责。对于认真负责、有针对性地指出案件存在的质量问题并提出相应的工作意见建议的，要在日常管理评价中予以正向激励；对于滥用评查权力，导致后续发生错误评定案件质量等次造成严重后果的，也要进行反向约束，依法追究相应责任。

三是“微观＋宏观”原则，做好结果导向管理。“案件质量评查工作，既是评估案件质量的最直接形式，也是促进案件质量提高的最有效手段。”[①] 在一体抓实“三个管理”的大背景下，案件质量评查呈现出两个鲜明的特点：其一，被列入检查评查的案件往往带有很大的随机性，很多案件本身可能确实不存在质量问题；其二，监管的目的虽然带有个案评价，但更重要的是从中找到业务运行的薄弱环节与工作短板，以点带面地改进工作。具体而言：从微观层面上看，要通过案件质量评查聚焦司法办案标准和法律统一适用的困惑，帮助检察官寻找改善和解决办案质量问题的策略，增强案件质量评查反向审视成果运用的实效性，从而更好促进案件办理。从宏观层面上看，对于评查过程中发现的不必要的质量管理环节，通过加强对症分析和总结提炼，最大限度发挥案件质量评查在服务检察管理中心工作、提升监督质效和保障权力规范运行等方面的多重功能价值。

（二）建立“高质效”评查的闭环体系

一是进一步完善评查对象和类型确定机制。在方法论层面，要以量为基、实现覆盖。将“四大检察”“十大业务”所有案件类型和重要办案流程都纳入案件质量评查的内容范围，确保对案件质量进行覆盖性、过程性监督评价，防止出现“因人而评”“四多四少”等评查偏误和结构性失衡等问题，实现“每案必检”向“每案必评”的更高管理目标迈进。在实践操作层面，要以质取胜、强化协同。加强办案部门与案件管理部门的沟通联系，根据一定时期、一定阶段内案件数量的变化趋势，共同会商确定

---

① 申国军：《案件管理实务精要十二讲》，中国检察出版社2023年版，第132页。

案件质量评查类型，处理好案件检查与评查的统分结合，掌握业务管理需求动态，确保案件质量评查在方向上与检察工作全局同频共振。例如，对于上级检察机关要求重点关注和评查的案件，要不折不扣评查到位；对于本地业务质效分析研判或者流程监控中发现的异常点、问题点，确定开展针对所发现问题的专项评查，通过评查一批案件、规范一类问题；对于其他案件，通过随机抽取的方式开展随机评查，形成常态化监管力。

二是进一步优化组织模式和等次认定程序。在组织模式的运行上，案件质量评查要在坚持“最多一次原则”（一次启动三级评查核定记为一次）的前提下，往分级实施、随机分案评查的方向进行。具体而言：市级院要在省级院的指导下，常态化、规范化、实质化开展提级评查和跨地区交叉评查，市、县两级院还应当在重点案件、专项评查案件以外随机抽查其他案件。省级院每季度对各地已随机评查的案件进行抽查，同时检查评价被抽查案件质量和评查质量。在等次认定的程序上，可建立基层院初评、市级院复评与省级院复核的三级递进式等次认定模式，即案件质量初评由两位员额检察官交叉进行，对初评结果存在异议或者经初评后拟定评查结论为不合格、瑕疵案件的，由市级院组织复评。省级院对各地自评为不合格或瑕疵的案件有异议的，由省级院指派评查员经审查复核后提出意见；对案件疑难复杂、等次认定争议较大的，视情召开员额检察官联席会议或送业务部门征求意见，最终报请检察长或者检察委员会确定等次。

三是进一步强化案件质量评查结果多元运用。“检察管理工作要取得成效，必须注重管案结果的转化运用，将管案结果应用落实到管人。”[①] 基于此，案件质量评查的重要目标之一在于通过评查工作的具体开展，统筹推进“管案”与“管人”相衔接，加强案件质量评查与检察办案质量的整体联系，提升“案—人”协同度。具体而言：一方面，要加强对案件质量本身的双向治理。对于发现的个性和共性问题，以召开质量评查通报会、典型案例学习整改等方式，推动建立办案人员、部门负责人、分管领导三方参与的办案质量问题“销号”管理机制。对于发现的优质案件和优秀法律文书，作为业务讲评范例择优上报参评的“种子案件”。另一方面，

① 刘慧：《一体抓实“三个管理”高质效办好每一个案件丨加强“三个管理”要把握好五个关系》，载最高人民检察院网，https：//www.spp.gov.cn/spp/llyj/202410/t20241030_670421.shtml，最后访问日期：2025年5月15日。

要加强对案件关联人员的双向管理。既查案件质量责任，又查案件评查责任，建立办案主体和评查主体“双重责任倒查制度”，切实将案件办理和评查等履职情况纳入检察官司法办案档案和业绩评价体系，作为员额退出、职级晋升和评优评先的重要依据，增强评查监督的力度与刚性。

（三）坚持“高质效”评查的工具运用

一是用足“指引”工具，注重案件质量评查经验的转化使用。开展案件质量评查的主要目的在于统一司法行为标准、提升整体办案质效。一方面，省、市两级院案件管理部门要结合不同类型案件的特点和评查评定实践，会同办案部门夯实业务管理主体责任，加强对案件质量检查评查中常见多发问题开展针对性研究，运用好已评定案件，深入剖析难点原因、厘清适用标准所在，从有利于实体性办案的层面上形成对类案、类罪的统一认识，尤其是对实践中把握模糊或存在惯性偏差错误认知的一类问题予以规范。另一方面，要根据不同业务领域特点，形成涵盖常见问题、典型案例、需要注意的问题等内容的书面评查指引。通过定期编印、下发的方式，就案件质量评查报告如何撰写、新型或复杂案件中质量结果等次如何认定等具体问题，为下级院提供操作层面的参考与指导，促进评查工作有章可循，最大程度消减案件办理和案件评查之间的紧张关系，消除评查乱象，切实发挥好案件质量评查的引导和规范功能。

二是用好“人才”工具，强化案件质量评查人才的管育选用。案件质量评查人才队伍建设的一体管理使用，是促进和提升办案监督质效的重要保障。一方面，在人员组成上，要按照“四大检察”的分类，遴选业务功底扎实、办案经验丰富的业务骨干，并系统性储备各类专家型评查员，组建省、市、县三级院案件质量评查人才库，承担评查、协调、指导和复查等工作任务。另一方面，在管理使用上，由省级院案件管理部门负责统筹，建立员额检察官异地交叉、轮岗评查机制，形成评查人员履职档案，同时加强评查资格的动态管理。此外，在做好专门培训的前提下，适当吸收人大代表、政协委员、相关专家等参与案件质量评查，借助外部力量在专业领域、特殊行业等问题上的特有优势，提升评查的精准度，避免检察机关封闭式评查造成评判偏差，确保案件质量评查的过程和结果都客观公正。

三是用活“数字”工具，提高案件质量评查智能模块的运用。应勇检察长指出，“高质效办好每一个案件”重在“高质效”，难在“每一个”。检察业务数据已经历了多年数字化的积累。要实现“每案必检”“每案必评”的关键之一，就是要用好 DeepSeek 等 AI 大模型进行本地化部署和检察业务场景应用打造，赋能案件质量评查从案件选取到评查结果等次确定再到司法责任追究的体系性建构，以数字技术解决案件质量评查在数量、质量和效率间的矛盾，破除实践中评查覆盖面窄、力度力量不够、效率低下以及评查主体不敢、不愿、不能等主客观障碍。例如，浙江省检察机关在“数智案管”基础上，研发案件质量评查应用，并建成运行闭环式、传导式案件质量评查体系，通过对检察办案进行全周期精准管理，有效破解“人”“量”“质”三重困境[1]，推动检察业务管理从“经验判断”到“数据决策”、案件管理从“人工巡检”到“智慧枢纽”、质量管理从“抽样评查”到“全量体检”的三重维度的跨越。

---

① 参见柴志华、吴小倩：《聚焦四方面要素一体抓实“三个管理”》，载《检察日报》2024 年 12 月 11 日。

侵犯商标权罪行刑反向衔接的争议与解决

——兼论商标权综合保护

桑 涛 王泽斌*

根据最高人民检察院于2024年发布的《知识产权检察工作白皮书（2021—2023年）》显示，2021年至2023年，侵犯商标权类犯罪案件数和人数在知识产权犯罪中占比近九成，其中假冒注册商标罪和销售假冒注册商标的商品罪是占比较大的罪名。此类案件办理在侵权判断标准、赔偿标准、民行衔接等方面已经积累起较为成熟的业务经验，尤其是在涉嫌犯罪的正向衔接方面，但也正因如此，反向衔接领域拓展受到正向衔接理念影响较大。作为学界关注的重点课题，行刑衔接问题其实并非一种原生问题，真正的问题出在两大法律部门内部，更是在两法衔接、府检联动、法益特征等基本问题之间。在商标权领域，这些基本问题体现在商标侵权的认定标准争议，综合保护的目标指向和工商行政管理部门、公安侦查机关和检察机关之间的职能和习惯差异，与此同时，行政法律和刑事法律原本的理念差异、细节差异、执行差异等也会影响二者的衔接，正是这些基本的问题差异导致侵犯商标权罪行刑反向衔接在移送程序、认定标准、综合保护工作等方面存在诸多问题争议。

一、侵犯商标权罪的移送程序衔接

（一）管辖习惯与流程冲突

《行政处罚法》规定行政处罚应当由违法行为发生地的行政机关管辖，

* 桑涛，浙江省杭州市拱墅区人民检察院党组书记、检察长；王泽斌，浙江省杭州市拱墅区人民检察院第七检察部四级检察官助理。

人大法工委对《行政处罚法》的释义将违法行为发生地包括了着手地、实施地、经过地和结果地，而在“两高一部”《关于办理侵犯知识产权刑事案件适用法律若干问题的意见》（以下简称《知产意见》）中，对于犯罪地管辖的解释更为具体，包括了制造地、储存地、运输地、销售地、传播地、结果发生地等。仅从法律规定来看，二者的管辖范围均能包容似乎没有问题，但实践中公安机关对于商标权犯罪的管辖受线索发现的影响较大，违法行为往往在销售地被发现，而行政机关由于需要查处假冒商标的商品，一般由生产地的市场监管部门进行处罚。检察机关在反向衔接中显然向同地的市场部门进行衔接更为容易，但对于市场监管部门而言，其异地执法能力弱，执法成本大，向异地的市场监管部门移送也较为不便。为此，考虑到处罚的执行问题和衔接的效率问题，直接与生产地的市场监管部门进行衔接为宜。

侵犯商标权罪的行刑衔接一般是正向衔接和反向衔接的流程均具备，既有从行政执法机关到刑事侦查机关的衔接，也有从法律监督机关到行政执法机关的衔接。尽管目前所强调的是正向衔接与反向衔接的双向衔接，但二者在行政执法人员所基于的理念所不同。对于正向衔接而言，衔接就意味着管辖的转移，即行政不再负有该案件的管辖权。而反向衔接则显然不同，其所区分的是定罪与处罚，即在名义上承认犯罪嫌疑人的犯罪但在处罚上不进行刑事而进行行政处罚，这种管辖方式让习惯正向衔接的行政人员难以接受，比如，会提出商标侵权案件达到一定数额就应当进行刑事处罚，若进行行政处罚则罚款数额过大，显然不合理，因此双向衔接的理念打通仍需进一步理论论证和研究阐述。

除此之外，在多次衔接的过程中，物的处理流程也存在问题，在正向衔接的过程中，已扣押的货物有的可以移送，有的无法移送的可以采取解除扣押再扣押或者委托保管方式。刑事案件需要对财物进行退赔程序，行政流程也涉及违法所得的问题。一般情况下，涉案财物处置遵循刑事优先的原则，但可能存在对于处置内容的意见，如关于违法所得孳息的处理，在食品海关产品质量等未有明确规定，如关于将涉案财物返还权的规定对于被侵害人或者善意第三人合法占有财物是否应当予以归还仍需进一步明确。

（二）时效与继续状态认定

商标权作为知识产权的一种，具有保护客体的无形性、权利的依法授予性和时间性，因而在民事领域，知识产权的诉讼时效问题经常被提出来讨论。1996 年著名的“武松打虎”案的二审法院认为：“景阳冈酒厂自 1980 年至 1996 年原告起诉时一直在使用刘继卣的《武松打虎》组画，其行为是连续的，权利人的权利也一直处于被侵害的状态”，应当认定可以超过诉讼时效。这在 2002 年出台的最高人民法院《关于审理商标民事纠纷案件适用法律若干问题的解释》第 18 条对侵犯注册商标专用权的诉讼时效也作了特别规定，即“商标注册人或者利害关系人超过二年起诉的，如果侵权行为在起诉时仍在持续，在该注册商标专用权有效期限内，人民法院应当判决被告停止侵权行为，侵权损害赔偿数额应当自权利人向人民法院起诉之日起向前推算二年计算”。从这一规则中不禁产生了一个疑问，即能否将知识产权持续性侵权诉讼时效特殊化处理迁移至《行政处罚法》第 36 条规定的两年未被发现而不予处罚的追罚时效中？本文认为，《行政处罚法》虽然规定了连续状态或继续状态的期限计算要从行为终了之日起计算，但一般认为继续状态的“违法行为与违法状态同时继续，而不只是违法状态的继续”，以此观商标侵权状态和普通财产侵权，其区别就在于附有商标的商品一直处于生产、销售状态中，因而其仅仅是状态的继续而非行为的继续，不应当作特殊化处理。

（三）共同违法和单位违法

行政机关和公检法机关对于涉案人员中的哪些人属于侵权行为人存在不同的观点。

首先，因为共同犯罪而作为被告的行为人在行政处罚中可能并不属于侵权行为人，《商标法》第 57 条第 1 项或者第 2 项所指的使用与他人注册商标相同或者近似商标的侵权行为，一般指的是生产经营商标侵权商品的经营者，但实践中可能存在被雇用来从事侵权商品生产加工的行为人构成共同犯罪的情况，而《行政处罚法》并未规定共同违法的认定，不同领域的行政机关的做法和标准也并不统一，在这种情况下要求行政机关对从犯进行行政处罚或难以得到法律上的支持。而检察机关对于此类从犯的反向衔接出具检察意见书建议处罚时也应当审慎考虑其必要性。

其次，单位还是个人承担责任也是二者的争议问题。在商标侵权行政处罚中，行政机关对于以单位名义从事经济活动的一般径行将公司作为行政处罚的责任主体，即使是个体工商户也以该个体工商户作为责任主体，而刑法上对于单位犯罪的标准要求较严格，成立公司后主要以非法业务为主、为了实施违法行为而成立公司等情形均不属于单位犯罪。因此，工商行政管理部门在行政调查时，往往会明确当事人是否以市场主体从事经济活动，而商标侵权行政处罚在未规定双罚制情况下，可能存在个人的行政责任无法追究的情况。但需要指出的是，一般情况下，个人一般为公司的大股东或者实际控制人，灵活把控对单位处罚的幅度与径行进行双罚处理，二者是否有明显的利弊或许有待进一步考虑。

二、侵犯商标权罪的认定标准衔接

（一）违法所得和违法经营额认定

第一，违法所得认定。“违法所得”的法律概念是非法经营、走私、非法集资等诸多罪名赖以定罪量刑的标准和尺度，侵犯商标权犯罪也不例外，尽管在最高人民法院的答复、《刑法》第64条、国家知识产权局的回复[①]及最高人民法院、最高人民检察院《关于适用犯罪嫌疑人、被告人逃匿、死亡案件违法所得没收程序若干问题的规定》等规定中均对违法所得的概念进行了解释，明确了要扣除合理支出，但扣除的具体内容并没有规定，因而实践中也存在诸多争议，如相关人员工资、运费、仓储等费用是否应当削减，管理费用、财务费用、税负、广告、宣传费用是否应当扣除。有观点认为，对于一些对社会危害大或者违法成本难以计算的违法行为，应将其销售收入视为违法所得[②]，有的观点则直接认为是“获利金额”[③]。本文认为，应当坚持主客观相一致原则，在侵犯商标权犯罪中区分合法销售和非法销售，区分规避处罚目的和不规避目的，如纯以制假售假为

---

① 参见国家知识产权局《关于商标侵权案件中违法所得法律适用问题的批复》（国知发保函字〔2021〕206号）。

② 参见《工商行政管理机关行政处罚案件违法所得认定办法》第8条。

③ 参见最高人民法院《关于审理非法出版物刑事案件具体应用法律若干问题的解释》第17条。

目的而衍生的相关人员工资、运费、仓储等费用不应核减。对于可以提供相关财务账册的，以核算查证的非法与合法开支数额，核减相关合法开支。[①]

第二，违法经营额的认定。违法经营额是《商标法》第60条规定的罚款的计算基础，即“违法经营额五万元以上的，可以处违法经营额五倍以下的罚款”，而违法经营额的计算由于售出记录及标价的缺失，导致实践中需要采用不同的推定标准，因此《中华人民共和国商标法实施条例》也并未规定具体的计算公式，而是规定了计算违法经营额的六项考虑因素，实则确定了不同情况下违法经营额的计算方式，如标价、市场价、平均价格等。尽管如此，实践中也还存在如办案机关在以商标权利人提供的同类商品售价作为计算违法经营额的依据、未售出部分的货值金额与评估公司鉴定金额不一致等问题，本文认为应当考虑当事人利益的审慎审查原则，并对《中华人民共和国商标法实施条例》规定的六项内容按照顺位选择，而非采用综合确定的方式。

（二）同一种商品、商标使用、相同商标的认定

销售假冒注册商标的商品罪的认定需要进行三个方面的认定，包括同一种商品认定、商标使用认定和相同商标认定。这三个方面都不无争议。

第一，在同一种商品的认定上，《知产意见》第5条规定的“同一种商品”是指“名称相同”的商品和“名称不同，但指同一事物”的商品。也存在名称仅有细微差别，却实质相同的商品。如“运动裤”和“裤子”属于同一种商品的争议，法院认为在运动裤等其他裤子上使用相同的商标的行为只能说是在“同一类商品”上使用，而不能认定为在“同一种商品”上使用。因此，当行为人生产销售的商品与权利人注册商标核定使用的商品分属于同种类物下的不同子类物时，不能将其认定为“同一种商品”。本文认为，此种认定需要依据功能、用途、主要原料、消费对象、销售渠道，以及社会公众的认识等方面进行综合认定。

第二，在商标使用认定上，一方面的争议是有人认为假冒注册商标的商品罪中，犯罪行为人和受害人需对相同类商品展开销售，但实践中存在一种情形：受害人使用其注册商标生产的商品和犯罪人利用其商标生产的

---

① 参见唐燕：《“违法所得”内涵解读与具体认定》，载《检察日报》2021年3月26日。

商品不一致，犯罪人辩解该罪名明确为销售假冒注册商标的商品，受害人没有销售该商品，因而不应当构成犯罪，此种观点仍有一定影响，但从《商标法》的有关规定看，商标权在注册期内均应当保护，不论使用与否。另一方面的争议是间接使用和消极使用是否包含在“使用”的含义内，即本应将商品上原有的商标去除但未去除，从而放任已经使用商标的商品流入市场或本来应当使用而未使用，这二者在民事侵权中是作为一种侵权方式存在，但这也会扩大刑事规制范围，在行政处罚中将其解释为一种侵权形式并调整罚则或可。

第三，相同商标的认定，根据最高人民法院、最高人民检察院《关于办理侵犯知识产权刑事案件适用法律若干问题的解释》（法释〔2025〕5号）的规定，相同商标是与被假冒的注册商标完全相同，或者与注册商标基本无差别。司法实践中与被假冒的注册商标完全相同在认定上较为简单。更多的争议在于如何认定与被假冒的注册商标基本无差别即专家标准还是以普通大众的基本认知为标准，行政机关倾向于前者，而司法机关则倾向于后者。这一争议建议通过检察听证制度邀请相关专家和对应商品的消费者等群体参与，以程序合理促成实体合理。

（三）商标鉴定意见的认定

国家工商行政管理总局商标局《关于假冒注册商标商品及标识鉴定有关问题的批复》（商标案字〔2005〕第172号）规定，在查处商标违法行为过程中，工商行政管理机关可以委托商标注册人对涉嫌假冒注册商标商品及商标标识进行鉴定，出具书面鉴定意见，并承担相应的法律责任。被鉴定者无相反证据推翻该鉴定结论的，工商行政管理机关将该鉴定结论作为证据予以采纳。但实践中也存在一些问题。一是权利人不肯鉴定的问题。比如，有些商标品牌方怕影响自己声誉不愿意进行鉴定，然后辩护人就会提出未经鉴定难以确认为侵权。针对这一问题，检察官应当对可能的后果进行释法说理，引导权利人行使权利。二是多数案件中，被告人会以鉴定人与被告人存在利害关系作为反驳依据，其实从证据类型看商标权利人出具的鉴定文件属于被害人陈述而非鉴定意见，其证据效力需要进一步补强。三是对于行政调查环节中被害人出具的鉴定意见能否直接作为刑事证据使用的问题，若作为被害人陈述意见，由于言词证据本身易变性大，按照法律和司法解释的规定，言词证据在由行政执法转入刑事司法程序时重新收集是原则，直接使用是例外。为此，可要求鉴定意见附有认定标准和论证过程，商标权利人提供注册商标的完整权利文件、判定“正品”的各方面标准、侵权商品的侵权要素等，符合要求的鉴定意见可直接采用，减少不必要的衔接流程。

三、侵犯商标权罪的综合保护衔接

商标权综合保护理念要求检察机关对商标权犯罪的行刑反向衔接，应当秉持综合评价、综合治理、综合保护工作理念，考虑案件在刑事、行政、民事案件处理结果可能对双方当事人的权利义务、所侵害的公共法益、行政管理秩序带来的影响，综合作出精准可行的检察意见。

（一）刑行民需综合评价

第一，刑事处罚、行政处罚、民事赔偿三者可以互相独立。对于刑事处罚与民事赔偿的关系，刑事附带民事诉讼制度已作明确，对于刑事处罚和行政处罚之间的关系，行刑反向衔接制度也已明确二者并非非此即彼的关系。对于行政处罚和民事赔偿之间的关系，有判决亦指出“工商行政管理部门处理时，认定侵权成立的，可以对侵权人采取责令停止侵权行为、没收侵权商品、罚款等行政处罚，但行政处罚并不能替代民事赔偿，侵权人仍应赔偿商标权利人因侵权行为造成的损失”。

第二，刑事处罚、行政处罚、民事赔偿三者可以综合评价。行政处罚和刑事处罚的内容固然代表国家法益侵害相对独立，但对于民事赔偿的部分能够包容保护并综合评价。《刑法》第 64 条规定：“犯罪分子违法所得的一切财物，应当予以追缴或者责令退赔；对被害人的合法财产，应当及时返还。”刑事诉讼中的追缴和责令退赔金额中包含了一部分应当作为被害人民事赔偿的金额，而对被害人进行退赔、取得被害人的谅解，既是刑事处罚量刑的依据之一，也是行政处罚从轻处罚的依据，如《浙江省市场监管重点领域部分行政处罚事项从轻、从重处罚裁量基准》规定的侵权行为得到注册商标权利人谅解可以从轻处罚。

（二）办案依赖和其他违法行为查处

商标侵权案件的行刑正向衔接较为顺畅，执法部门和公安机关通过案前联合达成组织合作能够有效纠正执法部门的“以罚代刑”倾向，但当前的案前联合模式也存在一些合作困境。

一方面，执法部门和公安机关过度依赖。刑事案件和行政案件在办案程序、证据标准、组织机构和工作方式等方面有显著差异，但在案前联合模式中，执法部门与公安机关的工作有高度同质化的倾向，两者为了实现协同，可能会忽略执法和司法程序的差异性要求，在程序运用证据认定和法律适用等方面出现混同。这方面，检察机关应加强案件质量的审查，对于公安机关和行政执法部门的正向衔接过程进行监督。

另一方面，在反向衔接流程中，检察机关针对不起诉人提起检察意见时，有的执法机关提出公安阶段的调查不够全面，存在遗漏的行政违法问题。侵犯商标权犯罪的刑法罪名包括假冒注册商标罪，销售假冒注册商标的商品罪，非法制造、销售非法制造的注册商标标识罪，但在商标行政违法过程中，违法行为人还可能涉及未经商标注册人的许可在同一种商品上使用与其注册商标相同的商标的行为、提交虚假材料骗取注册登记的行为等。这一方面，检察机关在反向衔接中应当就全面的行政违法行为进行衔接，可以分别对涉案违法行为出具具体意见，其他违法行为则出具概括意见。

（三）惩罚性赔偿和民刑责任“倒挂”

第一，刑事违法与民事赔偿的衔接方面。2013 年，我国《商标法》首次规定了商标侵权惩罚性赔偿条款，即“对恶意侵犯商标专用权，情节严重的，可以在按照上述方法确定数额的一倍以上三倍以下确定赔偿数额”，惩罚性赔偿制度规定于民事法律规范中，除了填补损失还强调惩戒、预防，还肩负一定的公法功能。惩罚性赔偿往往要求情节严重，或者行为人的主观恶意较重，在一些情况下情节严重可能直接构成刑事犯罪，若直接构成犯罪的，是否适用惩罚性赔偿制度存在争议。实践中，惩罚性赔偿制度适用较少，该条款规定的“恶意”“情节严重”缺乏具体的标准，且权利人的实际损失、侵权利益、商标许可使用费难以确定，法官适用该条款的动力也不足。本文认为，从当事人角度分析，具有公益赔偿作用的惩罚性赔偿制度的适用应当对被告人的刑事责任加以减免，从而体现罪责刑相适应的原则，在反向衔接中则应当考虑惩罚性赔偿作为不起诉的裁量因素之一，并将其作为处罚意见的考量依据。

第二，民刑责任“倒挂”问题。有观点认为，民刑责任倒挂商标侵权的帮助行为需要承担刑事责任，但实行行为却无须承担刑事责任。[①]《商标法》第 57 条第 4 项将未经许可单纯制造注册商标的行为和其他项的“双相同”商标侵权、“非双相同混淆”商标侵权以及反向假冒侵权等侵权行为均规定为独立的侵权行为。但前者在刑法中往往被界定为预备行为或者帮助行为，而后者则被界定为实行行为。由于刑法未将“非双相同混淆”商标侵权、反向假冒侵权与注册驰名商标跨类使用侵权等行为纳入刑法规制范围，因而这些并不会构成商标犯罪，这就可能导致帮助行为构成商标犯罪但实行行为则不构成犯罪的民刑责任之间的“倒挂”现象。本文认为，责任的倒挂并非单单是民刑之间，应当考虑到民行刑三者之间的关系，尽管“非双相同混淆”商标侵权、反向假冒侵权等行为不会被纳入刑法规制范围，但其也会被列入行政处罚范围内，且行政处罚对于当事人权利的克减也并不一定小于刑事处罚。

---

① 参见刘铁光:《论商标保护民刑之间的衔接》，载《环球法律评论》2023 年第 4 期。

涉加密货币刑事案件的追赃挽损问题研究

李　涛　杨　程　高润康*

一、背景：FATF 标准下频发的涉加密货币刑事案件

加密货币[①]相较于法定货币具有去中心化、点对点交易等特点，其不但因近些年市场交易价格的大幅上涨广受争议，也令犯罪分子关注到加密货币追溯性差、隐蔽性高，可以通过加密货币交易平台实现资金跨境转移犯罪所得资金，并不受国别限制。研究显示，以美元计算，利用比特币进行非法交易活动的，约占比特币交易总用户数量的四分之一和总交易量的将近一半，相当于约 2700 万名参与者，每年的非法交易额约为 760 亿美元。[②] 利用加密货币从事的非法交易活动不仅数量庞大，而且已经与金融

* 李涛，北京市海淀区人民检察院第三检察部检察官；杨程，北京市海淀区人民检察院第三检察部检察官；高润康，北京市海淀区人民检察院第三检察部检察官助理。

① 本文将比特币、USTD 泰达币等刑事案件洗钱行为中常使用的加密货币统称为加密货币，其指涉范围同《关于进一步防范和处置虚拟货币交易炒作风险的通知》《关于防范代币发行融资风险的公告》及“FATF”标准中的加密货币一致。一方面，从语词所指看，加密货币指基于密码学和区块链技术，通过计算机程序生成的加密货币，相较于包含 Q 币、点券等游戏代币或非转换式（non－convertible）的加密货币，概念更为精准。另一方面，加密货币作为各国家和地区法律监管制度的术语，在国际上更为通行。参见漆彤、卓峻帆：《加密货币的法律属性与监管框架——以比较研究为视角》，载《财经法学》2019 年第 4 期。

② Sean Foley, Jonathan R. Karlsen & Tālis J. Putniņš, *Sex, drugs, and bitcoin: How much illegal activity is financed through cryptocurrencies?*, Review of Financial Studies, Forthcoming, Vol. 32: 5, p. 1789－1853 (2019).

犯罪呈现出齐头并进的态势。[①]

根据FATF[②]2019年6月全体会议达成的《以风险为基础的虚拟资产和虚拟资产服务提供商指引》(*Guidance for a Risk - Based Approach to Virtual Assets and Virtual Asset Service Providers*,简称FATF标准),一国有权根据国内的监管情况和经济风险情况选择是否承认加密货币交易。如果该国选择承认加密货币交易,就应当出台有效的反洗钱监管措施。如果该国选择禁止加密货币交易,就应当采取措施有效识别并禁止国内的加密货币交易,以降低利用加密货币洗钱和实行恐怖主义活动的总体风险。[③] 就此,2017年,中国人民银行等七部门联合发布了《关于防范代币发行融资风险的公告》(以下简称《公告》),正式宣布采取措施取缔境内加密货币交易所。2021年,中国人民银行等十部委联合发布了《关于进一步防范和处置虚拟货币交易炒作风险的通知》(银发〔2021〕237号,以下简称《通知》),将加密货币交易活动定义为非法金融活动,并对境外加密货币交易所通过互联网向境内居民提供服务的行为提出警告。据此,在FATF标准下我国完全否认了加密货币及其交易活动的合法性,境内利用加密货币交易平台洗钱也基本丧失了操作空间。

但近年来,电信诈骗、网络赌博等犯罪行为呈现出快速增长趋势,大量非法所得资金通过线上流转。研究显示,为隐匿犯罪线索和逃避反洗钱监管,境内的犯罪分子常通过场内场外交易、"卡接回U"、配合跑分平台交易等犯罪手段洗钱[④],而在FATF标准下承认加密货币合法地位并开设加

---

① Marshall Billingslea, *Virtual Assets and Financial Crime Now Go Hand in Hand* (Oct. 28, 2018), https://www.ft.com/content/8e26bba2 - d91f - 11e8 - aa22 - 36538487e3d0.

② 反洗钱金融行动特别工作组(Financial Action Task Force on Money Laundering,简称FATF)是由全球39名成员国或国际组织组成的全球洗钱和恐怖主义融资监督机构。FATF负责制定国际标准,力求减少洗钱等非法金融活动对社会造成的损害。2007年中国成为该组织的正式成员。参见FATF官网,https://www.fatf - gafi.org/en/the - fatf/who - we - are.html,2024年3月5日访问。

③ FATF, Guidance for a Risk - Based Approach to Virtual Assets and Virtual Asset Service Providers (June 2019), https://www.fatf - gafi.org/en/publications/Fatfrecommendations/Guidance - rba - virtual - assets.html.

④ 参见张有为:《利用虚拟货币洗钱犯罪案件侦查研究》,中国人民公安大学2023年硕士学位论文。

密货币交易平台的国家或地区注册账号或购买他人账号转移非法资金，是其中的关键环节。虽然，相较于 FATF 标准下承认加密货币合法地位的其他国家或地区的惯常洗钱手法更为简单、直接[①]，但利用加密货币境外洗钱的犯罪手法也为涉加密货币刑事案件带来了资金流取证技术门槛提高，司法机关冻结、扣押、流转困难，赃款兑换加密货币后处置工作难以开展等问题。境外空间被犯罪分子锚定为隐秘、便捷的“避罪天堂”，这为案件的追赃挽损工作带来了挑战。

二、困境：刑事处置措施的错位与短缺

涉加密货币刑事案件常使用与境外加密货币交易平台相勾连的犯罪手段，其犯罪手法呈现出模式化、常态化的特点，而相对应的刑事处置措施还并未进入体系化、规范化的阶段。不仅在立法层面，现有刑事法制体系中没有充分的法理、伦理基础支持涉加密货币刑事案件的追赃挽损工作，而且在实践层面，日益复杂的犯罪手法也使得司法机关传统办案模式捉襟见肘。所以，面对犯罪态势日益抬升的涉加密货币刑事案件，司法工作人员首先应当明确立法层面上追赃挽损工作遭遇了哪些法律障碍，其次可以在合规的前提下寻找追赃挽损工作的开展进路，破除利用加密货币跨境洗钱销赃案件的侦办困局。

立法层面上，追赃挽损和涉案财物处置工作在调取证据、对物采取强制措施和执行涉案财物三个方面尤显难度。首先，加密货币的财物属性不详会导致追赃挽损工作的合法性基础动摇。其次，加密货币即时性强、追溯性差的特点使得司法机关需要主动、全流程地查封、扣押涉案财物，但这在一定程度上导致了对物强制措施的扩大化倾向。最后，案件事实查明后对加密货币的执行措施尚处于空白的立法状态，各地对执行标准和执行程序等分歧较大。对此，本文通过梳理实务界与理论界对上述困境的探讨，明确涉加密货币刑事案件的追赃挽损工作中应当着重关注或需要规避的法律风险，并为解决当前困境提供一些思考。

---

① 参见吴云、薛宏蛟、朱玮、罗璠：《虚拟货币洗钱问题研究：固有风险、类型分析与监管应对》，载《金融监管研究》2021 年第 10 期。

(一) 加密货币财物属性不明

如上文所述，在FATF标准下，《公告》《通知》否认了加密货币和加密货币交易的合法地位，但现行法律对加密货币的财物属性仍语焉不详[①]。根据《刑法》第64条和《刑事诉讼法》第141条之规定，涉加密货币刑事案件中能够适用追缴、没收等涉案财物处理措施与查封、扣押等对涉案财物强制措施的前提条件是加密货币属于刑事法意义的“财物”，而当下加密货币在刑事法意义上模糊的法律属性会导致追赃挽损工作的合法性基础动摇，亦即，对加密货币财物属性的厘清关乎其是否能成为追赃挽损工作的适格对象。对此，理论上的探讨和争议较多，大体上存在否定说和肯定说两种观点。

否定说认为，虚拟财产是计算机信息系统的电子数据（或电磁记录）[②]，而加密货币是基于区块链技术而产生的电子数据，本身并不具备货币的价值属性和基本功能，因此不能算作刑事法意义上的财物。另有否定说的观点认为，从方法论上把虚拟财产解释为财物属于类比而不是涵摄，而在法益论上加密货币也仅仅是先于法益的纯粹利益，因此不能将其认定为刑事法意义上的财物。[③] 还有否定说的观点认为，因作为前置法的民法对加密货币的法律属性不够明确，因此刑事法律应当保持谦抑性，不予承认加密货币能够作为刑事法意义上的财物。[④]

而肯定说观点从财物基本属性的角度肯定了加密货币的财物属性。因

---

① 《民法典》第127条规定：“法律对数据、网络虚拟财产的保护有规定的，依照其规定。”但依照《通知》《公告》的具体规定，加密货币不具有与法定货币等同的法律地位，违背公序良俗的加密货币交易活动也被认定为无效的法律行为。因此有学者认为，《民法典》第127条的规定只是宣示性地承认了虚拟财产应受法律保护，并未给出具体的开展路径，对加密货币法律属性的定性更是采取了回避态度。参见林刚、徐建波：《揭开虚拟财产的属性面纱——基于法律解释论角度》，载《北京邮电大学学报（社会科学版）》2023年第5期。

② 参见刘明祥：《窃取网络虚拟财产行为定性探究》，载《法学》2016年第1期。

③ 参见欧阳本祺：《论虚拟财产的刑法保护》，载《政治与法律》2019年第9期。

④ 代表性文献如喻海松：《网络犯罪二十讲》（第二版），法律出版社2022年版，第392—395页；周铭川：《盗窃比特币行为的定性分析》，载《南通大学学报（社会科学版）》2020年第3期。

为作为财产犯罪客体的“财物”应当是具有财产性价值的物品[①]，加密货币本质上具有管理可能性、转移可能性和使用、交换价值，满足“财物”的基本属性，属于刑事法意义上的财物。[②] 另有肯定说的观点将加密货币从法律属性语焉不详的“虚拟财产”中划分出来，认为其属于“特殊的虚拟财产”或“数据型财产”，脱离了点券、游戏装备等普通虚拟财产“物物交换”的基本功能。[③] 还有肯定说的观点从法秩序统一性的角度出发，认为无论涉加密货币的合同有效与否，并不能作为否定加密货币刑法上“财物”属性的依据，刑事领域肯定加密货币的“财物”属性，并不违背法秩序统一性。[④] 本文赞同最后一种观点，《公告》和《通知》对加密货币法律属性的否定是 FATF 标准提供的一种合理选择，意在让更少人卷入加密货币这场自治生态下失败的金融实验[⑤]，本质上是对加密货币作为流通手段的货币职能的否定。但如上文所述，在新兴科技发展与 FATF 标准的双重作用下，加密货币已在境内被开发出了作为犯罪工具的贮藏手段职能，因此刑事法意义上承认加密货币属于刑事法意义上的财物本质上就是承认其作为犯罪工具的属性，这不仅合理发挥了刑事法惩罚犯罪的基本功能，而且能够维护民事法与刑事法之间的法秩序统一性。

（二）对物强制措施立法功能错位

加密货币的法律属性关联着追赃挽损工作的合法性基础，但在基础之上，追赃挽损工作的具体开展路径同样缺乏系统性的法律规定，其中最为明显的表征就是涉外对物强制措施无法满足此类案件司法实践的需求。实

---

① 参见陈兴良：《虚拟财产的刑法属性及其保护路径》，载《中国法学》2017 年第 2 期。

② 代表性文献如张明楷：《非法获取虚拟财产的行为性质》，载《法学》2015 年第 3 期。

③ 代表性文献如周振杰：《虚拟货币的基本刑法问题分析》，载《河南警察学院学报》2022 年第 5 期；王熠珏：《比特币的性质界定与刑法应对》，载《科学 · 经济 · 社会》2018 年第 3 期。

④ 代表性文献如陈禹橦：《法秩序统一性视域中非法获取虚拟货币的行为性质认定》，载《中国检察官》2023 年第 5 期。

⑤ 参见吴云、朱玮：《虚拟货币：一场失败的私人货币社会实验?》，载《金融监管研究》2020 年第 6 期。

践中根据《刑事诉讼法》第141条至第145条的规定，司法机关可以通过法定途径查封、扣押涉案财物，证据搜集完毕司法机关也应当恰当处置查封、扣押的财产。而涉加密货币刑事案件的特殊性在于：因为加密货币已在境内被开发出作为贮藏手段的犯罪工具功能，涉案赃款一旦被跨境转移至私人加密货币钱包或账户，不仅司法机关很难通过传统的查封、扣押、冻结等方式开展追赃挽损工作[①]，而且因境内不承认加密货币交易活动的合法性，对涉案财物的处理也面临进退两难的困局，甚至在前期的司法实务中，曾经存在犯罪嫌疑人先委托家属或第三方机构代为变现，而后公安机关再行扣押对应人民币的情况。[②] 因此，如上文所述，当下开展追赃挽损工作不仅司法机关需要在《公告》《通知》禁止加密货币交易的前提下寻找加密货币介质转移、存储涉案财物，而且其查封、扣押的时长通常也需要贯穿整个刑事程序流程。这在一定程度上突破了现有的法律规定，现有的对物强制措施在涉加密货币刑事案件中表现矛盾、乏力，而对此的实践探索和理论创新亦有不足。

有观点认为，《刑事诉讼法》中的对物强制措施存在着立法功能上的错位，即对物强制措施的立法定位更偏向于保全证据而非保全财产。在实践中，由于涉案赃款赃物，尤其是作为刑事没收对象的违法所得、供犯罪所用的本人财物以及违禁品，同时也是能够证明案件事实的证据，一旦追诉机关查封、扣押或冻结了赃款赃物，则同时也附带着保全了被害人的合法财产。[③] 此外，查封、扣押等对物强制措施又存在司法实践中被滥用和扩大化的倾向。有研究通过实证分析的方法证明，刑事对物强制措施在实施中呈现出扩大化与随意化的特点，而其中，司法机关滥用对物强制措施

① 首先，在区块链系统去中心化的监管模式下，交易双方自发进行的“链内交易”不可能通过冻结账户、扣押财物等传统对物强制措施手段阻止。其次，通过加密货币交易平台完成的“链外交易”虽然能够通过后台监管进行干预，但实践中，通过电子数据查实资金流、通过官方途径与交易平台协作干预等方式都存在很大滞后性。参见李漠涵：《利用虚拟币洗钱犯罪案件对策探析》，载《网络安全技术与应用》2023年第10期。

② 参见《虚拟货币司法先行处置的合规化路径》，载微信公众号“金诚同达”，https://mp.weixin.qq.com/s/4uj9GlkaOJKC7cz2UUIjqA。

③ 转引自方柏兴：《对物强制处分的功能定位与结构重塑》，载《北京理工大学学报（社会科学版）》2019年第1期。

的原因主要是出于被害人保护主义和司法便利等的考虑。[①] 本文赞同这种观点，实践中的确不能忽视司法机关出于便利的考虑，而在查证时疏于收集证据证明涉案财产与犯罪关联性的情况。但需要说明的是，在涉加密货币刑事案件中，开展追赃挽损工作并非一种被害人保护主义的体现，而是因当前刑事诉讼程序未对涉外司法作出具体规定下的无奈之举。加密货币交易本身即时性强、追溯性差，涉加密货币刑事案件查实证据工作、保全证据工作和挽回损失工作都极为依赖司法机关对加密货币钱包或账号的控制。在实践中，司法机关既已掌握涉案加密货币的钱包、账号，保全证据功能和保全财产功能本身就实现了统一，立法不能要求司法机关在通过查封、扣押涉案加密货币账号、钱包查清案件资金流、收集证据后，又以发还加密货币账号、钱包给犯罪嫌疑人的名义将涉案资金流转回域外空间。刻意限制司法机关对涉案财物的查封、扣押权限不仅会减损涉加密货币刑事案件的法益可恢复性，更会导致刑事程序陷入进退两难的僵局。

（三）执行标准和执行方式呈现较大分歧

在当前加密货币与法定货币兑付、交易的不具有法偿性的前提下，加密货币的执行措施存在各地价值认定标准不一、执行程序各异等问题。

在价值认定上，因加密货币的市场价格浮动较大，但国内并无获得国家认可的交易平台，其他价格鉴定与评估的方式也并无官方的认证。目前，实践中价值认定的标准不一，结论分歧巨大。这在一定程度上削弱了涉加密货币刑事案件的法益可恢复性。有观点认为，应当根据交易时加密货币的浮动价格确定其价值。有观点认为，应当按照犯罪嫌疑人的销赃价格确定价值。也有观点认为，应当采用“主体—时间点”的方法计算加密货币的价值，即先根据在案证据证明涉案加密货币的大致价值，然后根据不同受侵害的法益判断证明涉案财物价格的主体和时间点，除此之外，还可以参考国外交易平台对涉案加密货币价格的认定。[②] 本文大致赞同这种观点。但实践中，因个案侵犯法益的模式和内容不同，以及司法工作人员

---

① 参见向燕：《刑事涉案财物处置的实证考察》，载《江苏行政学院学报》2015 年第 6 期。

② 周振杰：《虚拟货币的基本刑法问题分析》，载《河南警察学院学报》2022 年第 5 期。

对于技术的理解差异，相同的计算方法仍会得出分歧较大的结果。因此，本文认为，可以顺应上述方法在综合在案证据的情况下，针对侵犯不同法益的案件制定更为详细、体系化的价值认定方式，以尽可能贴近罪刑法定原则与罪责刑相适应原则的要求。

在执行方式上，因实践中加密货币作为犯罪工具侵犯法益的类别不同，目前存在没收（或上缴国库）和返还原所有人两种执行方式。例如，在电信诈骗案件中，加密货币作为转移、贮藏赃款的工具可以被评价为犯罪违法所得，原本归属于被害人的部分加密货币应当及时返还，但在非法经营案件中，加密货币作为非法经营交易的交易对象则应当被评价为违禁品，而违禁品予以没收后一律上缴国库。两种执行方式虽然分野清晰，但均存在问题。在相似性上，两种执行方式都需要相应的执行主体完成加密货币的流转、兑付操作。对此，司法机关直接充当执行主体会招致“只许州官放火”的质疑，而委托第三方公司代为出售加密货币，又因缺乏规范程序导致个案中频出问题。[①] 在差异性上，根据现有法律规定，返还原所有人的加密货币既能够直接返还，也可以折兑为人民币。但上缴国库的加密货币是否一定要折兑为人民币存在争议。有观点认为，应当寻求建立科学合规的变现模式将加密货币在境外变现，以此便于将法定货币上缴国库和减少境内加密货币存量。也有观点认为，公安司法机关应当建立特别加密货币账户贮存上缴国库的加密货币。虽然，目前已有部分地方通过出台规范性文件的方式探索加密货币的执行方式[②]，但整体上实践探索刚刚起步，其执行程序的合法性和规范性并未得到周密的论证，隐忧和分歧尚存。

三、举措：追赃挽损工作的开展进路探究

如上所述，涉加密货币刑事案件的刑事处置措施在立法上存在许多未竟之志，虽然制度上的错位和短缺还亟待弥补，但模糊的法律规定为司法实践留下了相对自由的操作空间。司法机关可以沿着加密货币交易的基本

① 转引自俞涛：《涉虚拟货币犯罪办案难题及解决路径》，载《中国检察官》2022年第3期。

② 例如，山东省财政厅等十七个部门出台《山东省罚没物品处置工作规程（试行）》，明确规定了加密货币的回收方式、回收价格标准及相关的执行程序。

规律和FATF标准的规定，在实践中寻找追赃挽损工作的开展进路。本文从北京市海淀区人民检察院涉加密货币刑事案件“四维工作法”[①] 出发，在一定程度上给出追赃挽损工作开展进路。具体而言，以下两个方面的举措能够纾解实践难题。

（一）利用加密货币流通特点和新兴技术工具查实资金流

证据层面的实践难题体现于：第一，利用加密货币洗钱大多经由境外加密货币交易平台将法定货币兑换为加密货币[②]，且存在使用多币种、多渠道洗钱的情况，涉外取证工作中的资金链错综复杂，关键性证据隐藏在海量电子数据中。第二，因服务器设置在境外，我国并不直接具有对境外加密货币交易所和加密货币交易活动的刑事管辖权，调取电子数据工作会因各国政治环境、市场监管力度等方面的差异效率低下，且易受阻碍。[③]同时，基于政策规避的考量，几乎全部的第三方交易中心均选择将企业主体设立在境外，公安机关的调证程序是否应当参考刑事司法、诉讼法及司法解释有关调取境外证据的程序也在实践中引发争议。除此之外，司法工作人员侦办经验不足、审查技术薄弱、取证方式不完善等问题也在制约着涉加密货币刑事案件电子证据调取的合法性和客观性。[④] 但在事实层面，查实资金流已经成为大部分涉加密货币刑事案件中最为核心和疑难的工作

---

① 2016年以来，海淀区人民检察院共办理涉加密货币刑事案件37件83人，始终坚持办案与追赃挽损并重，聚焦加密货币追赃溯源、扣押冻结、司法流转、常态监管四个环节，在一定程度上回应了涉加密货币刑事案件追赃挽损难题，并打造出“四维工作法”切实将追赃挽损工作做实做深。

② 不可否认，实践中并非所有涉加密货币刑事案件均通过加密货币交易平台兑付洗钱（如实践中存在利用暗网、黑市等更为隐蔽的犯罪手段实现洗钱的情况），但囿于当前法律框架和技术手段，个别案件在侦办上的确存在尚未攻破的技术壁垒。本文仅通过分析实践中存在的利用加密货币洗钱的主要犯罪手段，为实践中相关追赃挽损工作提供启迪。随着技术发展与对加密货币的认识逐渐深入，犯罪分子会把握更多信息，将犯罪手段复杂化、犯罪工具多样化，而司法机关也应当聚焦犯罪态势变化，提升技术手段，并针对个案具体开展工作。

③ 参见李漠涵：《利用虚拟币洗钱犯罪案件对策探析》，载《网络安全技术与应用》2023年第10期。

④ 参见李慧、田坤：《涉比特币领域犯罪问题审视与司法应对——以海淀区人民检察院近五年涉比特币案件为样本》，载《中国检察官》2021年第10期。

重点。而对此，司法工作人员可以根据加密货币基本流通特点梳理资金流向，新兴技术分析工具也能够在一定程度上提高案件侦办的效率。

首先，可以利用加密货币交易平台的实名认证规则调查取证。为追求跨境洗钱行为的安全性和稳定性，犯罪分子往往会选择国际上安全、老牌的加密货币平台注册账户转移资金，如币安网（Binance）、火币网（HTX）等。而实践中加密货币交易平台需遵守 FATF 标准下的反洗钱要求建立 KYC（know your customer）实名认证机制①。因此，可以充分发挥 FATF 标准的追赃合作潜力，通过向加密货币交易平台发出执法请求可以调取到相关实名注册信息，从而围绕犯罪分子个人身份信息展开调查取证。另外，还可以利用加密货币与法定货币的“双向审查对比法”查实资金流。在利用加密货币洗钱刑事案件中，通常存在“法定货币—稳定币（如 USDT 泰达币等）—其他加密货币（如以太币等）—法定货币”的兑换过程，因此综合法定货币资金账户交易详单、加密货币交易所交易详单、区块链公链数据，对法定货币和加密货币进行双向审查对比，可以构建起准确、详实的资金转移链条，还原涉案资金的转化、流转情况。②

其次，可以利用区块链流向分析技术调查取证。加密货币交易基于区块链技术具有公开透明、可追溯、交易不可逆的特点，因此犯罪分子的加密货币流转路径永久可以追溯。而近年来能够帮助司法机关分析区块链流向的新兴技术手段不断涌现，如“占星”“链上天眼 Pro”平台等，司法机关能够借此逐步梳理分析发现加密货币的来源，也能够还原洗钱链条中加

---

① FATF 标准规定各国应当确保加密货币交易提供商具有有效的程序，在首次与客户建立业务关系、怀疑交易活动涉嫌洗钱与恐怖主义活动及对之前获取的客户身份信息产生怀疑时，识别和验证客户的身份。FATF, Guidance for a Risk - Based Approach to Virtual Assets and Virtual Asset Service Providers (June 2019), https://www.fatf - gafi.org/en/publications/Fatfrecommendations/Guidance - rba - virtual - assets.html.

② 例如，在办理海淀区人民检察院承办的施某某、郑某某等人掩饰、隐瞒犯罪所得案中，承办人通过区块链流向分析工具逐步梳理分析，勘验固定了 233 个、交易量共计数千万组的区块链钱包地址，并向交易平台调取了相关账户的“法币—USDT 泰达币”交易明细。后通过“双向审查对比法”将 241 份人民币资金账户交易明细同前述加密货币交易明细进行综合分析，还原了犯罪分子整体的洗钱链条与涉案资金的转化、流转情况，最后成功指控了犯罪。

密货币的流向情况。[①] 值得注意的是，运用区块链流向分析技术的过程中，整理数据的过程和数据本身都对程序正当性提出更高的要求，因此应当充分规范加密货币存储介质和现场勘验过程，由精通专业技术的司法工作人员提取、固定电子数据，必要时需由第三方机构提供技术支持。[②]

（二）补充刑事处置措施短板

程序层面上，涉加密货币刑事案件向传统刑事案件的强制措施、执行等处置措施提出了新的要求。实践中，加密货币作为证明犯罪所得、犯罪工具重要证据的存在，缺乏如何采取强制措施和执行措施的共识，可能导致权力的滥用和程序上的偏颇、贻误，不利于发挥刑事诉讼的公正价值和效率价值。对此，理论上有许多观点认为刑事诉讼法应当及早建立对物之诉制度，通过对物之诉对涉案财物先期处置的情况进行实质性的审查，将与违法犯罪有关的部分与无关的部分加以区分和筛选，以恢复司法机关的公信力并重塑对物强制措施的制度构造和立法定位、填补加密货币涉外执行的制度空缺。[③]

本文认为，在刑事立法取得阶段性发展之前，司法层面也需要通过类案不断的实践探索建立起统一、规范的对物强制措施、执行标准和执行程序，以补充当下刑事处置措施的短板。这不仅能够平衡法律权威与个案实体正义之间的关系，同时也是司法实践反哺刑事立法发展的使命责任。尤其对于加密货币的扣押程序和执行程序，司法机关应当充分加强对物强制措施的监管工作，明确执行的具体标准和方式，细化加密货币的司法流转程序，以科学周密的刑事程序开展实践探索，以详实有效的实践经验回应

---

① 同样，在施某某、郑某某等人掩饰、隐瞒犯罪所得案中，承办人通过专业的区块链流向分析工具逐步梳理分析发现了犯罪嫌疑人施某某的泰达币均来源于固定的上游，其上游通过“Huobi Global”平台操作加密货币，后通过 imToken 钱包软件转移给施某某，基于此再向“Huobi Global”、imToken 依法调取相关数据，从而还原了施某某所在洗钱链条的整体加密货币流向情况。

② 参见李慧、田坤：《涉比特币领域犯罪问题审视与司法应对——以海淀区人民检察院近五年涉比特币案件为样本》，载《中国检察官》2021 年第 10 期。

③ 代表性文献如陈瑞华：《刑事对物之诉的初步研究》，载《中国法学》2019 年第 1 期；方柏兴：《论刑事诉讼中的“对物之诉”——一种以涉案财物处置为中心的裁判理论》，载《华东政法大学学报》2017 年第 5 期。

对程序隐忧的质疑。具体而言，可以从以下几个角度出发：

一是建立司法安全加密货币账户机制。司法安全账户应当体现出与境外加密货币交易平台个人账户差异性的特点，即司法机关自行完成或委托第三方机构完成的加密货币转移、兑付操作都应当受到严格监管。具体操作上可以由网安部门注册加密货币钱包软件账户，如 imToken（token. im）钱包、TokenPocket（tokenpocket. pro）钱包等，并购置冷钱包设备应对大额加密货币扣押问题。注册过程应当制作笔录记录相关注册过程，笔录应当附卷。注册完成后账户密码、私钥、助记词应当妥善保管，不得附卷，相关账户密码原则上只能由相关案件的司法机关承办人知晓，且不得私自操作账户。

二是细化加密货币扣押、冻结流程和执行程序。针对不同类别的加密货币，强制措施流程和刑事执行程序应当呈现出类别化的特征。对于加密货币交易平台账户中的加密货币，可以向交易平台发出执法请求，协助直接冻结账户或扣押至司法安全加密货币账户。对于钱包软件加密货币钱包软件账户，应当收集注册助记词或私钥，由公安机关直接执行加密货币转移扣押。对于冷钱包存放的加密货币，可以参照扣押存储介质形式执行扣押。对于价格波动较大的加密货币，可以参照债券、股票、基金份额等财产的冻结方式，将加密货币等转换为价格较稳定的 USDT 泰达币进行扣押。

三是明确加密货币流转方式。刑事司法中加密货币的移送流转仍参考现有的赃证物移送流转模式，通过赃证物移送流转清单（应当记录安全账户名称、扣押的币种、数额）形式转移，所涉及的账户、密码、私钥、助记词的控制权，如无特殊情况不向后一司法机关转移直接控制权。在法院执行阶段，法院可以直接通过公安机关的司法安全加密货币账户罚没加密货币，或者通过法院执行局直接将涉案加密货币以电子数据形式发还给权利人。如涉及检察机关终局性处理的情形，检察机关可以要求公安机关直接罚没涉案加密货币，或者由公安机关将涉案加密货币以电子数据形式发还给权利人。

四、结语

综上所述，涉加密货币刑事案件的追赃挽损问题不仅在立法上向传统刑事处置措施提出了挑战，而且在司法上也对实务人员提出了更高的要求。比特币的基本特征是加密而不是虚拟，因此我们不能以对待日常典型的财物或者其他网络代币等虚拟财产的视角去看待涉加密货币刑事案件追赃挽损工作中的问题。面对不断迭代、日益复杂的犯罪手段，司法机关应当做好网络信息技术与刑法原理的实务衔接，以“个案借鉴、逐案沟通、类案总结”的方式，在权力受到监管的前提下拓宽适用刑事强制措施和刑事执行的边界。

同时，对涉加密货币刑事案件的追赃挽损问题的研究也将帮助我们进一步反思网络犯罪治理的有关问题。当下监管政策否定加密货币交易平台在境内运营合法性的同时，其实也放弃了对加密交易平台的合规化治理权力，这导致我国在加密货币风险防控、交易平台合规化等国际议题上的缺位。而缺乏合规化治理的加密货币交易平台无疑是犯罪的“温床”。反观国际社会，多数发达国家均已经意识到上述问题，并陆续开展了对交易平台的积极型监管策略，其核心理念是通过明确加密货币在本国的法律性质，试图通过建立相应的法律政策体系，推动加密货币及交易的合规性，代表性的国家有日本、美国、澳大利亚等。那么就中国当下而言，引入“沙盒”治理的模式可能是最为实际的合规化治理路径，监管机构可以通过设定加密货币交易平台的技术标准、管理规范、交易行为等规范，建立信息披露制度，引入第三方审计机构，进而规范加密货币交易平台的业务范围和进行管控，从而确保将加密货币产生的风险限定在可控的范围之内，同时要求其履行法律义务，配合监管机构开展监管活动。

帮助信息网络犯罪活动罪适用问题研究

蔡兆卿　赵云普　梁国武*

一、引言

信息技术的迅速发展，使得以互联网为依托的网络环境逐步成为人们生活的重要组成部分。而信息网络技术的进步在为社会生活带来便利的同时，也日渐导致传统犯罪的网络化。互联网技术的滥用使得新型网络犯罪层出不穷并呈现出常态化趋势，改变着我国犯罪的整体结构与基本态势。为有效应对和打击各类信息网络犯罪，尤其是为网络犯罪提供技术、支付结算等帮助的行为，营造良好的网络环境，《刑法修正案（九）》第29条在我国《刑法》第287条后增设了帮助信息网络犯罪活动罪（以下简称帮信罪），将明知他人利用信息网络实施犯罪但仍为之提供技术服务、广告推广或支付结算等支持且情节严重的行为纳入帮信罪的规制范围。

与设立初期相比，帮信罪的司法适用近年来明显激增。中国裁判文书网的数据显示，2015年至2019年涉及该罪名的判例数分别为2例、12例、58例、90例、197例。2019年11月，最高人民法院、最高人民检察院《关于办理非法利用信息网络、帮助信息网络犯罪活动等刑事案件适用法律若干问题的解释》（以下简称《解释》）施行后，帮信罪的适用呈现出剧烈的蔓延趋势，2020年度判例升至3423件，2021年、2022年则迅速分

* 蔡兆卿，河南省南阳市镇平县人民检察院党组成员、政治部主任；赵云普，河南省南阳市镇平县人民检察院第一检察部主任；梁国武，河南省南阳市镇平县人民检察院综合业务部党支部书记、法律政策研究室主任。

别达到25057件和14232件。[①] 但值得重视的是，帮信罪在适用中存在着较为混乱的迹象，不同司法机关就帮信罪是否属于帮助行为的正犯化以及如何理解“明知”这一关键要素等问题莫衷一是，导致定罪量刑上存在显著差异。[②] 而学术界对于帮信罪的性质、帮信罪与关联犯罪之帮助犯的关系、罪量要素的把握等问题亦存在较大争议，使得理论不仅未能为实践提供统一且明确的指导，反而一定程度上加剧了司法适用之乱象。鉴于此，本文尝试以信息网络犯罪帮助行为的刑法规制为背景，分析帮信罪的立法性质及罪量要素的把握，厘清帮信罪与关联犯罪之帮助犯的关系，以期为相关问题的司法适用提供理论参考。

二、帮信罪的立法性质：帮助行为的相对正犯化

关于帮信罪的立法性质，理论界存在量刑规则说、帮助行为正犯化说和从犯主犯化说几种观点。其中，量刑规则说认为，帮信罪规定的行为实际上仍属于共同犯罪中的帮助犯，分则条文仅仅是为此种帮助行为设置独立的法定刑，从而达到排除总则中从犯处罚相关规定之适用的目的。[③] 但该学说并未得到理论界的普遍认可。帮助行为正犯化说是目前学界的主流观点，该说认为，帮信罪相关条文的设置系将信息网络犯罪活动中某些特定的帮助行为如技术支持、支付结算等规定成为正犯行为，并为之设置了独立的法定刑。[④] 从犯主犯化说则认为，帮信罪的设立意味着原本属于从犯的帮助行为由于受到刑法更加严厉的否定评价及处罚而“升级”成为主

① 笔者于2023年1月15日在中国裁判文书网以“帮助信息网络犯罪活动罪”为检索对象，得到上述数据。参见中国裁判文书网，https://wenshu.court.gov.cn/website/wenshu/181029CR4M5A62CH/index.html?，最后访问日期：2023年1月15日。

② 参见周振杰、赵春阳：《帮助信息网络犯罪活动罪实证研究——以1081份判决书为样本》，载《法律适用》2022年第6期。

③ 参见张明楷：《论帮助信息网络犯罪活动罪》，载《政治与法律》2016年第2期。

④ 参见刘艳红：《网络犯罪帮助行为正犯化之批判》，载《法商研究》2016年第3期；车浩：《刑事立法的法教义学反思——基于〈刑法修正案（九）〉的分析》，载《法学》2015年第10期。

犯，是帮助行为的地位由起辅助或次要作用的从犯逐渐向主犯靠近的表现。[①]

随着信息网络技术的发展，传统犯罪网络化的趋势愈发明显，网络犯罪也日益新型化。现实空间与网络空间的并存，使得犯罪行为在现实与网络之间实现了交错互动，相较于传统犯罪的帮助行为，网络犯罪的帮助行为呈现出多种趋势。首先，从“一对一”的帮助逐渐过渡成“一对多”的帮助。传统犯罪中，被帮助对象一般具有特定性、单一性，帮助者和正犯之间存在着紧密联系，属于“一对一”的关系；而在信息网络犯罪中，帮助行为的独立性则相对明显，行为人与正犯之间的从属性关系也较为松弛，且帮助者的帮助对象往往不止一个而是多个，呈现出“一对多”的关系。其次，从传统的帮助过渡到较为中立的帮助。传统的帮助行为大多是符合帮助犯理论的普通帮助，而网络犯罪中的帮助则呈现出专业性和业务性，带有中立帮助的性质，帮助者在客观上为所有被帮助对象提供同种类的无差别服务，在主观上也对被帮助对象的具体犯罪意图持漠不关心的态度，尤其是技术服务提供方面，对于产业化的网络犯罪帮助集团而言，某个被帮助对象可能仅是其众多客户中的一个，帮助者对被帮助对象如何利用帮助以及从事何种具体犯罪等大多并不了解，也并无了解意愿。[②] 最后，帮助行为的证明及定罪难度大幅提升。与传统犯罪相比，信息网络犯罪跨地区作案的特点日趋常态化，许多犯罪的主犯及其违法所得都藏匿在国外，我国抓获的多为在犯罪中起辅助作用的外围犯罪人，证据也基本上是电子数据且分散存储在国外的服务器中，导致案件在侦破、取证以及抓捕等工作上困难重重。由于主犯无法到案、危害后果难以查明等原因，这些外围犯罪人往往难以以共犯定罪并追究其刑事责任。[③] 基于此，立法者增设帮信罪以扩大网络犯罪帮助行为的刑事处罚范围、弥补处罚漏洞的做法应当认为具有刑事政策上的合理性与必要性。

---

① 参见张勇、王杰：《帮助信息网络犯罪活动罪的“从犯主犯化”及共犯责任》，载《上海政法学院学报（法治论丛）》2017 年第 1 期。

② 参见陈兴良：《共犯行为的正犯化：以帮助信息网络犯罪活动罪为视角》，载《比较法研究》2022 年第 2 期。

③ 参见肖飒：《网络犯罪帮助行为刑法规制的扩张与限缩》，载《刑事法评论》2021 年第 2 期。

然而，如果依照量刑规则说来理解，帮信罪的成立必须以正犯实施满足构成要件的犯罪行为为前提，以行为人与正犯成立共同犯罪为必要，那么对于提供技术帮助但正犯不能到案的行为人将无法进行刑法规制，弥补处罚漏洞的目的也无从实现；从立法机关对网络犯罪条款的相关解读来看，立法基于网络犯罪隐蔽性强且证据收集困难的特点，试图通过减轻侦查机关的证明责任以有效打击犯罪，[①] 如果仅将帮信罪的相关规定理解为量刑规则，将会导致减轻侦查机关证明责任这一目的的直接落空；另外，帮信罪作为《刑法》第287条之二规定的单独罪名，具有完整的罪状表述及法定刑规定，想要否定其独立性似乎并不存在正当理由。[②] 还值得注意的是，量刑规则说以共同犯罪中帮助行为只起辅助或次要作用为前提，认为如果没有本条例外规定，则必然适用《刑法》总则中关于从犯的相关规定。但实际上，区分制[③]语境下的帮助犯与我国《刑法》中的从犯并非完全等同，司法实践中帮助犯与实行犯发挥作用相同的案件也时有发生。[④] 因此，量刑规则说的论证前提本身就存在一定缺陷。同理，从犯主犯化说认为帮助犯在共同犯罪中只属于从犯的前提同样无法成立。相较之下，帮助行为正犯化说则承认帮助行为的独立性，在正犯长期无法到案或正犯的犯罪证据难以查明的情况下，帮信罪能够对信息网络犯罪的帮助行为予以单独评价，从而达到弥补处罚漏洞的目的。在该说的基础上，本文认为，帮信罪应属于帮助行为的相对正犯化而非绝对正犯化。张明楷教授依据能否独立成罪将帮助行为按照绝对正犯化、相对正犯化和量刑规则三类进行了区分，其中，绝对正犯化是指与《刑法》分则规定的其他犯罪没有任何区别，无须以其他正犯实施了满足构成要件的犯罪行为为前提，不需要存在另外的正犯即可成立犯罪，如我国《刑法》第120条之一规定的帮助恐

---

① 参见张晓娜：《全国人大法工委解读〈刑法修正案（九）〉涉网络条款》，载《民主与法制时报》2015年11月15日。

② 陈洪兵：《帮助信息网络犯罪活动罪的限缩解释适用》，载《辽宁大学学报（哲学社会科学版）》2018年第1期。

③ 关于犯罪参与体系，主要存在两种立法模式，即区分制和单一制。区分制不仅区分正犯与狭义共犯（教唆犯和帮助犯），而且对这两种犯罪参与类型规定了不同刑罚；单一制则不区分共犯与正犯，凡是对法益侵害结果作出贡献的犯罪参与者均为正犯，至于各正犯对犯罪结果的贡献，则属于量刑的范畴。

④ 参见刘明祥：《论中国特色的犯罪参与体系》，载《中国法学》2013年第6期。

怖活动罪，只要帮助者实施了相关行为，无论被资助的恐怖组织或个人是否真的实施了具体犯罪，对帮助者或资助人均应当以帮助恐怖活动罪论处；而帮助犯的相对正犯化，是指帮助行为是否应当科以刑罚需独立判断，在没有其他正犯的情境下，帮助行为是否应当处罚取决于其是否侵害法益以及对法益的侵害程度。① 对于帮信罪而言，首先应承认有关帮助行为的相对独立性，保证在被帮助对象虽刑事违法但无法查证是否达到犯罪程度或犯罪行为可以确认但被帮助对象无法到案、无法裁判等情况下，相关帮助行为能够得到单独评价和处罚，其中，前一种情况主要为“积量够罪”的情形，是指帮助者的不法帮助本身满足了条文中“情节严重”的要求，虽然单次行为的法益侵害性较小，但当帮助次数积累较多时，此类行为便满足了积量够罪的要求。② 但需要强调的是，并非只要帮助者实施了相关行为，无论受助者是否真正实施具体犯罪就均应以帮信罪论处，即在被帮助对象实际上并未着手实施犯罪或其不法行为尚未达到刑事违法程度的情况下，不应当对其帮助行为予以帮信罪之处罚，除非帮助者对具体法益造成了侵害。

三、帮信罪的适用

（一）帮信罪与其他关联犯罪之共同犯罪的关系及适用

在明知他人利用信息网络进行犯罪的前提下，仍为之提供服务器托管等技术服务，或广告推广、支付结算等帮助的行为，不仅符合帮信罪的构成要件，同时也可能构成电信诈骗、网络赌博等信息网络犯罪。也正因如此，《刑法》第 287 条之二的第 3 款规定，有帮信罪规定的前两款行为但同时构成其他犯罪的，按照处罚较重的规定定罪处罚。但关于实践中应当优先适用本罪还是优先适用“共犯”的问题，存在着较大争议，不法网络帮助的提供者在何种情况下构成关联犯罪的共同犯罪，帮信罪与其他关联犯罪的帮助犯之间又是怎样的关系，是刑法理论亟须解决的问题。

---

① 参见张明楷：《论帮助信息网络犯罪活动罪》，载《政治与法律》2016 年第 2 期。

② 参见皮勇：《论新型网络犯罪立法及其适用》，载《中国社会科学》2018 年第 10 期。

在帮助者明知受助者实施网络犯罪且二者具有意思联络的情形中，关于帮助者是否构成关联犯罪帮助犯的判断一般争议不大，本文在此不予讨论。而对于帮助者单方面明知受助者实施网络犯罪且二者无意思联络的情况下，前者能否构成关联犯罪之帮助犯的判断，则涉及是否承认片面帮助犯的问题，对此，我国共同犯罪理论的通说以及司法机关发布的系列司法解释都对片面帮助犯予以了肯认。[①] 基于此，应当认为，基于单方面明知而为信息网络犯罪活动提供帮助的，可以成立关联犯罪的片面帮助犯。但在帮信罪与关联犯罪的帮助犯之间应当如何选择适用的问题上，理论界存在不同见解：一种观点认为，此前按照片面帮助犯追究帮助者的责任系因帮助行为未独立入罪，既然当下《刑法》已经对网络犯罪的帮助行为设置了独立罪名及处罚，就应当适度扩大此罪的适用范围，同时限制相应犯罪之帮助犯的适用，从而更好体现立法精神；[②] 另一种观点则持相反意见，认为对于帮助行为应当按照共犯优先、帮信罪为辅的顺序来适用。[③] 针对这一问题，本文认为，帮信罪与其他关联犯罪的共同犯罪之间系想象竞合而非法条竞合的关系，[④] 因此按照两者中处罚较重的规定定罪处罚即可，并不需要刻意确立本罪优先或共犯优先的适用顺序，也不宜忽视第 287 条之二第 3 款的规定而人为扩大帮信罪的适用范围。在此基础上，“同时构成其他犯罪”应当如何认定则成为问题关键所在，即技术支持、广告推广、支付结算等网络犯罪的帮助行为在何种情况下能够构成关联犯罪的帮助犯。帮助犯的故意必须指向特定犯罪，[⑤] 帮助者应当对正犯的实行行为

---

① 参见陈兴良：《共同犯罪论》，中国人民大学出版社 2017 年版，第 106—107 页；2010 年最高人民法院、最高人民检察院、公安部《关于办理网络赌博犯罪案件适用法律若干问题的意见》第 2 条；2011 年最高人民法院、最高人民检察院《关于办理诈骗刑事案件具体应用法律若干问题的解释》第 7 条；2011 年最高人民法院、最高人民检察院《关于办理危害计算机信息系统安全刑事案件应用法律若干问题的解释》第 9 条。

② 参见喻海松：《新型信息网络犯罪司法适用探微》，载《中国应用法学》2019 年第 6 期。

③ 参见欧阳本祺、刘梦：《帮助信息网络犯罪活动罪的适用方法：从本罪优先到共犯优先》，载《中国应用法学》2022 年第 1 期。

④ 参见张伟：《帮助信息网络犯罪活动罪的教义学展开》，载《比较法研究》2023 年第 1 期。

⑤ 参见［德］冈特·施特拉腾韦特、洛塔尔·库伦：《刑法总论 I——犯罪论》，杨萌译，法律出版社 2006 年版，第 337 页。

有具体认识，因此，对于帮助者为网络犯罪实行者提供特定帮助行为，且后者确实实施了相应犯罪的情形，帮助者是否构成关联犯罪的帮助犯，关键在于明知的程度。相比之下，帮信罪虽然也要求帮助者对他人利用网络开展犯罪具有明知，但明知的对象却并不要求指向具体的犯罪或他人的实行行为，只要帮助者确定或接近确定地知晓受助者系利用网络实施违法行为即可。[①] 因此，在帮助者仅明知被帮助对象利用网络实施犯罪但对犯罪缺乏具体认知时，不能认为其构成关联犯罪的帮助犯；反之，如果帮助者确定或接近确定地知道受助者系实施具体网络犯罪且其帮助行为确实在犯罪中发挥作用的，可认为其行为符合“同时构成其他犯罪”的要求。

（二）主观“明知”的认定

前文在探讨帮信罪与关联犯罪之共同犯罪的关系时，对于帮信罪“明知”的认定作了初步的界定，即帮信罪明知的对象不要求指向具体犯罪或他人的具体实行行为，只要帮助者确定或接近确定地知道被帮助对象系利用网络实施违法行为即可。实际上，由于帮信罪的帮助行为与传统的帮助行为存在较大差异，具有较强的相对独立性，因此在主观明知的认定上还需作以下特别把握：（1）帮信罪的明知不要求帮助者与受助者之间有意思联络。在信息网络犯罪中，被帮助对象与帮助提供者之间更多情况下是一种“心照不宣”的关系，二者虽无意思联络，但后者对前者的行为是有认知的。但如果帮助者在主观上确实缺乏明知，则应当认为其不符合帮信罪的主观要件。（2）知道受助者利用帮助行为实施网络犯罪，但不知道犯罪的具体性质的，不影响主观明知的认定。帮助者仅需要明知被帮助对象实施的是《刑法》分则规定的行为即可，不要求明知被帮助对象的行为达到犯罪的程度。（3）明知不应理解为可能性认知，而应限制为相对具体的认知，即帮助者对于被帮助对象利用网络实施违法行为应当有确定或接近确定的认知。因为如果不加限制地将可能性认知也纳入明知的范畴，将导致大多数网络服务的提供者都有可能成为帮信罪的犯罪主体，从而导致帮信罪适用的泛化。例如，境外赌博或诈骗网站想要实施犯罪必须通过电信线路接入境内，而相关电信服务提供者对此无

---

① 参见胡森：《论帮助信息网络犯罪活动罪的适用及限制》，载《刑事法评论》2020 年第 1 期。

疑具有可能性认知，但如果据此便认定电信服务提供者具有主观明知而适用帮信罪，明显有悖于普通认知。

（三）被帮助对象的准确查证

根据《刑法》第287条之二的规定，帮信罪所涉帮助行为的对象是他人利用信息网络实施犯罪的行为，依照字面解释，被帮助对象应当构成犯罪才满足帮信罪的相关要求，但根据《解释》第12条第2款对于“确因客观条件限制无法查证被帮助对象是否达到犯罪的程度”之表述，应当认为帮信罪中被帮助对象的“犯罪”也包括未达到犯罪程度但在《刑法》分则中有规定的行为，而非仅限于达到犯罪程度的行为。此处需要注意的是，《刑法》分则中有规定的行为应当是帮信罪中被帮助对象“犯罪”行为可以解释的最大限度，对于仅由《治安管理处罚法》等其他法律规定而在《刑法》分则中未规定的行为，即使帮助者提供了帮助，也不应认为构成帮信罪。[①] 被帮助对象的准确查证，是帮信罪是否适用以及如何适用的基础和前提：首先，被帮助对象根本未着手实施犯罪或者其行为仅属于一般违法（如行政违法）而非刑事违法的，不构成帮信罪；其次，对于被帮助对象实施了《刑法》分则规定的违法行为但无法查证是否达到犯罪程度的，应当适用特别罪量标准，即达到基本罪量标准的五倍以上或者造成特别严重后果的，以帮信罪追究帮助者的刑事责任；[②] 最后，被帮助对象确系实施犯罪的，按照《解释》第12条第1款的规定适用基本罪量标准即可，即使被帮助对象尚未到案或因未达到刑事责任年龄等原因未依法追究其刑事责任，也均不影响帮信罪的认定。

（四）罪量要素的争议与具体把握

《刑法》第287条之二第1款将“情节严重”规定为帮信罪的罪量要

① 参见喻海松：《帮助信息网络犯罪活动罪的司法限定与具体展开》，载《国家检察官学院学报》2022年第6期。

② 《解释》第12条第2款规定：“实施前款规定的行为，确因客观条件限制无法查证被帮助对象是否达到犯罪的程度，但相关数额总计达到前款第二项至第四项规定标准五倍以上，或者造成特别严重后果的，应当以帮助信息网络犯罪活动罪追究行为人的刑事责任。”

素，《解释》第 12 条则对“情节严重”的情形作出了具体规定。帮信罪所涉帮助行为本身具有多样性和复杂性，不同案件的帮助行为之间可能存在较大差异：作为技术性支持的帮助行为对犯罪可能至关重要，法益侵害程度突出，如为他人实施盗窃研发网络盗窃程序，在此种情况下，由于被帮助对象后续对相关程序的使用基本上是自动操作，因此研制并提供程序的帮助行为显得至关重要；相比之下，某些非技术性帮助行为对于被帮助对象实施犯罪的影响则相对有限，如提供手机卡、信用卡的行为，此种行为主要是线下帮助，其对法益的侵害程度与技术性帮助相比存在较大差异，因此在司法实践中应适当考虑前述差异，从而对“情节严重”这一罪量要素予以准确认定。

《解释》第 12 条第 1 款从被帮助对象的数量、支付结算金额、提供资金数额、违法所得数额等 6 个方面为帮信罪的罪量要素设定了基本标准，并另附一兜底项“其他情节严重的情形”。而对于因客观条件限制无法查证受助者是否达到犯罪程度的情况，《解释》第 12 条第 2 款则设置了特别罪量标准，要求相关数额总计达到基本标准的五倍以上或造成特别严重后果方可构成帮信罪。对于第 1 款第 1 项“为三个以上对象提供帮助”，具体案件处理中涉及的争议主要有两处：一是三个对象能否同一；二是在不能同一的基础上，是需要三个及以上对象均达到犯罪程度还是只要其中一个达到犯罪程度即可。对此本文认为，首先，由于《解释》的表述为“三个以上对象”而非“三次以上”，因此不应理解为三个对象可以同一，即为同一对象提供三次以上帮助不能视为满足本款第 1 项的要求；其次，由于本条第 2 款对被帮助对象不构成犯罪的情形已经作出了另外规定，因此此处应理解为三个及以上被帮助对象均需达到犯罪程度。同时，还应当注意的是，被帮助对象数量的认定仅要求行为人概括性地对自己已经为较多的信息网络犯罪提供了技术或其他帮助有认知即可，而不要求其有准确的记忆，否则将会容易产生是否入罪由行为人记性好坏决定的荒诞现象。[①] 对于第 1 款第 2 项“支付结算金额二十万元以上”，实务中存在的问题主要是对支付结算金额和流水金额的混淆。有观点认为，当前帮信罪中最常见的类型是收购、出售、出租银行卡以帮助实施电信诈骗，支付结算金额

① 参见张明楷：《犯罪构成体系与构成要件要素》，北京大学出版社 2010 年版，第 220 页。

则是此类犯罪定罪的客观核心要素，[①] 但实际上，该观点系对流水金额与支付结算金额的混同，支付结算是指单位或个人在社会经济活动中使用票据、信用卡等结算方式进行货币给付及资金清算的行为，[②] 因此单纯提供银行卡的行为并不属于“支付结算”的范畴，而应纳入帮信罪的“等帮助”中。不过，如果从另一角度出发，虽然对于提供手机卡、信用卡类案件不适宜依据流水金额比照《解释》规定的支付结算金额进行量罪处罚，但在当前电信诈骗难以查获诈骗实行行为人的背景下，将流水金额作为罪量要素不失为一种可操作的方案：流水金额也是对法益侵害程度的反映，前者越多法益侵害程度也越大。基于此，本文认为可以将流水金额作为罪量判断的标准之一，在入罪时可以参考适用《解释》第 12 条第 1 款第 6 项或第 7 项，将流水金额视为“严重后果”或“其他情节严重的情形”，但相比支付结算金额，流水金额在入罪标准的设置上应当予以适当提升，以妥当控制帮信罪的适用范围。

四、结语

传统犯罪网络化与网络犯罪产业化正不断改变着我国的基本犯罪态势，也给信息网络犯罪的刑法规制提出了新的时代课题。《刑法》第 287 条之二通过立法形式将信息网络犯罪的帮助行为正犯化，对于弥补处罚漏洞、惩治网络犯罪之帮助行为具有重要意义。帮助行为正犯化实际上属于立法论问题的范畴，应当承认《刑法》第 287 条之二帮信罪的相对独立性，保证在被帮助对象无法查证是否达到犯罪程度或犯罪行为可以确认但被帮助对象无法裁判等情况下，相关帮助行为能够得到单独评价和处罚，但当被帮助对象实际上并未着手实施犯罪或其不法行为尚未达到刑事违法程度时，不应当对帮助行为予以帮信罪之处罚。帮信罪与其关联犯罪的帮助犯之间属于想象竞合的关系，二者的区别在于帮助者是否认识到被帮助对象的具体实行行为，在行为人同时构成其他犯罪的情况下，按照两者中处罚较重的规定定罪处罚即可，并不需要刻意确立本罪优先或共犯优先的

---

① 参见张能、康琳：《帮助信息网络犯罪活动罪支付结算金额的计算》，载《检察日报》2022 年 6 月 14 日。

② 参见《支付结算办法》（银发〔1997〕393 号）第 2 条。

规制顺序。在主观明知的认定上，本罪不要求帮助者与被帮助对象之间有意思联络，知道被帮助对象实施网络犯罪但不知其犯罪具体性质的，主观明知的认定不受影响。在被帮助对象的查证上，《刑法》分则中有规定的行为是帮信罪中被帮助对象“犯罪”行为可以解释的最大限度。在认定“情节严重”时，应适当考虑不同帮助行为对于犯罪的不同影响程度，同时准确把握“三个以上对象”的语义内涵，明确区分支付结算金额与流水金额的关系。

民事检察和解制度的实践规范与优化

——以最高检公布的13个民事检察和解典型案例为切入点*

李绪龙　余晓芸**

法与时转则治，治与世宜则有功。党的二十大报告对完善社会治理体系作出了重大部署，强调要及时把矛盾纠纷化解在基层、化解在萌芽状态。《中共中央关于加强新时代检察机关法律监督工作的意见》对检察机关履行法律监督职责，更好满足新时代“人民群众在民主、法治、公平、正义、安全、环境等方面的新需求”提出了更高的要求。民事检察和解作为多元解纷机制中的“检察元素”，可以有效化解社会矛盾，完善社会治理体系。

一、民事检察和解司法实践的现实境况

民事检察和解通常是指检察机关在对民事申诉案件进行审查过程中，在不损害国家利益、社会公共利益及他人合法权益的前提下，引导当事人基于自愿原则达成和解协议，从而使原生效裁判不再被执行的法律活动。[①] 新时代背景下，有关检察和解制度的立法规定体现在《人民检察院民事诉

* 本文系2024年度江西省人民检察院立项重点课题“民事检察和解制度的实践进路规范与优化”（编号：JXJC2024A04）的阶段性研究成果。

** 李绪龙，江西省鹰潭市人民检察院检委会专职委员、四级高级检察官；余晓芸，江西省鹰潭市月湖区人民检察院副检察长、二级检察官。

① 韩静茹：《社会治理型民事检察制度初探——实践、规范、理论的交错视角》，载《当代法学》2014年第5期。

讼监督规则》第51条、第73条第3款规定[①]中；2023年3月，最高人民检察院工作报告中首次指出“探索对纷争不止案件开展民事检察和解，2018年至2022年促成当事人和解6847件”。囿于立法层面规定较为原则、操作层面规定存在空白，检察机关在司法实践中，如何在法律监督者与纠纷解决者的角色中自如切换，如何在办案中端衔接前端源头预防、后端矛盾化解，进而参与、融入社会治理体系，难免与制度设计愿景产生偏差。

（一）和解过程中角色定位不准

民事检察和解虽然不是法定的监督方式，但其作为民事诉讼监督的一种工作机制，不仅能够降低当事人的诉讼成本，节约司法资源，而且能够有效化解社会矛盾，实现案结事了。[②] 由此可见，检察机关在引导当事人达成和解的案件，应当体现检察监督属性，不能为化解矛盾而忽视监督，更不能为息诉罢访而异化和解，应扮演好法律监督者与纠纷解决者两种角色。有调研报告指出，“实践中，绝大多数生效裁判没有错误，但是基于矛盾的多重性、社会的变革性、司法的有限性、执行的缓和性、情理的渗透性，很多案件在检察人员的主持、引导下达成了民事检察和解”[③]。对此，笔者有种隐忧：是否在和解案件中存在过度追求纠纷解决，以牺牲另一方的利益及对法院审判权的监督换取表面和谐的纠纷解决结果。

（二）民事申诉信访矛盾前、中、后端化解衔接不足

民事检察和解案件处于司法链的末端，检察机关开展息诉化解工作的重要性不言而喻。但民事检察和解工作主要体现在民事申诉案件办案环节

---

① 《人民检察院民事诉讼监督规则》第51条规定：“人民检察院在办理民事诉讼监督案件过程中，当事人有和解意愿的，可以引导当事人自行和解。”第73条第3款规定：“有下列情形之一的，人民检察院应当终结审查：……（三）申请人在与其他当事人达成的和解协议中声明放弃申请监督权利，且不损害国家利益、社会公共利益或者他人合法权益的……”

② 冯小光、腾艳军：《民法典实施背景下民事检察实现高质量发展的路径》，载《中国检察官》2021年第1期。

③ 北京市人民检察院第一分院课题组：《“枫桥经验”视野下民事检察和解之现实图景与规范探索》，载《中国检察官》2021年第8期。

的中端，对于诉讼监督外的申诉信访矛盾前端、案件办结后端的矛盾化解功能未予充分体现，且缺乏前、中、后端的有效衔接机制。随着案件经过一审、二审、申请再审，逐步进入申请检察监督环节，当事人之间的矛盾日益加深，和解难度也趋于加大。2013 年至 2018 年检察机关接收的群众信访 40% 以上是重复信访，2019 年至 2021 年的年均接收民事行政申诉信访占涉法涉诉信访量的 50%，[①] 这些数据反映出和解制度发挥定分止争的效果还有更大的潜能可挖。

（三）社会治理体系的融入不够

检察机关作为法律监督机关，既是社会治理的主体，也是推进社会治理的重要参与者。但实践中，发挥检察职能融入社会治理大局的表现还存在不足。一方面，和解发力不足。如笔者所在地检察院近两年民事检察和解案件类型多为执行监督案件和解、支持起诉案件和解，在生效裁判监督案件类型中和解成功的案件不多。另一方面，融入“大调解”工作格局不够。检察机关在引导当事人达成民事检察和解时，往往单打独斗，未与法院、司法行政机关、人民调解委员会、行业协会及基层群众性自治组织等形成常态化工作对接机制，未有效发挥出民事检察和解在个案层面化解矛盾、在国家治理层面预防纠纷的制度价值。

二、民事检察和解的司法实践目标与路径厘正

解决民事检察和解中面临的上述实践困境，可以从梳理最高人民检察院发布的 13 个民事检察和解案例入手，从案件适用、工作机制、履职层次等方面厘正融入社会治理体系的目标与路径。

（一）和解案件梳理

这两批案例的案件所涉案由均为给付之诉，案件所处阶段囊括了检察机关案件办理的全部阶段，具体情况如下表所示，检察机关认为裁判或执行存在错误的有 7 个，认为裁判或执行存在瑕疵（不当）的有 4 个，2 个

---

① 参见 2021 年 10 月 21 日《最高人民检察院关于人民检察院办理控告申诉案件工作情况的报告》。

案件虽不符合监督条件但存在案外人及关联案件或裁判结果显失公平，故适用和解的案件类型主要为裁判或执行存在错误或瑕疵的情形。需要特别指出的是，民事检察和解案例中裁判或执行存在错误的案件，并未以放弃检察监督的条件来换取和解协议的达成，反而从有效实现权利救济的角度，充分考虑启动检察监督的必要性，即案件办理能否实现政治效果、法律效果、社会效果的统一。如浙江某装潢工程有限公司与浙江某房产开发有限公司、庆元县某实业有限公司申请执行人执行异议之诉检察和解案，原判决虽然适用法律错误，但该案执行标的权属已发生变动，客观上已无法继续执行案涉土地使用权，生效裁判监督难以救济装潢公司受损的合法权益，此时，检察和解为案件定分止争的最优解。当然，隐含之意在对审判程序违法和执行活动违法的情形中，检察机关仍应当监督纠正违法，这点在内蒙古某矿业有限责任公司与衡水某压滤机公司、衡水某装修公司债权转让合同纠纷检察和解等三起案件中均有体现。

最高检公布的13个民事检察和解典型案例梳理表

序号	案由	适用和解案件类型	所处阶段
1	房屋拆迁安置补偿合同	原判决认定事实存在不当	监督案件复查阶段
2	债权转让合同	审判程序违法（违法公告送达）	裁判监督阶段
3	加工承揽合同	申请人提出双方加工定作合同已解除，以判决显失公平为由提出监督	提请抗诉阶段
4	房屋拆迁安置合同	执行活动违法（法院怠于执行、违法终结本次执行程序）	执行监督阶段
5	不当得利	原判决不符合监督条件，但存在案外人及关联案件	裁判监督阶段
6	保险人代位求偿权	被告主体不适格，遗漏需承担法律责任的当事人	裁判监督阶段
7	执行异议之诉	原判决适用法律错误，但案件执行标的权属已发生变动	提请抗诉阶段
8	劳动争议	原判决中延时加班费计算方式错误，但案涉标的额较小	裁判监督阶段

续表

序号	案由	适用和解案件类型	所处阶段
9	房屋租赁合同	原判决不具备监督条件，但裁判结果显失公平	裁判监督阶段
10	水污染责任	原审认定事实存有瑕疵，申请人的诉讼请求不尽合理	裁判监督阶段
11	同居关系析产	再审判决认定事实错误，导致房产分割计算方式错误	再审裁判监督阶段
12	机动车交通事故责任	原审判决存在疏漏瑕疵	裁判监督阶段
13	民间借贷	执行活动存在瑕疵（在未制定相应安置方案情形下裁定拍卖被执行人唯一住房）	执行监督阶段

（二）和解工作机制梳理

这两批案例所呈现的审查过程都非常注重案件的调查核实工作，通过调阅案件及关联案件卷宗、听取当事人意见、现场调查、实地走访等方式核实案件情况、了解案件背景，确保检察监督的精准，做好案件和解可能性的预判。如王某某与上海市青浦区某镇人民政府、上海某城建开发有限公司水污染责任纠纷检察和解案，检察机关在做实做细阅卷工作的同时，检索专业领域技术资料、开展现场踏勘与市场调研，在全面审查案件事实及相关背景情况基础之上，寻找和判断和解可能性，为后续和解工作奠定了基础。对于和解程序的启动，也是始终遵循当事人自愿的原则加以引导。

和解过程中，检察机关秉持客观中立的原则，采取多种方式、综合施策开展民事和解。13 个案件中，采用公开听证方式 3 个、检法联合调解方式 4 个、与法院执行衔接方式 3 个、两级院一体化办案机制 2 个、借助第三方力量参与 3 个、司法救助措施 2 个。

（三）融入社会治理路径梳理

民事检察和解作为国家治理现代化中的一环，其作用不仅仅局限于个案的定分止争，更大的内在动能体现在检察机关通过履职融入社会治理层面，这两批案例中有5个案件为民事检察和解融入社会治理提供了最佳实践样本。具体而言，如叶某玲与平原县城市建设指挥部办公室房屋拆迁安置补偿合同纠纷检察和解案，检察机关探索出拆迁户以成本价购买安置房进而促成双方和解的好方法，在该案的引领下，同期共有4件案件达成了检察和解，体现的是从“一案一查”到“一案多查”；又如，张某某与物业管理有限公司某分公司劳动争议纠纷检察和解案，检察机关通过检索中国裁判文书网，发现案涉物业公司在企业经营管理上的漏洞导致劳动争议纠纷频发，为切实保障劳动者合法权益、推动公司健康发展，向该公司制发改进工作检察建议，体现的是从个案办理到促进类案治理；再如，某保险公司与陈某保险人代位求偿权纠纷检察和解案，检察机关梳理出城市环卫作业车辆“带病上路”违规违章行驶等交通安全隐患，向交通管理部门、城市管理部门制发社会治理类检察建议，体现的是从个案办理到融入城乡基层治理。

三、民事检察和解司法实践的路径优化

虽然和解制度在立法顶层设计层面需要完善，但本文从司法实践现状出发，自下而上规范与优化民事检察和解，以实践中发现的问题、总结的经验来反馈于立法层面。

（一）坚持监督与救济并重，规范民事检察和解适用

民事检察和解制度体现了检察机关肩负法律监督与解决纠纷的双重职能，需做到权力监督与权利救济并重，要求在法律框架内寻求公平正义的“最大公约数”。

一是把握检察和解适用边界。原则上，民事检察和解一般适用于给付之诉的类型。对于确权之诉、虚假诉讼以及损害国家利益、社会公共利益或者第三人合法权益的案件不能适用和解。在把握该原则的基础上，如前面所梳理的和解案件情况，分类型考量适用和解的情形。对于生效裁判或执行没有错误的，一般情况下不宜引导和解，除非裁判结果显失公平或案件存在关联案件可从根本上一揽子化解的；对于生效裁判认定事实或适用法律确有错误符合监督条件的，也应结合案件标的额、案件能否执行等情况，即充分考虑监督必要性的前提，去评判是否提出监督抑或引导和解；

对于生效裁判认定事实或适用法律有不当或瑕疵的，不符合监督条件的，检察机关可以引导和解；对于存在审判程序违法或者执行活动存在违法的，检察机关应将制发检察建议纠正违法与引导和解同步开展等。

二是明确承办检察官履职边界。检察官恪守“引导者”的角色定位，在查明事实、分清是非的基础上，充分尊重当事人意愿的前提下，秉持客观中立的立场去引导，不能为了和解而罔顾案件事实搞“和稀泥”式和解，否则会破坏司法权威和公信力。同时，对于将案外人及关联纠纷纳入和解也应持审慎开展的态度，避免损害案外人的利益，甚至破坏关联纠纷裁判的既判力。

（二）坚持监督与息诉兼济，优化和解工作机制

由于民事检察和解工作机制尚无明确的规定，结合上述梳理的案例情况，可以从以下两个方面予以优化。

一是建立民事检察和解工作程序，具体工作流程如下图所示。第一阶段为审查过程。检察机关应先认真审查案件材料，初步判断法院的裁判或执行是否正确、是否具备监督情形。对于具备监督条件的案件，进而评估监督的必要性。第二阶段进行和解可能性评估。在前一阶段全面查明案件事实、了解案件背景、厘清争议焦点的同时，结合案件类型从情理法的角度综合评估案件和解的可能。第三个阶段为和解程序启动。检察机关要充分听取双方当事人的和解意愿，在尊重当事人意愿的前提下，引导和解程序的启动，并向双方当事人全面释明检察和解的相关法律后果，避免出现案结事不了的情形。第四个阶段为和解过程，包括磋商、和解协议的审查、和解协议的履行。该阶段主要为在承办检察官的引导下达成初步的和解协议，由检察官针对协议的内容进行实质性的审查，审查通过后形成最终的和解协议。第五个阶段为程序终结。实现检察和解的，按照《人民检察院民事诉讼监督规则》第 73 条第 2 款的规定，由检察机关作出终结审查决定。第六个阶段为提出社会治理检察建议或改进工作检察建议。

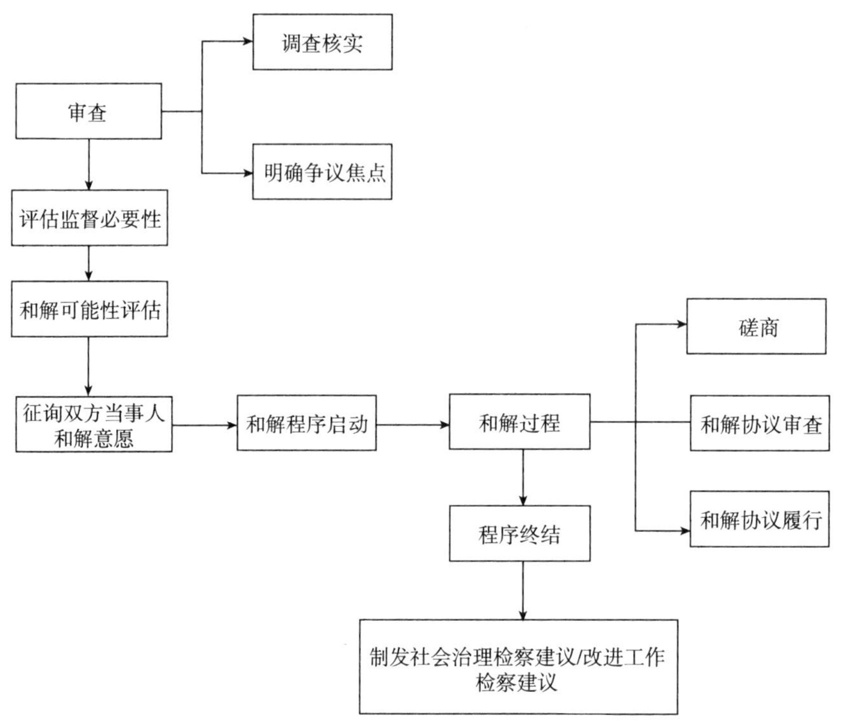

民事检察和解工作程序图

二是建立促成民事检察和解配套机制。其一，建立“调卷—调查—听证”的案件审查及评估和解可能性机制。规范运用好调查核实手段，查清案件事实、明确争议焦点，为民事和解工作的开展奠定扎实的基础。其二，邀请第三方参与和解机制。一方面，可以采取检察听证的方式，通过邀请专业律师、优秀仲裁员、人民调解员、鉴定人、会计师等担任听证员，引导当事人理性合理表达诉求，推动和解进程。另一方面，可以邀请执行法官、人大代表、人民监督员等参与和解过程，共同为案件和解达成提供助力。其三，构建多元检调对接机制。开展检察和解时，要主动对接法院、司法行政机关、人民调解委员会、行业协会以及基层群众性自治组织等，强化与执行和解、人民调解、矛盾化解、司法救助等工作的衔接融合，多措并举推进矛盾纠纷的实质性化解。

（三）坚持监督与治理同频，丰富和解工作履职层次

一是建立民事检察和解案件前、中、后端衔接机制。不局限于在案件办理中端适用民事检察和解制度，而是将民事检察和解关口前移至案件受

理前端，延伸至案件办结后的信访矛盾化解后端。此处检察和解的前移后伸，理所应当是实质性地开展，不仅包括和解工作的对接，更重要的是和解工作的参与，可以采取控申部门与民行部门联合履职模式，也可以采取控申部门与民行部门分环节履职兼双向反馈模式，重点是包括和解举措在内的所有案件信息的及时共享与形成矛盾纠纷实质性化解的合力。如笔者所在地检察院民行部门与控申部门自2023年起协调建立了民事监督案件受案前、办结后联合化解矛盾的新工作模式，这一工作举措克服了信访矛盾化解前、中、后端衔接不畅的问题，真正为纠纷的实质性化解打下了良好的基础，在矛盾化解的同时显现出民事检察和解融入访源治理、社会治理的作用。

二是案件办理中端，建立“一案多查”办案清单制。此举旨在压实检察官办案责任，跳脱出“就案办案”思维，通过办案清单制的方式将“一案多查”从“可选题”变为“必答题”，要求在办理每一个和解案件的同时，挖掘纠纷产生的根源以及案件背后折射出的深层次社会问题，找准问题症结，提出管用有效的改进举措，及时制发改进工作检察建议或社会治理检察建议，以高质效检察履职促推多元共治的社会治理体系的完善。

以"三个善于"为导向 对第三者责任医保骗保犯罪的司法认定实证研究

蔡爱东 张 晨 张洪润*

最高人民检察院检察长应勇提出的"三个善于"，为"高质效办好每一个案件"提供了明确指引和基本方法。2011 年施行的《社会保险法》确立了先行支付及代位求偿的法律制度。2011 年，人力资源和社会保障部出台《社会保险基金先行支付暂行办法》，明确了涉及第三人侵权的医疗费用的责任划分。至此，先行支付的概念首次引入我国基本医疗保险体系。该制度扩大了基本医疗保险的保障范畴，体现了国家在制定政策时以人为本的价值观，为广大参保人员的生命健康权提供了及时的救济和切实的保障，对维护社会稳定有着十分重要的意义。然而，在该制度实行 12 年后，大量医保基金参保人因不知先行支付制度，未告知医疗机构第三人侵权而涉罪。2024 年 2 月 28 日，最高人民法院、最高人民检察院、公安部联合制定《关于办理医保骗保刑事案件若干问题的指导意见》，要求严惩医保骗保犯罪，切实维护医保基金安全，维护人民群众医疗保障合法权益。但上述意见所列举的情形，主要惩治幕后组织者、职业骗保人，以及无中生有的虚构医疗费用等行为，与涉第三人情形本应享有先行支付权利却因不知该政策而未履行告知义务的情形，不具有同质性。因而，对该类案件的处理是否涉罪存在较大争议。

* 蔡爱东，江苏省泰州医药高新技术产业开发区人民检察院党组成员、副检察长；张晨，江苏省泰州职业技术学院党政办副主任；张洪润，江苏省泰州医药高新技术产业开发区人民检察院第二检察部副主任。

一、医保基金先行支付政策对医保骗保犯罪认定影响的基本情况

（一）先行支付制度相关法律法规、规章以及规范性文件的规定情况

《社会保险法》规定，在医疗保险和工伤保险中，由于第三人原因造成被保险人伤害，第三人不支付医疗费用或者无法确定第三人的，由基本医疗保险基金或工伤保险基金先行支付医疗费用，并获得向第三人追偿的权利。该法首次将向第三人追偿的权利让渡给基本医疗保险基金或工伤保险基金的经办机构，并将基本医疗保险从最初的单纯支付因疾病发生的医疗费用，扩大到依据实际情况支付由于意外伤害导致的医疗费用，为参保人员提供了更为广泛的保障范围，将基本医疗保险是“生命线”这一宗旨践行到了实处。《社会保险基金先行支付暂行办法》阐述了工伤保险先行支付以《工伤保险条例》为立足点，并进行了较为详尽的阐述。与之相对的，医疗保险先行支付则较为简略，仅增加了经办机构的职责，要求经办机构向参保人员支付超过第三人责任部分的医疗费用，也支付第三人不支付或者第三人不明确时的医疗费用。当实施先行支付政策后，市医保中心的首要任务是审核先行支付材料。就法律规定而言，只要存在第三人不支付或者无法确定责任人的情况，就可以在进行医疗费用结算时提出先行支付申请。但C市医疗保险基金先行支付相关规定，对于第三人不支付的，参保人员应提供人民法院出具的中止（或终结）执行文书等证明材料。同时，医院设立个人承诺制，外伤情况需承诺无第三方责任，明确第三方责任则需参保人员垫付后至医保中心申请。

（二）申请医疗保险基金先行支付类型分析

医疗保险基金先行支付主要包括三类：第一类是第三人侵权致伤，第三人不支付的；第二类是第三人侵权致伤，无法确定第三人的；第三类是医疗就诊中发生医疗纠纷（该类情形患者在就诊过程中已使用医保基金，在医疗机构存在侵权的情况下，医保基金已经完成先行支付，转为直接向医疗机构追偿）。参照T市医保中心业务数据，2015年至2021年，完成先行支付的共计523例，其中，第三人不支付的为104例，无法确定第三人

的为397例，因医疗纠纷导致先行支付的为22例。[①]实践中，第三人不支付的情形远远高于无法确定第三人的情形，但是适用先行支付制度的比例却远远小于无法确定第三人情形的比例。

（三）医疗保险基金先行支付追偿情况分析

经办机构在完成先行支付后，会向第三人追偿。首先寄送催告通知书，无回应则启动法律程序，仍不偿还则申请强制执行。参照T市医保中心业务数据，2015年至2021年，进入司法追偿程序的案件共有45件，其中13件案件提起了民事诉讼，32件案件是执行法官在案件受理阶段直接通知T市医保中心以第三人身份参加诉讼；案件共涉及追偿金额合计3293551.28元；法院裁决生效且进入执行阶段的案件有39件，追回金额为411326.21元，追偿到位率仅为12.49%。[②]

（四）医保诈骗案例分析

2022年至2024年，C市检察机关共受理医保骗保犯罪案件39件104人，其中涉第三人责任的医保骗保案件32件68人，涉职业骗保案件7件36人。而涉第三人责任的医保骗保犯罪均为参保人不知先行支付制度，未告知医疗机构第三人侵权而涉罪的情形。

二、涉第三人责任医保骗保犯罪认定及医疗保险基金先行支付存在的问题

根据上述分析数据，针对第三人不支付的情形的医疗保险基金先行支付的适用仍处于较低水平，但本应符合该制度适用却因不知该制度涉罪的人数却不断增多，反映出涉第三人责任医保骗保犯罪认定及医疗保险基金先行支付存在以下问题：

---

① 任晖：《医疗保险基金先行支付政策的实施研究——以常州市为例》，南昌大学2022年硕士学位论文。

② 任晖：《医疗保险基金先行支付政策的实施研究——以常州市为例》，南昌大学2022年硕士学位论文。

（一）未能透过欺骗的表象，抓住医保骗保犯罪的实质法律关系

医保诈骗犯罪的实质法律关系是医保法律关系。根据医保法律关系，公民在伤病情况下有依法从国家和社会处获得物质帮助的权利。因此，根据诈骗犯罪的基本犯罪构成，参保人虚构的事实以及隐瞒的真相，应为直接导致医保部门支付了不应支付的医保费用的事实，即虚构伤病的事实才属于构罪的事实，而非是否存在第三人侵权等其他不涉及刑事法律关系的事实。

（二）对医保骗保涉第三人侵权双重法律关系的认识模糊

当参保人涉及第三人侵权导致的意外伤害，会存在医保法律关系及侵权责任法律关系双重法律关系。在医疗保险法律关系中，参保人依法享有获得医疗保险保障请求权；在交通事故侵权责任法律关系中，作为被害人的参保人，依法享有对第三方侵权人的损害赔偿请求权。作为两个关系的权利人，本应享有选择任意一个请求权行使的权利。《社会保险法》明确医保基金先行支付和追偿的义务，进而规制最终责任人第三人，但并不能得出该条是规制参保人，更不能因条款导致参保人入罪。

（三）对医保基金先行支付制度的立法理念和支付条件不明晰

我国法律明确规定基本医疗保险基金先行支付制度，具有救急作用和垫付性质。参保人员申请医疗保险基金先行支付的条件是：第三人不确定或不支付医疗费用。第三人不确定常见于交通事故逃逸，而对于第三人不支付的，根据C市医疗保险基金先行支付相关规定，即“第三人不支付的，参保人员应提供人民法院出具的中止（或终结）执行文书等证明材料”，法律流程至少要半年，不能体现先行支付的救急性，违背立法初衷和理念。

（四）追偿机制未能实现医保基金利用与参保人员权益保障最大化的平衡

先行支付追偿程序需经过审核、取证、诉讼、申请强制执行等程序，而考虑到医保部门人员多有医学背景但法律知识储备不足，《社会保险法》对追偿权的规定过于原则化、缺乏具体操作细则，以及经办机构无执法权

需依赖其他部门支持，而协调机制不明确等因素的存在，医保部门追偿存在困难。针对第三人责任部分追偿，C市医保中心虽然采用电话沟通、催告、诉讼、执行四步追偿流程，但需走到强制执行环节。整个流程耗时半年以上，投入大但收效微。法院强制执行亦难追回第三人财产，经办机构面临履职困境。

（五）医保基金先行支付政策存在宣传盲区，未能实现人民群众对程序正义的期待

法律明确规定了第三人不支付情形下的医保先行支付政策，但出于对先行支付权滥用以及先行支付后难以追偿的考虑，实践中关于医保基金先行支付的政策宣传一直处于“犹抱琵琶半遮面”的状态。宣传不足造成了认知上的空白。当参保人员因遭受第三方侵权而就医时，医疗机构未告知先行支付制度的存在，却明确以第三方责任为由拒绝使用医保卡，导致大量参保人在第三人不支付医疗费用的情况下，冒着道德和法律风险隐瞒第三人责任而“被动”实施欺诈骗保行为。

三、以“三个善于”为导向，探索第三者责任医保骗保犯罪司法认定路径

（一）以“善于从纷繁复杂的法律事实中准确把握实质法律关系”为导向，明晰医保骗保实质法律关系，以及涉第三人侵权的双重法律关系，厘清罪与非罪的界限

医保骗保的实质法律关系为医保法律关系，应以基本犯罪构成事实为逻辑出发点，把握罪与非罪。首先，根据医保法律关系，参保人本应当然享有获得意外伤害医疗保障的权利。《社会保险法》规定，国家建立基本医疗保险，保障公民在疾病等情况下依法从国家和社会处获得物质帮助的权利。社会保险与社会保障体系中的社会救助和社会福利存在本质区别，其核心在于保险给付的享受必须以缴纳保险费为先决条件。在被保险人遭受伤病风险时，依据保险制度对价平衡原则，被保险人有权向医疗保险机构提出医疗费用支付的请求。因此，发生或遭受伤病是医疗保险医疗费用支付的唯一前提条件，第三人侵权的介入不得中断这一因果链条的逻辑关

系。其次，医保法律关系作为医保诈骗犯罪的实质法律关系，根据诈骗犯罪的基本犯罪构成，参保人虚构的事实以及隐瞒的真相，应为直接导致医保部门支付了不应支付的医保费用的事实，即虚构伤病的事实才属于构罪的事实，而非是否存在第三人侵权等其他不涉及刑事法律关系的事实。因此，参保人隐瞒第三人侵权的事实不属于诈骗罪的基本犯罪构成事实。

从意外伤害的双重法律关系出发，参保人本为双重法律关系的权利人，享有选择权。参保人同时依法享有获得医疗保险保障请求权和第三方侵权人的损害赔偿请求权，基于不同法律关系而产生了同一内容的给付，这与民法中不真正连带责任的法理相同，作为两个关系的权利人，本应享有选择任意一个请求权行使的权利。如德国《社会保障法》[①]、日本《健康保险法》等均明确该选择权，并规定管理健康保险的组织进行代位求偿。我国《社会保险法》第30条先行支付制度规定，是明确医保基金先行支付和追偿的义务，进而规制最终责任人第三人，并不能得出该条是规制参保人，更不应因条款导致参保人入罪，否则将违背基本医疗保险救治生命的立法初衷。

（二）以“善于从具体法律条文中深刻领悟法治精神”为导向，明晰基本医疗保险基金先行支付制度的立法理念与价值，重塑先行支付条件

我国法律明确规定了基本医疗保险基金先行支付制度，具有救急作用和垫付性质。《社会保险法》确立了先行支付及代位求偿的法律制度，是为了让受害参保人及时得到救治而采取的人性化的救助制度，体现了医保基金的救急作用，更充分体现了以人为本的立法理念。因此，涉及社会保险类案件中的价值取向为：首先，要保障参保人的合法权益；其次，要保障社会保险基金的安全性。

先行支付中“第三人不支付”的条件，亦应体现救急垫付性质。对于申请先行支付条件，可参考工伤保险先行支付规定。《社会保险法》规定工伤认定前，医保基金可先行支付，需符合救急垫付原则。人力资源社会保障部《关于取消部分规范性文件设定的证明材料的决定》取消工伤保险

① Arbeit G, Übersicht über die soziale Sicherung in der Bundesrepublik Deutschland. 1956.

申请先行支付对“第三人不支付”情形提供证明材料要求。《社会保险基金先行支付暂行办法》规定，向参保地社保经办机构书面申请基本医疗保险基金先行支付、工伤保险基金先行支付，并告知伤病原因和第三人不支付或无法确定第三人的情况；办法中仅要求申请人负有“告知”义务。医疗保险应更保护被保险人利益，在申请先行支付时，不应要求提供“第三人不支付”的证明，只需履行告知义务。同时需要明确的是，参保人本享有先行支付权，在此基础上即使参保人未履行告知义务，也不能因为权利实现过程的瑕疵而否定享有先行支付权本身，进而认为参保人具有诈骗的非法占有目的。

（三）以“善于在法理情的有机统一中实现公平正义”为导向，平衡医保基金利用与参保人员权益保障最大化，实现人民群众对程序正义的期待

1. 完善医疗保险基金先行支付和追偿机制

自医疗保险基金先行支付政策实施以来，缺乏具体细则。对比工伤保险，医疗保险需明确实施细则以支撑政策落实。建议在实施细则中明确“第三人不支付或无法确定第三人”的具体内涵、支付时点、认定与操作方法，为经办机构提供操作指导。对于追偿程序，可参照《行政诉讼法》及相关规定中行政非诉执行的程序，由医保机构直接依法向第三人作出行政追偿决定，经催告后第三人仍不履行义务的，行政机关向法院申请强制执行。这一过程无须通过诉讼程序，既提高了行政效率，也能充分联动行政、司法程序，加大基金安全保护力度。

2. 加大医疗保险基金先行支付政策的宣传力度

《中华人民共和国政府信息公开条例》第 19 条、第 20 条规定，对涉及公共利益调整、需要公众广泛知晓的政府信息，行政机关应当主动公开，包括医疗、社会保障等方面的政策、措施以及实施情况。医疗保险基金先行支付政策已实施十多年，但效果未达预期，执行情况不佳。行政机关应加大政策宣传力度，通过官网、微信公众号等渠道详细解说政策，切实保障参保人员对先行支付制度的知情权。鼓励符合条件的参保人员主动申请，提升医疗机构接诊要求，要求医疗机构告知先行支付办理流程或咨询渠道，确保参保人员享受平等、公正的医保待遇。

社区矫正检察监督制度的实践检视与优化路径*

时维建　王玉龙**

一、引言

社区矫正作为一种行刑方式，由于顺应罪犯改造高效性、便利性和经济性的趋势，为世界各国所重视，并在两大法系国家的刑事司法系统乃至整个社会控制机制中发挥着重要的作用。[①] 2020 年 7 月 1 日《社区矫正法》的施行，标志着我国社区矫正制度进入了法治化、制度化、本土化建设的新时期。紧接着“两高两部”发布的《中华人民共和国社区矫正法实施办法》（以下简称《实施办法》）又以规范性文件的形式细化了各相关政法单位在社区矫正工作中的职权职责、工作程序、衔接机制等。2021 年 6 月 15 日出台的《中共中央关于加强新时代检察机关法律监督工作的意见》（以下简称《意见》）为检察机关进一步加强社区矫正执行监督工作提供了政策指引。近年来，受宽严相济刑事政策、犯罪轻刑化的发展趋势和认罪认罚从宽制度广泛适用等因素的叠加影响，非监禁行刑方式的适用人数不断上升，社区矫正在刑罚执行体系中的重要性越来越凸显。随着党和国家对司法精准化、规范化要求的提高，原有的粗放式社区矫正检察监督方

* 本文系 2024 年度最高人民检察院检察理论研究课题“检察机关机动侦查权的理论阐释与制度构建”（编号：GJ2024C33）阶段性研究成果之一。

** 时维建，山东省菏泽市人民检察院党组副书记、副检察长；王玉龙，山东省菏泽市人民检察院第四检察部四级检察官助理。

① 参见吴宗宪：《社区矫正比较研究（上）》，中国人民大学出版社 2011 年版，第 31—32 页。

式的缺陷和不足日益凸显。[①] 为此，最高人民检察院在2021年、2023年先后将探索和开展社区矫正机构巡回检察纳入《“十四五”时期检察工作发展规划》《2023—2027年检察改革工作规划》。在此指引下，多地检察机关开展了社区矫正巡回检察试点，探索形成了一些富有成效的工作机制，积累了监督经验，也反映出一些问题和不足。当前，社区矫正检察监督工作从实体到程序、从理念到机制都存在进一步的优化空间，实践中仍存在制约社区矫正检察监督制度应然功能发挥的因素，需要进一步明确社区矫正检察制度的功能定位，进而探索创新社区矫正法律监督新路径，有力破除监督瓶颈，提升监督效能。

二、功能定位：非监禁行刑纠偏与监督性社会治理

检察监督长期以来作为社区矫正工作的“离合器”，发挥着纠偏与指引的重要作用。[②] 厘清社区矫正检察监督制度的应然功能，有助于我们全面检视该制度实然运行过程中反映出的短板不足及其深层次原因。从既有规范出发，可以归纳出社区矫正检察监督制度具有非监禁刑执行纠偏和监督性社会治理双重应然功能。

（一）非监禁行刑纠偏

社区矫正检察监督作为国家非监禁行刑系统的重要组成部分，其在该系统中承担着重要的偏差检测和监督纠正功能。《实施办法》第6条赋予检察机关的几项职权职责基本上都是法律监督事项，从调查评估到档案建立，再到矫治教育以及程序解除、收监执行等，检察机关均负有重要的监督纠正职责。因此，社区矫正检察监督制度的基本功能应当是依法监督纠正社区矫正工作中的不当情形。《刑事诉讼法》第276条也明确赋予了检察机关对刑罚执行活动合法性的监督职权，并要求检察机关发现有违法情形的，应当监督相关执法司法单位予以纠正。观察整个刑事执行检察制度，其基本目标任务也是监督各相关政法单位的刑罚执行活动，维护刑罚

① 刘颖等：《社区矫正巡回检察的实践探索》，载《人民检察》2022年第6期。

② 喻少如、许柯：《社区矫正检察监督的功能定位及其实现路径》，载《西南科技大学学报（哲学社会科学版）》2023年第5期。

执行秩序。社区矫正作为行刑方式中的重要一种，及时发现并依法纠正社区矫正交付、接收及矫正执法活动中的不当情形，依法督促各政法单位有序推进和规范社区矫正工作，保障有关刑事判决、刑事裁定和暂予监外执行决定的正确执行，维护非监禁刑执行秩序，实现合法性监督，既是社区矫正检察监督的重要目标和任务，也是其基本功能定位。

实践中，非监禁刑执行纠偏功能主要通过以下三种方式实现：一是对于检察发现的轻微违法情形，或执法瑕疵、安全隐患，口头通知有关单位予以纠正。二是对于严重违规违法情形，或者存在重大安全隐患、重大监管漏洞等情形的，通过制发纠正违法通知或检察建议书以书面形式通知有关单位整改。三是发现特别严重违规违法情形，涉嫌职务犯罪的，将有关线索依法移送有管辖权的机关或部门处理。

（二）监督性社会治理

社区矫正检察也是检察机关法律监督系统整体的重要组成部分。根据《意见》和《人民检察院组织法》的规定，检察机关既是司法办案机关、诉讼监督主体、法制统一保障，同时还担负着服务保障经济社会高质量发展、切实加强民生司法保障、保障中国特色社会主义建设的顺利进行等重要职责使命。因此，在社区矫正检察监督工作中，检察机关不仅要挖掘并监督纠正社区矫正脱漏管等社区矫正执行领域违规违法情形，实现规范社区矫正工作秩序、保障非监禁刑罚执行顺利进行的直接监督目的，还应当强化综合履职，以法律监督推动提高教育矫正质量，促进社区矫正对象顺利融入社会，预防和减少犯罪，发挥社区矫正检察监督制度的监督性社会治理功能。

其中，监督性是指检察机关通过依法履行法律监督职责的方式参与社会治理，并确保在宪法和法律的框架内进行，严格遵循“分工负责、互相配合、互相制约”的要求，不得超越法律监督的职权范围，不得替代人民法院、社区矫正机构等行使职权，确保社区矫正检察监督工作在法律监督的法治轨道上运行。其社会治理功能在实践中主要通过以下方式予以体现：其一，对于检察过程中发现的社区矫正工作中带有普遍性的违法情形，或者存在重大执法司法漏洞、重大安全隐患、重大事故风险等问题的，向有关单位依法制发检察建议，在纠正不当的同时，依法助力填堵制度法律漏洞，维护法制统一和刑罚执行秩序。其二，通过开展检察监督活动，切实保障社区矫正对象依法享有的人身权利、财产权利和其他权利不受侵害，保障其在就业、就学及各类社会保障方面不受歧视，从而帮助其重拾生活信心、尽快回归社会。比如，有的地区检察机关与当地司法行政机关会签管理办法，进一步规范社区矫正对象经常性跨市县活动；[①] 对涉民营企业、涉农生产等社区矫正对象的经营性外出活动，建立衔接机制，简化外出审批流程和方式，同时加强信息化监管，依法保障了社区矫正对象的合法权利，也促进了就业和生产发展。其三，通过监督社区矫正机构依法全面落实监督管理与教育帮扶相结合的社区矫正工作原则，督促其根据社区矫正对象具体情况进行分类管理、个别化矫正，有针对性地帮助社区矫正对象尽快回归社会，消除再犯罪风险，实现犯罪的特殊预防，维护社会和谐稳定。

三、实践检视：社区矫正检察监督功能发挥的制约因素

（一）监督理念滞后

社区矫正检察理念是否符合法治逻辑，直接关涉监督工作方向的准确性和监督功能的发挥程度。首先，受传统执法惯性的影响，司法实践中部分检察人员存在一定程度的重监禁刑监督而轻非监禁刑监督的不当司法理念。现有的检察机关刑事执行检察部门是在原监所检察部门的基础上调整设立的，而“监所”顾名思义，主要是指监狱、看守所等监管场所，由此可见，长期以来对监管场所的监督始终是刑事执行检察工作的重心。再加上基层检察机关刑事执行检察部门人员力量不足、与各部门之间人员交流少等现实困难，社区矫正检察工作往往很难由专人负责，进而导致社区矫正检察常常以事后监督为主，监督缺乏主动性和动态性。其次，社区矫正检察监督法律供给长期不足也制约了社区矫正检察监督理念的更新与发展。直到2020年《社区矫正法》施行，社区矫正检察监督才算有了较为系统规范的法律依据和操作指引，社区矫正检察监督也才正式成为刑事执

---

① 参见郭树合、刘磊：《山东菏泽：人大代表高度评价社区矫正巡回检察工作》，载《检察日报》2023年1月2日。

行检察的一项重要法定职能。[1] 最后，部分刑事执行检察干警对社区矫正制度的功能定位认识不全面，这在实践中主要表现为侧重于对社区矫正决定和解除程序的监督，对矫正措施的针对性及罪犯教育帮扶等情况关切较少，影响了监督效果，也制约了该制度社会治理功能的发挥。

（二）监督结构失衡

经过多年的发展，我国在立法上对监禁刑刑罚执行活动基本上实现了检察监督覆盖。经过近几年的进一步探索，还形成了针对监狱、看守所等监禁刑执行单位“派驻＋巡回”的双重检察模式，可对监禁刑罪犯的交付执行、劳动改造、教育改造、生活卫生情况、出入监日常管理、减刑程序等方面进行全方位的监督，有力维护了监禁刑刑罚执行秩序和监管场所安全稳定。相比而言，目前社区矫正检察监督的触角并未延伸至社区矫正工作的“每一公里”。一方面，观察社区矫正检察工作整体可以发现，该业务各环节发展不平衡问题突出。依照法律规定，人民检察院对社区矫正的监督是全方位的，既有对信息化核查等日常管理活动的监督，也包括对社区矫正对象教育帮扶等权利保障情况的监督；既有对交付过程、抄送通报等程序性事项的监督，还包括对社区矫正决定、解除等实体事项的监督。根据检察一体化的要求，社区矫正检察监督工作还负有依托检察一体化，在社区矫正巡回检察和日常检察工作中发现和移送相关职务犯罪案件线索的职责。但从实践运行成效来看，社区矫正检察监督更偏重于事后监督，相较于监禁刑刑罚执行监督，未对社区矫正工作实现全流程监督。笔者调研发现，许多基层检察机关开展社区矫正检察工作，更偏重于对社区矫正脱漏管的监督，往往将发现脱漏管线索和“就案办案”式地提出监督纠正意见作为工作重点，而忽视对职务犯罪案件线索的挖掘和拓展，未全面落实“在监督中办案，在办案中监督”的检察要求。另一方面，通过微观分析个案程序的运转情况，可发现社区矫正检察在实践中呈现出重接收和解除程序的监督，而对具体矫正过程，尤其是对矫正对象的教育帮扶情况的监督力度不强，这不利于全面准确及时地发现社区矫正执行工作中的档案造假甚至“纸面服刑”、徇私舞弊等违法情形，监督质效不佳。

---

① 参见吕芳、董升儒：《社区矫正检察监督的现实困境与破解对策》，载《辽宁公安司法管理干部学院学报》2024 年第 6 期。

（三）监督手段欠缺

当前检察机关开展社区矫正检察监督的手段欠缺，仍然存在明显不足。[①] 从程序上看，制发纠正违法通知书和检察建议书是检察机关开展社区矫正执行监督的主要形式，而且“没有进一步的监督措施；相关配套制度缺失，也导致检察机关无法监督”[②]。不仅如此，当社区矫正机构对有关建议不予认可或整改不到位甚至拒绝采纳时，检察机关进一步监督方式就是要求被监督单位书面回复不予采纳意见建议的理由，即使被监督单位不能作出合理解释，检察机关也不能对其作出实体性制裁，最多只能程序性地请求上一级检察机关开展同级监督。从运行实效看，针对社区矫正脱漏管等违规违法情形，检察机关每年都会针对社区矫正机构制发大量的纠正意见，但尽管检察机关向社区矫正机构制发检察建议书或纠正违法通知书时，大多数被监督单位都会明确表示采纳检察意见并认真整改，但实际上被监督单位以“书面整改”敷衍了事的情形并不鲜见，社区矫正执行中的问题并未得到实质性整改，社区矫正脱漏管等违规违法情形依然频发。至于提出的口头监督意见，则往往也被“口头整改”，监督更是流于形式。监督手段的不足，既限缩了严重违法情形的案件线索的来源渠道，影响办案数量，也不适应在矫人数不断增长的刑事趋势，不能及时有效地纠正违法情形，制约整体监督效能。

（四）监督刚性不足

检察机关对社区矫正执行活动的监督以“柔性监督”为主，刚性不足，影响监督实效。其主要表现是：一是监督存在滞后性。社区矫正检察监督以事后监督为主，往往在社区矫正对象因为严重违法被行政处罚甚至被刑事拘留、逮捕之后，检察机关才知道发生了脱漏管情形，这难以实现动态性、全程性监督，更与以“参与式”监督助力社会治理的要求相去甚远。二是纠偏方式机械。社区矫正检察监督的方式主要是口头和书面纠正

---

① 陈玉伟、张宇：《社区矫正检察监督现代化探索——以山东省平邑县人民检察院“检察官+社区矫正官”机制为例》，载《中国检察官》2023 年第 15 期。

② 周红波、王煜、徐华、赵刚：《社区矫正检察监督权研究》，载《天津法学》2010 年第 2 期。

两种，监督手段简单机械。而且最高人民检察院出台的《人民检察院检察建议工作规定》仅属于内部规范性文件，在更高的法律阶层上明显效力不足，正基于此，检察建议缺乏强制性，对执行力度和效果有一定的影响。[①]三是监督信息不对称。社区矫正工作各相关执法司法机关未实现信息互联互通，检察机关难以实时完整掌握社区矫正工作情况；检察监督也以书面审查社区矫正交付手续和社区矫正执行档案为主要形式，难以准确发现书面档案材料背后的档案造假、“纸面服刑”等严重违规违法行为。此外，由于对涉社区矫正执行相关渎职犯罪的行为表现、危害后果的因果认定等缺乏深入系统的总结和研究，也没有可供参照的工作指引和指导性案例，检察侦查部门在打击该领域职务犯罪时往往持过度的谨慎保守态度；作为检察监督的最后一张“底牌”，检察侦查的刚性保障效果亦未充分释放。

四、制度优化：社区矫正检察监督制度的完善路径

制度的设计优化，既应当坚持合法性，确保改革于法有据，也应当坚持合目的性，以发挥其应然功能为依归。应当以行刑纠偏和监督性社会治理的功能目标为逻辑起点，优化和完善社区矫正检察监督制度。

（一）转变监督理念

理念是实践的先导，检察机关应当树立正确的监督理念，通过高质效办好每一个社区矫正检察案件，推动提升非监禁刑刑罚执行水平。其一，秉承管理与教育并重监督理念。全面准确把握《社区矫正法》关于社区矫正制度设计目的的规定，充分认识教育帮扶在社区矫正中的重要意义和价值，全面、准确地开展检察监督工作，坚持程序正义与实体正义相统一，坚持依法维护社区矫正工作秩序与推动加强矫正效果相结合，切实保障好矫正对象的合法权益，推动有效防控再犯罪风险因素，积极预防再犯罪，帮助社区矫正对象顺利回归社会。其二，树立动态监督理念。结合社区矫正工作重点，立足法律监督职能，围绕调查评估、入矫手续办理、矫正过程管理、惩戒措施适用、合法权益保障、矫正手续解除或提请收监执行等

---

① 参见侯亚辉主编：《新时代社区矫正检察监督实务研究与案例指引》，中国检察出版社 2023 年版，第 94 页。

关键环节、重要节点开展全流程、多维度监管，切实发挥检察监督制度优势，提升社区矫正制度运行实效。其三，坚持双赢多赢共赢监督理念。“检察监督工作应该摒弃单线思维方式和对立冲突观念……在监督者与被监督者之间寻求协同合作和对立冲突的辩证统一，成社区矫正协作的合力。”[①] 检察机关不能就案办案，机械司法，应当积极加强与社区矫正机构、各相关执法单位的协作配合，以个案办理推动实现类案监督，综合运用建立机制、会签文件、召开联席会议等多种工作方式，共同破解经常性跨市县活动社区矫正对象监管难、信息化核查要求落实难等突出问题，做好跟踪督导，协作推动填堵社区矫正领域监管执法漏洞，实现系统治理。

（二）优化资源配置

资源优化配置水平与工作成效往往成正比，优化资源配置，提升保障水平，是高质效做好社区矫正检察监督工作的基础。第一，加强队伍建设。要立足各地社区矫正检察工作实际，加强人员配备，优化队伍年龄结构，强化业务培训，提升监督能力和水平；优化考核评价指标，激发检察干警工作积极性和主动性。第二，做好经费保障。要提升检务保障水平，加大业务培训投入力度，保障办案经费，做好日常检察和巡回检察的用车、用警等勤务保障。第三，提升数字化水平。检察信息技术设备投入力度要与社区矫正信息化水平相适应，以实现同步监督。要强化数字赋能，推动社区矫正检察工作由个案办理向类案监督转变，切实提升监督能力和治理水平。在高质效办好个案基础上，总结归纳社区矫正监管违法情形的共同点，分析违规违法样态，梳理发案规律，总结监督经验，打造并不断扩充“数据池”，科学研发并应用推广社区矫正领域监管违法和相关职务犯罪线索筛查模型，提升社区矫正类案督纠正水平。

（三）健全工作机制

从程序设计上看，应当赋予检察机关在非监禁刑执行过程中完整的检察监督权，这一监督权能应当覆盖到非监禁刑执行的整个环节，转变传统

---

① 匡旭东：《掣肘与突破：我国社区矫正检察监督的制度省思》，载《华南理工大学学报（社会科学版）》2022 年第 4 期。

的事后监督理念，将监督权的行使贯彻始终。[①] 第一，依托检察一体化，形成监督合力。加强刑事执行检察部门与捕诉、案管、控申等部门的衔接配合，就缓刑判决、收监执行、罪犯再犯罪及社区矫正控告申诉等情况建立信息互通机制，拓展线索来源。深入总结推广社区矫正巡回检察经验，形成社区矫正巡回检察常态化工作机制；探索开展社区矫正机构派驻检察室或派驻检察官试点，积极构建社区矫正“派驻＋巡回＋科技”检察模式，实现优势互补、强强联合。第二，健全外部协作机制，畅通监督渠道。与法院、公安机关、司法行政机关等建立社区矫正信息共享机制和重大事项互相通报机制，探索联席会议、定期座谈等沟通交流渠道，加大衔接力度，打破信息壁垒，实现同步监督。对涉企、涉海涉渔、涉农等经常外出从事正常的生产经营活动的社区矫正对象，推动简化请假外出的审批程序和方式，服务和保障经济社会高质量发展大局。第三，做优调查核实，丰富监督形式。除了静态查阅社区矫正工作档案材料，检察机关可根据工作需要，综合应用调取证据、调查走访、座谈询问、鉴定检验等调查核实措施，依法监督查处社区矫正活动中的违法行为。第四，自觉接受监督，提升检察公信力。可在日常检察或巡回检察中，邀请人大代表、政协委员、人民监督员、特邀检察官助理等参与或列席检察工作，增强工作透明度。发挥检察听证的制度优势，对疑难复杂、争议较大或社会关注度高的案件，可依法组织召开听证会，认真听取各方意见建议，做好释法说理，提升检察监督公信力。

（四）提升监督刚性

社区矫正检察工作不能停留在发现问题、提出问题的“办事”层面，还应当注重“后半篇文章”，持续做好后续跟进监督工作，确保问题全面彻底整改，以高质效办案促进社会治理。为此，必须着力提升监督刚性。首先，细化监督措施，明确法律责任。要进一步细化、完善检察建议、纠正违法提出后的后续跟进监督的措施方式，明确被监督单位无正当理由不予整改或逾期未整改到位的法律责任，针对“矫正机关不予整改或书面整改等现象，可进一步细化社区矫正检察监督意见措施，明确检察机关在发

① 石丽：《关于我国非监禁刑执行若干问题及其思考》，载《佳木斯职业学院学报》2018 年第 5 期。

现违规违法情形后，可以采取何种法定举措”。[①] 其次，做好跟踪落实，推动实质整改。争取党委政法委、纪委监委、人大、政协等机关支持，构建检察监督与执法监督、监察监督、人大监督、政协监督衔接机制，主动做好请示报告，对社区矫正检察监督活动中依法提出的纠正意见，被监督单位无正当理由拒绝整改、逾期整改不到位或者书面整改、敷衍了事的，视情报请党委政法委、纪检监察机关、人大、政协等介入监督；情节严重的，及时通报党委政法委和纪检监察部门，依法追究有关人员责任。最后，加大社区矫正执行领域渎职犯罪线索的挖掘和案件侦办力度，净化执法环境。在社区矫正日常检察活动中，要紧盯交付执行、教育管理、奖励惩戒、解除终止等重点环节，围绕是否存在放任长期脱漏管、失职致使社区矫正对象再犯罪以及是否存在利益输送、伪造档案、“提钱解矫”、“纸面服刑”等重大违规违法问题，深入挖掘社区矫正领域职务犯罪案件线索。发挥巡回检察巡视“利剑”作用，汇总日常检察发现的问题，适时启动巡回检察，必要时邀请侦查干警参与巡回，实现靶向监督，深挖彻查社区矫正领域渎职犯罪活动，增强监督刚性，提升监督质效。

五、结语

刑法的谦抑性和刑罚的轻缓化已经成为我国在相当一个时期内的发展方向，非监禁刑适用比例和数量也仍呈持续上升趋势。社区矫正制度的运行成效既关涉罪犯改造效果，也影响社会和谐稳定。而对社区矫正进行监督仅仅依靠检察机关的“独家监督”无法彻底突破种种条件限制，难以保证刑事执行程序的公正性。[②] 因此，检察机关应当着力构建参与国家社会治理式的“大法律监督”格局，避免孤立作战。检察机关应当积极做好与相关单位的沟通衔接，加强外部协作，凝聚工作合力，加强宣传教育，争取各界支持，推动共同参与，协力维护好社区矫正秩序，守护公平正义。

---

① 王国耀：《社区矫正检察监督的检视》，载《中国检察官》2022 年第 21 期。

② 参见刘强编：《社区矫正制度研究》，法律出版社 2007 年版，第 537 页。

“以证据为中心”视野下跨境电信诈骗犯罪实证研究

——以D市检察机关为例*

郑晓鸣　朱姗依**

在数字时代的背景下，电信网络诈骗犯罪不断衍生升级，整体呈多发高发态势，犯罪形势依然严峻，尤其是境外电信网络诈骗犯罪往往诈骗人数众多、案件事实复杂，存在电子数据取证困难、数字货币平台在国外无法取证、利用国外软件沟通规避侦查等情况，亟需检察机关创新审查模式，破解证据难题。

一、跨境电信网络诈骗的案件特征

（一）诈骗集团垄断化

1. 犯罪集团规模化，杀伤力大

为批量攫取经济利益，犯罪分子聚集人员开展公司化、产业化运作，同时通过转移战线至国外，利用地理优势规避打击。零散、点状式的独立诈骗团伙越来越少，取而代之的是以工业园区、科技园区为幌子的超大犯罪集团，导致集团犯罪链条进一步加长，犯罪形式相互交织。如任某某等

* 本文系2024年湖北省武汉市人民检察院联合人民检察杂志社、湖北省法学会诉讼法学研究会共同举办“构建以证据为中心的刑事指控体系”主题征文活动三等奖获奖论文。

** 郑晓鸣，浙江省东阳市人民检察院党组书记、检察长；朱姗依，浙江省东阳市人民检察院第八检察部副主任。

200余人跨国数字货币平台诈骗案等，逐渐呈“百人团”规模。

2. 组织架构严密化，层级清晰

电信网络诈骗犯罪集团逐年扩大，集团人员少则几十人，多则数百人，集团内有明确的首要分子，组织层级清晰、分工明确、管理严格，且多数集团内部形成了一整套完善的人、财、物管理制度，不同集团间可相互效仿、复制。比如，在人员管理上，诈骗集团将各个部门严格隔离，不允许部门之间相互交流，不允许询问彼此身份，以此规避信息流通可能产生的外泄风险，以致很多公司员工对公司从事的违法行为虽有一定的了解，但无法知悉全貌。随着犯罪集团规模日渐扩大，对被害人形成的伤害也形成规模效应，同一犯罪集团瞬时即可对全国不同地方的被害人实施拉网式诈骗。

3. 犯罪组织国际化，呈双循环

随着国内打击力度加大，黑灰产团伙或是将整个或部分犯罪链条逐步向境外转移，或是在境内大量使用境外通讯工具以及服务器设在境外的资金交易平台等，以逃避境内打击。部分东南亚国家，经济相对落后，监管滞后，法治环境较差，为电信诈骗提供了合适的温床。当国内的下线被打击后，国外的上线能迅速组织恢复，重新组建诈骗团队。

（二）犯罪手段隐蔽化

以网络为媒、以技术为介，跨境电信网络诈骗犯罪正以强劲攻势涉及群众生活的方方面面，防不胜防，作案手段隐蔽化、智能化、精准化特征日益突出。

1. 诈骗话术不断升级，不易识别

犯罪分子充分利用被害人对新生事物、时事热点不懂行但关注度高、不务实但好奇心强的心理，抓住时机编造各种话术实施诈骗。区块链是一个分布式的共享账本和数据库，具有去中心化、不可篡改、全程留痕、可以追溯、集体维护、公开透明等特点，是当下的一种热门技术。区块链有一个高大上的名字，但是大多数人对区块链技术并不了解，甚至以为区块链就是数字货币。犯罪分子正是利用了民众对区块链的误解，以区块链为幌子，吸引投资者，从而实施诈骗活动。

2. 黑产技术不断翻新，不易打击

电信网络诈骗是一种非接触式的犯罪。[①] 犯罪分子架设“伪基站”、境外服务器、拨号软件，利用即时通讯工具、国内外交友软件，“非接触式”地批量群发短信、群呼电话、在微信群、朋友圈散布诈骗信息。转移资金也不再局限于银行转账，支付宝、财付通、数字货币钱包等网络支付方式因分散能力强、转移速度快、追踪难度大而更受犯罪分子青睐。非接触式的诈骗手段，使得被害人根本无法判断自己被谁诈骗，庞大的网络数据也使得取证难度越来越大。此外，一些本身有正常用途的网络技术，实践中时有被用于违法犯罪，如利用 AI 换脸技术实施诈骗犯罪，迷惑性更强。

3. 诈骗手段不断升级，不易防范

跨境电信网络诈骗犯罪活动往往涉及生产、销售、安装、维护全链条，随着高学历高技术人员进入诈骗集团，从平台搭建到技术应对、维护，全程为诈骗犯罪提供技术支持。比如，在颜某臻等人冒充公检法诈骗案中，有专门的技术人员负责收集公民个人信息、搭建电话网络、群呼被害人、专门制定详细的诈骗话术等；数字货币诈骗案中，有负责安卓、苹果客户端、JAVA 底层技术、前端对接、测试、交易撮合等多种软件开发人员，开发的应用软件与市面上的正规行业软件几乎一样，迷惑性很强。这些技术人员以技术融入犯罪，成为电信网络诈骗诸多环节中不可或缺的一环，且技术人员正在成为成功实施犯罪的关键。

（三）犯罪结果连锁化

1. 诈骗数额高额化，精准投放

传统的诈骗模式是一种广撒网式的捕捞，有了电信、网络和技术“加持”，跨境电信网络诈骗犯罪可实现点对点精准投放。诈骗分子利用技术手段非法获取公民个人信息，精确了解个人的身份、家庭、资产、联系方式、作息规律等信息，可以做到量身定制诈骗方案。比如，在投资型诈骗案中，诈骗分子擅于从股民微信群等群体中寻找目标，筛选有投资意向且经济条件较好的股民，通过公众号股票信息推送、老师讲课等方式，诱骗股民投资，诈骗数额往往巨大，有的甚至达到数亿元。

---

① 陈孝磊、徐慧：《电信诈骗案件证据体系构建》，载《网络安全技术与应用》2024 年第 5 期。

2. 衍生犯罪链条化，影响恶劣

犯罪集团内部采用企业化运作、环节化分工、流程化推进模式，细分为技术、运营、客服、招商、直播间、人事行政、客诉等部门，分工明确，组织严密，通过火币网、imToken 钱包、比特币、USDT 等虚拟币结算支付返佣，形成了一条完整的犯罪产业链，中间充斥着侵犯公民个人信息、侵犯信用卡安全、侵犯金融安全、危害国边境安全等各类犯罪，为庞大的犯罪链条提供支撑，直接加速了电信诈骗犯罪的泛滥。在电信网络诈骗及其关联犯罪滋生蔓延基础上，衍生出的偷越国（边）境贩卖人口、绑架、非法拘禁等犯罪危害严重、影响恶劣。

3. 追赃挽损滞后化，难以追踪

一是犯罪赃款追回难。电信网络诈骗犯罪已形成一条较为完整的犯罪产业链，参与人员多，涉案金额大，有专门人员负责收款、洗钱；或者雇佣他人收买或借用实名认证的银行账户收取被骗资金，再迅速转移；或者与第三方平台合作，通过网络支付方式分散转移资金，由于诈骗行为和诈骗资金的分离，且形成了严密的资金流转网，被骗资金一旦触网便被快速分散，去向难以追踪。二是核心人员抓捕难。由于组织层级划分明确，成员之间不越级，单线联系不见面，真正知道幕后老板的人少之又少，抓捕主犯难。尤其针对租用网络空间、境外服务器实施的诈骗，无法追本溯源，难以根除顶层犯罪。主犯携赃款潜逃在外，未能从根本上摧毁电信网络诈骗犯罪的根基，使得该类犯罪很容易死灰复燃，愈演愈烈，也极大增加了办案成本。

二、检察机关聚焦证据锁链依法履职的有益探索——以 D 市检察机关为例

电信网络诈骗犯罪严重侵害人民群众的财产安全和其他合法权益。对此，检察机关在“谋全局、打大战”上强化能动性；从提前介入到出庭应诉，将治理与维权贯穿始终，将前瞻与跟进形成闭环，在打造“法律监督最强”实践中彰显了示范力量。

（一）引导侦查与补充侦查相结合，正面痛击跨境电信网络诈骗犯罪猖獗态势

一是全面移送卷宗证据，引导补强证据三性。实时与侦查机关紧密沟通，监督移送涉案全部证据。通过同案犯的绰号、户籍身份、参与组别、身份情况等，甄别明确“绰号”对应的真实身份。发现公安机关并未随案移送其掌握的犯罪嫌疑人所在诈骗犯罪集团的业绩播报微信群的电子数据，要求公安机关全面移送电子数据。二是引导补强证据“三性”，确保证据证明力。要求公安机关围绕电子证据“关联性、客观性、合法性”，严格按照“两高一部”《关于办理刑事案件收集提取和审查判断电子数据若干问题的规定》进行证据补强。三是强化自行补充侦查，查明漏犯身份、漏罪。面对国内电信诈骗的严打态势，境外诈骗集团不允许团伙内成员使用真实姓名，严禁透露个人身份信息，对团伙成员均以绰号代指，且提供专属手机实施诈骗活动，大大增加了同案犯的身份信息查实难度，对同案犯的身份信息核查陷入僵局。对此，检察机关以涉案诈骗集团成员大多当地招聘、熟人介绍为突破口，通过公安系统查询来逐步收集涉案人员同航班人员身份信息，将其分为同龄、同地区、同行三类，形成同案犯嫌疑人名单。

（二）诈骗集团与衍生犯罪相关联，抽丝剥茧查明整个犯罪链条

依法、从严、全链条追诉电信网络诈骗及其关联犯罪人员。一是逐一查明组织结构，梳理各自地位作用。对于组织结构和人员关系错综复杂的诈骗集团犯罪，从诈骗集团公司出发，逐步梳理出平台、承兑商、代理商、直播间等诈骗环节，对各环节参与的情况逐一分解，制作人员结构图，把犯罪嫌疑人在整个诈骗集团地位和作用梳理清楚。对于各个环节的犯罪嫌疑人，结合参与时间、部门、职责等要素，完整梳理各犯罪嫌疑人的犯罪事实。二是精细审查电子数据，排摸追捕追诉线索。面对海量电子数据，检察机关若仅靠人工核算耗时耗力且无法做到精准。因此，检察机关使用编程语言 Python 设定对犯罪集团的聊天记录电子数据进行整理，通过设置“筛选、排序、合并、计算”的相关数据代码进行整合，输出相关电子数据报告。从电子数据内提炼出集团人员层级关系、绰号、组别、内部业绩、信息发送时间等特征数据，能够高效梳理明确嫌疑人个人实施或

参与集团实施的诈骗金额等信息。三是聚焦系列延伸犯罪，多管齐下依法打击。对于办案中发现的偷越国（边）境行为，根据调取的航班记录和出入境记录，有针对性地对国（边）境城市轨迹进行记录，与犯罪嫌疑人一一核实，认定其是否构成偷越国（边）境罪，以及主犯、代理人是否构成组织偷越国（边）境罪。

（三）办理案件与追赃挽损相统一，充分发挥侦查监督与协作配合机制的作用

电信网络诈骗案件呈现出被害群众人数众多、财产损失巨大、追赃挽损率低等特点。精准打击犯罪、加大追赃挽损力度、防范和化解社会矛盾，是办案中应当同步夯实的工作重点。一是加强工作衔接配合，将追赃挽损工作贯穿刑事诉讼全过程各环节。坚持"办案、追赃、治理"并重，实现提前介入机制，指导侦查机关全面有效地收集证据、深挖资金流向、全面调查犯罪嫌疑人财产权属状况，依法对其涉案财产予以查封、扣押、冻结，全力减少资金流失，促使犯罪嫌疑人及家属自愿退赃，以法律监督强化惩治力度，并进一步从中追赃挽损。在提前介入阶段，通过引导公安机关取证，追回藏匿财产。在侦查初期，以抓获涉案犯罪嫌疑人为重点，未对涉案嫌疑人的资产进行全面排查，做到办理案件与追赃挽损并重，最大限度挽回损失。二是充分运用认罪认罚，督促主动退赃退赔。在各个诉讼环节，要把认罪认罚从宽制度与追赃挽损工作结合起来，综合考量犯罪嫌疑人退赃退赔的意愿、能力、数额等情况，将此作为判断犯罪嫌疑人是否真诚悔罪、自愿认罚的重要标准，督促其主动退赃退赔。对于拒不退赃退赔、有退赔能力但退赔数额明显偏少的，依法从严处罚。三是加大追缴处置力度，及时返还受害群众。在办案过程中，对应当返还被害人的合法财产，权属明确的，依法及时返还；权属不明的，在人民法院判决、裁定生效后，按比例返还被害人。对于在省、自治区、直辖市或全国范围内具有较大影响的，或者犯罪嫌疑人、被告人逃匿境外的电信网络诈骗犯罪案件，在通缉一年后不能到案的，根据《刑事诉讼法》有关规定，公安机关应当制作没收违法所得意见书移送人民检察院，人民检察院应当向人民法院提出没收违法所得申请，依法追缴犯罪嫌疑人、被告人违法所得及其他涉案财产。

三、办理跨境电信网络诈骗犯罪存在的难题与症结

（一）客观证据调取难

跨境电信网络诈骗犯罪经历了一个逐步蔓延的过程。在打击过程中，在涉罪人员抓捕、证据交接方面，面临着刑事司法协作方面的困难，以及打击成本高昂的问题。刑事电子证据易篡改和易销毁的特点导致电子证据的真实性无法得到保障，由于证据不足难以认定，跨境电信诈骗属于以互联网及通讯技术为介质的犯罪，此类犯罪中的电子数据极易销毁，难以保全、固定、收集此类证据。[①] 在物理保全的各个环节，实践中部分案件也缺少必要的各项安全措施，如原件必须存储在特定的环境中，需要远离高温、磁场干扰、尘土以及潮湿的环境。[②]

（二）证据认定标准统一难

在我国电子证据的搜集缺少标准或规范，容易导致侦查人员对权力的滥用，使电子证据搜索和扣押的合法性值得怀疑。[③] 受取证的限制，导致案件的认定标准不一，各地区、各案件认定标准不一。各地区处理电信网络诈骗犯罪时，对犯罪嫌疑人的诈骗数额认定标准有多种认定。有以报案被害人的标准认定，有以犯罪嫌疑人参与骗取的诈骗金额认定，也有按照各犯罪嫌疑人的违法所得数额认定。上述标准均有各自的道理和局限性。

（三）被害人的损失追回难

电信网络诈骗资金转移有两个特点：一是资金转移速度快；二是资金化整为零，多点同步。这就决定了资金被骗之后很难被追回。此外，电信网络诈骗资金的链条查清之后，会发现资金的性质已经发生变化，进行追

---

① 王鑫、刘玉：《论电诈案件中电子证据的使用完善》，载《现代商贸工业》2022年第5期。

② 赵双：《电信诈骗犯罪取证难点及对策思考》，载《产业与科技论坛》2021年第2期。

③ 李左丞：《电信网络诈骗侦查的障碍分析与对策研究》，载《产业与科技论坛》2023年第24期。

赃面临法律冲突。犯罪人员采用资金转入赌博平台变现、进行贸易对冲等方式，将诈骗所得的资金改变为贸易支付款，将损失风险转嫁到交易对方，造成追赃挽损在法律上出现困难。在司法实践中，某跨境诈骗集团的涉案人员众多，被害人损失惨重。被害人虽报案，但因到案人员多为底层业务员，分赃较少，导致退赃挽损数额较少，远远无法弥补被害人损失。即使高层人员到案，其违法所得经多种方式洗白，被害人损失难以追回。侦查机关也存在将涉案人员抓获后，不积极调查涉案财物的来源及流向的情况。

（四）数字壁垒导致破获难

基于互联网广泛应用、无界、隐蔽性等特性，网络犯罪也具有明显区别于传统犯罪的特征，使得网络犯罪的溯源打击难度增大。传统的诈骗犯罪侦查手段已不能满足当前电信网络诈骗犯罪的办案需求，以互联网技术为核心，社交软件、诈骗平台、虚拟支付等电子介质均是诈骗分子作案的犯罪工具，要全面查实犯罪需要提取通话记录、短消息、图片、社交账号、聊天记录、转账记录、平台数据、服务器数据等一系列电子数据。电子证据来源十分复杂，且电子证据本身具有易失性、时效性、易篡改等特点，也给电子数据侦查取证工作带来了极大挑战。比如，犯罪分子利用“伪基站”发送诈骗短信，设置专门程序将发送日志即时清零，或者租用境外网络服务器，被发现或查处后即刻关闭服务器，跨境电信诈骗难破获。

四、“以证据为中心”视野下办理跨境电信网络诈骗案件的对策和建议

打击治理电信网络诈骗是一项系统工程，也是民生工程，既需要末端治理，更要源头防治。在“以证据为中心”视野下，检察机关应以打击为手段、以预防为目标、以治理为根本，联合司法与社会力量，精诚协作，全方位推进、多角度提升，坚持法治、智治、共治、综治“四治”齐头并进、融合发展，确保根除根治。

（一）以法治为引领，通过整合司法资源强化证据“三性”

1. 完善证据调取制度，有效推动境外获取的证据合法转化

加强国际合作，在双边、多边警务合作协议中明确境外证据收集、审

查及采信规则，尤其是对证据的合法性审查规则，并组建办案小组。在法律授权范围内由办案小组内的合作方侦查人员、技术人员共同进行现场勘验、检查、证据收集、固定和保全，以便此类证据能够在本国审判中不需要转化程序而直接适用。例如，俄罗斯就于2014年率先确立了数据存储地管辖模式，该模式是对美国以及欧盟为代表的数据控制者管辖模式的“防守型政策”。[①] 美国则通过制定《澄清境外数据的合法使用法》，认可执法部门获取境外电子证据行为的正当性，由此确立了以网络服务提供者的国籍为执行依据，对境外数据实施长臂管辖的模式。[②] 与美国模式不同的是，欧盟《电子证据条例》《欧洲数据生成令》《欧洲数据保全令》中规定虚拟本国模式的应用[③]，允许成员国在司法协助条约以外保存和收集云端电子数据以及关于刑事方向的欧盟调查令[④]。为进一步打击跨境电信诈骗活动，需要打破对于传统取证的理论与制度积极构建完善的电子证据取证规则，构建统一的跨境数据取证国际规则，在立法上为网络服务业者设置相对独立的刑事侦查协助取证义务，在反电信网络诈骗法颁布的大背景下，进一步推进治理电信诈骗违法犯罪的工作。

2. 强化全案证据研判，精准指控跨境电信网络诈骗犯罪

将现行法律框架作为电信网络诈骗犯罪领域整治的有效标尺，严格掌握入罪标准，依法解决“远洋捕捞”“长臂管辖”、各犯罪环节法律责任不明晰、新手段缺乏适法标准、地域间执法标准不一等诉讼争端，同心同力共惩犯罪，司法机关在办理该类案件过程中，严格按照证据标准予以取证、审查证据。检察机关提前介入，提前参与案件办理，引导侦查取证方向，在把准案件核心、侦查方向、取证重点等方面提出建议和指导，确保侦查取证工作依法、全面、高效。从现有证据角度出发，认真研判全案证据，不枉不纵，精准指控跨境电信网络诈骗犯罪，同时保证取证过程的合

---

① 廖斌、刘敏娴：《数据主权冲突下的跨境电子数据取证研究》，载《法学杂志》2021年第8期。

② 段佳圻：《电信诈骗犯罪案件中的取证问题研究》，载《网络安全技术与应用》2024年第3期。

③ 裴炜：《向网络信息业者取证：跨境数据侦查新模式的源起、障碍与建构》，载《河北法学》2021年第4期。

④ 吴琦：《网络空间中的司法管辖权冲突与解决方案》，载《西南政法大学学报》2021年第1期。

法性和规范性，从源头上减少被排除的非法证据。

3. 优化证据审查模式，加强侦诉、诉审有效衔接

协同公安、网安、技侦、刑侦、情报部门，合力打击了一批特大电信网络诈骗犯罪案件。在传统办案思路上不断创新审查模式，利用代理商备案信息表、返佣登记表、工资条等电子数据，发现代理商身份信息、诈骗金额、组织架构等犯罪证据，并以客观性证据为支撑，反证不认罪成员的主观明知问题，全力追诉漏罪漏犯，全面、高效指证犯罪。协同公安部门借助大数据应用系统，重视、挖掘每一条电信网络犯罪线索，提升打击覆盖面。主动加强与法院沟通联系，并就电信网络犯罪案件的定性、量刑等问题深入探讨，形成共识，保证了诉判高度一致。

（二）以智治为动能，助力更宽领域更高标准的犯罪屏障

1. 筑牢网络安全“长城”，实现网络与犯罪的技术隔离

充分利用全国反诈平台，完整录入被害人信息，建立被害人数据库，借助互联网技术自动关联案件与被害人，实现“以人找案”到“以案找人”的转变，有效解决案结事未了、赃未追、人未抓等实务难题，尽力避免被害人报案无效、过时效问题。同时，开放查询权限，既赋予司法机关查询权限，对案件与被害人作二次筛查、二次匹配，也赋予社会公众自主查询权限，举全民之力倒查犯罪和追赃线索，切实提高查处率。

2. 打好网络安全“补丁”，及时杜绝“翻墙”“潜深”

犯罪分子在网络空间通过修改、截获、中断和伪造等方式破坏网络安全，为进一步实施诈骗铺垫技术基础。因此，构筑安全网络可有效阻断犯罪进程。当前，维护网络安全已成为世界性课题，需要政府、企业、社会组织、广大网民共同参与，通过建立“翻墙”或“暗网爬虫”人员的线上警告、监测机制，及时查封“翻墙”软件及“潜深”路径，并根据暗网及其活动的全球发展动向打好网络安全“补丁”，共同营造安全有序的网络大环境，最大限度挤压犯罪空间。

3. 搭建类案监督模型，数字“撬动”证据审查“支点”

抓住跨境电信网络诈骗涉案人员“集聚性”的特点，围绕“群聊类”电子数据，以“人”为突破口核实同案犯身份信息，能够有效实现犯罪事实的全面查清，提升境外电信诈骗类案件追诉质效。同时，电信网络诈骗案件往往涉及海量的电子数据，传统的证据审查方法已经无法满足数字化

办案需要，办案人员要通过审查案卷材料，提炼出关键高频词汇，运用技术手段智能化检索，实现海量证据快速分析处理，大幅提高审查效率。同时，通过解析个案、梳理要素，总结类案办理经验，构建类案监督模型加以推广应用，以类案监督提升法治保障能力，以数字赋能实现法律监督智治、善治、巧治，最大限度发挥数据对法律监督工作的放大、叠加、倍增作用。基于上述案件的办理，检察机关运用大数据，研制境外电信网络诈骗类案监督模型，以数字赋能实现法律监督智治，提升监督质效。

（三）以共治为必要，打造电信网络诈骗犯罪治理共同体

1. 加强证据专业英才培养，改变技术、知识游离局面

以问题需求为导向，加快培育高素质的网络安全人才，提升虚拟空间自净能力和专业打击水平。强调跨学科、突出实践性、注重产业化，特别注重研究、采用、开发与计算机网络相关的各类行业产品以及电话定位、追踪等技术，克服虚拟空间领域取证难、破案难、抓捕难问题，有效采集与保存相关证据。进一步加强“产学研”融合，探索网络精英特殊选拔培养机制，快速让正面力量充斥办案队伍，彻底改变网络技术与办案知识游离局面，引导形成积极健康的网络环境和舆论氛围。

2. 以证据破解为共同目标，建立风险防控体系

联合相关部门对通讯、金融、网络等领域开展全行业、全领域的问题风险大排查，加强行业监管、明确处置责任，逐项整改解决，依法查处和曝光有问题的企业和从业人员，着力净化行业风气。针对案件高发地区、行业深入开展调查研究，帮助建立风险防控体系，引导相关行业、企业进行刑事风险合规审查，确保内部犯罪风险最低，切断犯罪分子输送犯罪所得的对公账户来源。比如，电信部门要加强对违法短信、不明来源的电话及违法网站的监管，对群发量巨大的短信内容进行过滤检查，通过屏蔽等技术切断违法短信、网站传播渠道，从源头上遏制。金融部门要加强对交易异常银行账户监管，以及存取款环节，特别是对自动取款机录像监控设备的维护。

3. 以证据审查为基础，完善财产追缴和禁止令适用力度

一是加强追赃挽损司法机关协调配合，切实为被害人挽回财产损失。通过立法授权侦查机关调查所有涉案人员全部财产来源的合法性，并确立侦查机关调查跨境电信诈骗团伙及其所有成员财产来源合法性的义务，以

避免侦查机关抓获涉案人员后，不再继续调查涉案财物的来源及流向，导致被害人财产无法得到保障。通过完善财产追缴制度，打消一些犯罪分子企图以接受有期徒刑刑事处罚为代价，铤而走险实施犯罪赚取巨额违法所得的荒谬想法，切实维护被害人的合法权益。二是加大职业禁止、禁止令适用力度，增加犯罪的社会成本。检察机关在提起公诉时，对可能判处管制、宣告缓刑的被告人可以提出宣告禁止令的建议。根据犯罪分子的犯罪原因、犯罪性质、犯罪手段、犯罪后的悔罪表现、个人一贯表现，充分考虑与犯罪分子所犯罪行的关联程度，有针对性地决定禁止其在管制执行期间、缓刑考验期限内从事特定活动、进入特定区域、场所，接触特定的人，尤其对从事电信、网络行业的技术人员，禁止其从事相关职业，增加犯罪社会成本，可有效减小再犯可能。

（四）以综治为常态，助推全链条全领域持续安全

1. 理顺区域协作机制，打造大控方格局

进一步理顺区域协作机制，统一调配办案力量，形成大侦查、大控方格局，有效解决抢案源、多头诉讼等机制不畅问题。加强和完善刑事打击与行政执法衔接机制，兼顾网络安全与网络服务业发展。主动沟通电信主管部门、公安部门和其他有关机关依照法律法规，在各自职责范围内负责网络安全保护和监督管理工作。对于网络服务提供者违反《网络安全法》规定的提供网络接入、信息发布、网络直播、网络支付等网络运营服务，由监管部门以责令整改通知书或者其他文书形式，责令其采取改正措施，同步向公安机关报备案件信息和执法动态，杜绝以罚代刑。进一步规范证据对接有效规则，对拒不改正的，行政机关依法及时向公安机关移送涉嫌犯罪线索，杜绝遗漏移送。

2. 根植反诈意识，倡导公民自觉构建防御体系

诈骗犯罪具有互动特征，因而提升当事人识别骗局的能力和水平，是从根源上降低被骗概率、从源头上减少犯罪的有效途径。在数字时代，公民需要更加注重提高自我保护意识，注意妥善保管私人信息，以过硬的免疫系统对抗犯罪侵蚀，让犯罪分子无机可乘。结合诈骗手段、发案群体以及时代特征，分阶段、分层次制定宣传方案，落实宣传措施，及时补位特殊群体宣传空白，确保反诈宣传对症下药。如针对校园、老年群体、开展必要的实景模拟反诈演练，以切身受骗体验切实提高该群体识骗防骗能

力，变总结式宣传为预测型宣传，防范潜在被害人被骗风险，从根本上扭转宣传滞后于犯罪局面。

3. 加强系统治理，将电诈预防关口前移

一是严格落实个人信息保护制度。督促各大网络服务平台要通过技术手段落实个人信息保护的责任，尤其针对涉公民信息保护领域有令不行、有禁不止的不良风气和所谓的行业惯例，组织电信和互联网企业开展用户个人信息保护专项检查，建立有力的追责问责机制，消除行业内的灰色地带与执法空白。对于已经从事个人信息交易的人员，应以侵犯公民个人信息罪或者帮助信息网络犯罪活动罪等罪名进行打击，从而净化网络环境，保护网络信息安全。二是加强银行账户实名实用制管理。账户实名使用制是维护金融秩序，治理电信网络诈骗的重要手段。银行要高度重视客户身份审核，严格执行现有的反洗钱制度、大额可疑交易、存款实名制，强化内部控制，规范操作行为，杜绝各类虚假账户。建立非法账户及关联人员黑名单，完善信息共享，严格污点账户再入网标准，同时银行应按照规定健全紧急止付和快速冻结机制，全面做好协助配合。三是规范手机店、分理处末端管理。手机店、电信部门基层分理处设立门槛低，监督管理缺位，呈现“越末端越乱”现象，成为销售黑卡、改装黑机、搭建黑平台的主要寄宿体。联合综合市场管理、行政执法部门促进行合规监管，加强对手机维修、回收、充话费等店面的市场监管，联合多部门清除废弃手机卡、虚拟号码等非法黑市。

智能推荐算法致害因果归责研究

——以检例第141号为例

陈永明　王倩云　牟伦胜*

某App是北京某公司开发运营的一款知名短视频应用类软件。该App在未以显著、清晰的方式告知并征得儿童监护人明示同意的情况下，允许儿童注册账号，并收集、存储儿童网络账户、位置、联系方式，以及儿童面部识别特征、声音识别特征等个人敏感信息。在未再次征得儿童监护人明示同意的情况下，运用后台算法，向具有浏览儿童内容视频喜好的用户直接推送含有儿童个人信息的短视频。该App未对儿童账号采取区分管理措施，默认用户点击“关注”后即可与儿童账号私信联系，并能获取其地理位置、面部特征等个人信息。2018年1月至2019年5月，徐某某收到该App后台推送的含有儿童个人信息的短视频，通过其私信功能联系多名儿童，并对其中3名儿童实施猥亵犯罪①。该案最后经过民事公益诉讼和行政公益诉讼方式结案，在该案结案之后，在相关部门共同作用下出台了《互联网服务条例》。该案虽然结束，但是对于该案中研发和使用智能推荐算法致害的行为在法律上该当如何定性，目前还未曾见到相关论述，因此有必要对以下问题做深入的探讨：对研发和使用智能推荐算法致害行为进行评价时是否适用技术中立原则？如果不适用技术中立原则，那么应当根据何种规则进行评价？该行为最终的评价结果是什么？

* 陈永明，浙江省慈溪市人民检察院党组书记、检察长；王倩云，中国海洋大学法学院副教授、硕士生导师；牟伦胜，浙江省慈溪市人民检察院第九检察部一级检察官。

① 来源于检答网检察案例库：最高人民检察院第三十五批指导性案例之检例第141号。

一、智能推荐算法及其致害的因果逻辑

智能推荐算法是新近出现的互联网技术。其采用自动挖掘和精准推送的方式，实现信息的高效投送，深度介入人们的生产生活，同时也蕴含着侵害网络著作权、国家秘密、商业秘密、个人隐私之类的风险，对智能推荐算法的研发和使用进行法律规制刻不容缓。智能推荐算法的内在机理和致害逻辑是法律制定的内在依据，也是司法认定的基础前提。

（一）智能推荐算法的内在技术机理

“智能推荐可以描述为通过一定的智能算法解决信息过载问题并有效地实现信息过滤，为用户提供个性化或感兴趣的信息技术。”[①] 智能推荐算法是智能推荐技术的核心，智能推荐算法实际上是信息流推荐算法、协同过滤算法、基于模型的推荐算法等多种推荐算法的统称。其中，运用得最为广泛的智能推荐算法是协同过滤算法。协同过滤算法是智能推荐算法中的经典算法，其包括基于用户的协同过滤算法和基于物品的协同过滤算法。基于用户的协同过滤算法，是根据不同用户对不同物品的偏好，找到具有相似偏好的参照用户，并计算出参照用户与目标用户的相似度，再以参照用户对某个商品的偏好值，预测出目标用户对某个商品的偏好度，最后决定是否向目标用户推荐特定商品的算法。基于物品的协同过滤算法，是根据用户搜索浏览记录、消费购买记录，计算其他物品与历史购买物品的相似度，把最为相似的物品推荐给用户的算法。在智能推荐实践过程中，基于用户的协同过滤算法和基于物品的协同过滤算法是融合使用的。正是基于用户对物品的特殊偏好，才会导致基于物品的协同过滤算法得以运用；也正是基于用户业已形成的不同物品偏好结构，才能为挖掘相同或类似的用户提供依据，并通过比较目标用户与同类用户之间使用产品的结构差异，发现目标用户的潜在需求，从而决定是否向目标用户推荐特定的物品。一般在网络平台公司中都会使用协同过滤算法进行智能推荐。比如，在打开某购物 App 时，App 会弹窗显示以下《隐私权政策》内容：

① 王磊、邱江涛主编：《Python 数据挖掘实战：微课版》，人民邮电出版社 2023 年版，第 255 页。

"……我们会收集和使用您在访问或使用××平台网站或客户端时的浏览、搜索记录及设备信息、服务日志信息，以及其他取得您授权的信息，通过算法模型预测您的偏好特征，匹配您可能感兴趣的商品、服务或其他信息，并根据您点击、浏览或购买的情况，对向您展示的商品、服务或其他信息进行排序。为满足您的多元需求，我们会在排序过程中引入多样化推荐技术，拓展推荐的内容，避免同类型内容过度集中。我们也会基于您的偏好特征在××及其他第三方应用程序向您推送您可能感兴趣的商业广告及其他信息，或者向您发送商业性短信息……"[①] 这是基于物品的协同过滤算法的典型运用。

（二）智能推荐算法致害的因果逻辑

作为一项网络技术，智能推荐算法在运行过程中，因受主客观条件的限制，可能会导致侵害网络主体权益的结果发生。智能推荐算法在运行中存在三个特征：一是智能推荐算法本身具有设计性。智能推荐算法是根据预期实现的目标，而设定的实现目标的步骤，算法本身是设计的结果。人类在设计算法过程中，由于智慧的有限性，设计的算法具有不完美性。此种不完美性表现在算法选择的次优性，算法参数设置的不尽合理性，导致算法在运行过程中会暴露出各种漏洞，需要不断迭代升级。二是智能推荐算法运行具有自动性。算法设计完成交付技术实现之后，算法就具有自主运行的特征，具有了自主性；算法在具体的运行过程中，通过不断学习可以不断优化，产生具有自我调适、自我提升的智慧性特征。三是智能推荐算法运行具有风险性。人的智慧有限性、算法具有的非完美性、算法运行过程的自动性决定了智能推荐算法具有技术上的风险性。

在智能推荐算法运行过程中，其具有的技术风险会转化为法律风险，并且此种法律风险会遵循因果逻辑转化为侵害他人权益的法律后果。人类在智能推荐算法的实际运行过程中，需要挖掘具有潜在需求的目标用户，并向潜在的用户推送符合用户偏好的信息。其间，无论是发掘类似的参照用户，还是挖掘目标用户的潜在需求，都会涉及对用户信息，甚至是敏感

---

① 来源于北大法宝：《杭州互联网法院发布个人信息保护十大典型案例之八：郭某某诉某网络有限公司个人信息保护纠纷案——购物类 APP 自动化推荐应用的合法性基础判定》。

信息、重要信息的收集、传输、存储和处分。因此，在具体的智能推荐过程中，首先，会因为算法设计存在过失，未根据信息的敏感程度、重要程度对信息进行分类，未针对不同种类的信息分别设置不同的智能推荐算法适用条件，从而导致智能推荐算法在运用过程中侵害公民个人隐私、商业秘密、国家秘密。其次，会因为算法设计者抱持非法目的而故意研发违规的算法，或者在算法交付使用过程中，使用者修改算法的约束条件，从而导致算法侵权后果的发生。例如，在“爱奇艺公司”诉“字节公司”案中，在线视频平台“爱奇艺”公司对影视剧《延禧攻略》享有独占的信息网络传播权。在该剧热播期间，字节跳动公司未经授权通过其运营的“今日头条”App，利用信息流推荐算法和基于用户的协同过滤算法，将用户上传的来源于《延禧攻略》的短视频向公众推荐，播放量超过110万次[①]。除此之外，智能推荐算法还可能诱发衍生违法犯罪。比如，在本文开篇引言中提出的案例中，犯罪嫌疑人因为浏览平台公司智能推送的含有未成年人隐私信息的视频而诱发犯罪行为，从而将平台的智能推荐算法服务卷入法律评价之中。

智能推荐算法的主要功能在于信息挖掘和信息精准推送，受到主客观因素限制，智能推荐算法在运行过程中会出现侵害网络主体信息权益的情形。那么，作为一项互联网技术，智能推荐算法致损后，研发和使用智能推荐算法的主体能否主张技术中立而获得归责豁免?

二、技术致害应纳入因果归责的评价范围

在法律领域，对技术致害现象进行评价时，首先要做的是将其导入侵权法律规范系统。在侵权法律规范系统之中，因果归责是其最为核心的评价框架，无论是对故意侵权还是对过失侵权进行评价，都摆脱不了因果归责的评价框架。严格地说，在侵权法律规范系统之中并不存在真正超越因果归责的客观行为评价标准。如果坚持认为在技术致害的评价之中，确实存在技术中立的归责豁免的情形，那它一定是对因果归责不能状态的

① 来源于北大法宝：《北京爱奇艺科技有限公司与北京字节跳动科技有限公司侵害信息网络传播权纠纷案——算法推荐背景下网络服务提供者的侵权认定：全国首例算法推荐案评析》。

描述。

（一）因果归责的一般理论

因果归责是归因与归责的统一，属于客观行为构成评价的范畴。归因是指引起危害结果发生所应当归咎的原因，在本质上是对条件和结果，以及条件和结果之间引起与被引起关系的回溯，并以此判定条件和结果之间是否存在因果关系。“在结果犯罪中，对行为客体……的侵害能不能作为被告人成果归责于他，应当根据一般规则来决定。”[①] 在归因过程中，存在着偶然的因果关系和必然因果关系两种基本形态，但在对其进行法律评价的过程之中，法律并不对偶然的因果关系进行评价。“当我们仍然认为一种刑事惩罚是不正确的时候，那么，这首先是因为事件的客观偶然性。仅仅因为我们没有把一个纯粹偶然造成的死亡在客观上评价为法律意义上的杀人。”[②] 归责是指将创设法律禁止风险引起风险结果发生的责任，归咎于行为或行为主体的判定过程。“一个由实施行为人造成的结果，只能在行为人的举止行为为行为的客体创设了一个不是通过允许性风险所容忍的危险，并且这种危险也在具体的结果中实现时，才能归责于客观行为构成。”[③] 在司法认定过程中，进行因果归责，至少需要满足三个方面的条件：一是需要有确定的因果关系存在。存在确定的因果关系才能确定具体案件事实的发生过程，确定的因果关系是归责的前提和基础。二是创设风险的行为是法律规定的构成要件行为。“它们从一种结果的造成（作为可能归责的最大范围）中产生出一个构成行为的行为”[④]，此种构成行为的行为即为法律意义上的行为。比如，在加盐公司诉字节公司、悠久公司侵害

① ［德］克劳斯·罗克辛：《德国刑法学总论（第1卷）》，王世洲译，法律出版社2005年版，第231页。

② ［德］克劳斯·罗克辛：《德国刑法学总论（第1卷）》，王世洲译，法律出版社2005年版，第245页。

③ ［德］克劳斯·罗克辛：《德国刑法学总论（第1卷）》，王世洲译，法律出版社2005年版，第246页。

④ ［德］克劳斯·罗克辛：《德国刑法学总论（第1卷）》，王世洲译，法律出版社2005年版，第245页。

信息网络传播权纠纷案[①]中，悠久公司、字节公司未经许可转载的行为构成故意侵权，但是该侵权远未达到刑事犯罪的严重程度，因而对其创设风险、实现风险行为的调整应当系属于民事侵权领域，所以不能对这两个公司进行刑事因果归责。三是创设的风险系法律反对的风险和结果。行为人创设的风险要么是法律规定不能容许的风险，要么是超越法律规定的风险范围的风险。行为人创设的风险不属于法律上的风险或者不属于法律容许范围内的风险，都不具有因果归责的基础。“归责于客观行为构成是以实现一种在行为构成范围内部的、由行为人创设的而不是有允许性风险所容忍的危险为条件的。”[②]

（二）技术中立理论的法律视角审视

对于技术中立原则，学界存在着三个层面理解。第一个层面，从技术功能角度，认为“技术中立原则”等同于技术中性原则，“媒介中性特征”包含在“技术中性特征”之中[③]。第二个层面，从功能和价值的角度，认为“技术中立是一个关于技术本质的理论，其基本含义是指技术在发挥功能和作用时遵循自身的原理和机理，并未预设或内置任何价值判断，即技术是中性的”[④]。第三个层面，从功能、价值、责任的角度，认为“技术中立的含义至少包括三种：功能中立、责任中立和价值中立”[⑤]。从自然科学的角度看，技术属于科学的实践产物，其本身不具有任何的价值

---

① 来源于北大法宝：《广东省高级人民法院发布6个数字经济知识产权保护典型案例之五：加盐公司诉字节公司、悠久公司侵害信息网络传播权纠纷案——算法推荐中平台运营商帮助侵权责任认定标准》，案例内容：加盐公司创作《17年前阿里全员隔离 马云是怎么熬过非典的?!》被悠久公司建立的科普网转载，后又被RSS内容源接入同步技术接入字节公司运营的今日头条平台，该平台利用文本分类算法将该文发布于其“首页/科技”版块。

② ［德］克劳斯·罗克辛：《德国刑法学总论（第1卷）》，王世洲译，法律出版社2005年版，第246页。

③ 胡加祥：《技术中立原则与中国的服务贸易承诺——兼评美国诉中国出版物及视听制品案》，载《河南省政法管理干部学院学报》2011年第2期。

④ 徐小奔：《技术中立视角下人工智能模型训练的著作权合理使用》，载《法学评论》2024年第4期。

⑤ 郑玉双：《破解技术中立难题——法律与科技之关系的法理学再思》，载《华东政法大学学报》2018年第1期。

属性，所谓的技术中立就是技术无价值属性。从社会科学的角度看，技术属于人类有意识的创造活动，技术包含有发明创造主体的价值追求。技术在发明创造实践运用过程中，因为主体内在的价值取向，而导致技术呈现出善恶评价的倾向性。技术中立实质上是指技术在发明创造实践运用过程中，其包含价值的善恶非选择性。从法律科学的角度看，技术是法益的载体或者是侵害法益的工具，因此与行为人的责任相互联系，所谓的技术中立是指技术行为具有的不归责可能性。姑且不论对技术中立做不归责可能性理解在逻辑上是否正当，在法律上确实鲜见因为是技术致害就具有行为正当化根据或者就享有归责豁免的制度规定。在法律的逻辑中，技术致害就是侵权，就应当纳入侵权规范系统之中进行评价。在侵权规范系统之中，因果归责是其核心，而因果归责的框架之中，已经涵括了技术风险的评价体系。在技术的风险评价体系之中，将技术风险区分为法律容许的风险和法律不容许的风险。对于法律允许范围内的风险，发生之后法律并不会作否定评价；而对于超越法律允许范围内的风险一旦发生，行为或行为主体就应当接受因果归责评价。

（三）因果归责是责任分配的基础

论及技术中立原则，学者多着墨于版权法保护领域。纵观技术中立原则的发展历程，技术中立原则并不是横空出世于版权法上的独立原则，其根源于间接侵权制度，并最终消弭于间接侵权制度。而司法认定过程中对因果归责一以贯之的坚守，构成技术中立原则适用空间逐步丧失的根本。

首先，技术中立原则植根于间接侵权制度。1790 年美国专利制度诞生之后，并没有确立技术中立原则，事实上连生发技术中立原则的间接侵权制度也没有确立。1871 年华乐斯诉荷姆案中确立了间接侵权制度，但直到 1952 年才将间接侵权规则纳入美国《专利法》第 271 条 C 款之中，同时在该款之中确立了通常意义上的技术中立原则——实质性非侵权规则：任何人在美国为销售而提出要约、销售或者向美国进口，获得专利的机器、制造品、结合物或组合物的一个部件，或者用以实施专利方法的一种材料或设备，而此种部件、材料或设备是构成发明的重要部分，并且明知此种部件、材料或设备是为了侵犯此种专利权而特别制造或特别改造，并不是适合于实质上非侵权用途的商业上的通用物品或商品的，应作为帮助侵权人承担责任。由此可见，技术中立原则是间接侵权制度派生的制度规则。

其次，技术中立原则实质上是因果归责不能的反向表达。从专利法制度确立的技术中立原则（实质性非侵权原则）可以发现，技术中立原则只是对间接侵权制度中因果归责不能的反向表达——只有在行为人的行为所及的对象并非专利的重要组成部分，而且属于“适合于实质上非侵权用途的商业上的通用物品或商品的”，行为人才不会被认定为帮助侵权行为人。由此可以看出，此处的技术中立是以专利制度确定专利产品范围为基础的。由于行为人的行为并未触及专利制度保护的专利发明的重要组成部分，当然就不存在专利侵权行为，也就无从论及侵权结果归责，从而确立了所谓的技术中立原则。1984 年，在索尼案中，引入了技术中立原则，美国最高法院“以录像机的使用中有多少属于侵权成分，来作为行为人是否涉及帮助侵权的判断标准”[①]，根据录像机用途中含有的侵权成分判断是否构成侵权的裁判方法，在实质上是从行为人是否创设法律禁止风险的角度考量行为的性质。在录像机被用作合法用途的情况下，录像机提供者并未创设法律禁止的风险，当然不能对行为人的行为进行因果归责，也不能认定其构成间接侵权。“索尼案 20 年后，……法院对 Grokster 案的判决指出，索尼案从不意味着排除源自普通法的以过错为基础的责任规则。”[②]

再次，技术中立原则在因果归责之规则扩张中逐步压缩适用空间。在对因果归责的因果关系和行为违法标准进行限缩适用的背景下，技术中立适用范围获得了较大扩张。但是在网络技术迅猛发展的背景下，技术中立原则的适用彻底打破了技术提供服务主体与网络权益主体之间的利益平衡。由此又导致了对因果归责的扩张适用，对技术中立原则的限缩适用。在索尼案判决之后，发生了网络上提供集中型 P2P 技术，为公司注册用户提供点对点音乐共享服务的 Napster 公司侵权案，法院通过认定 Napster 公司与网络用户之间“存在着某种监管关系，技术服务提供者对软件有权且有能力进行监管”[③] 的方式，扩张解释 Napster 公司的侵权行为，从而认定其行为构成帮助侵权。在此之后，美国最高法院针对 Grokster 公司与

---

① Paul Goldstein：《捍卫著作权》，叶茂林译，五南图书出版有限公司 2000 年版，第 254—268 页。

② 张今：《版权法上“技术中立”的反思与评析》，载《知识产权》2008 年第 1 期。

③ 何培育、刘梦雪：《技术中立原则在信息网络传播权保护领域的适用》，载《重庆邮电大学学报（社会科学版）》2017 年第 3 期。

Stream Cast Networks 公司为用户提供分散型 P2P 软件资源共享软件服务过程中，认定被告公司存在“当证据不仅能证明被告知晓产品可被用于侵权用途，而是能证明被告有指示、鼓动侵权的言论时”[①] 的情形，将“指示、鼓动侵权的言论”扩张解释为侵权行为，再度扩张因果归责之中的侵权行为的辐射范围，判定网络服务主体承担责任。

最后，在超越因果归责适用边界之外，引入了法定归责原则。伴随因果归责适用范围的扩张，技术中立原则的适用空间在不断被压缩。由于算法黑箱以及算法自动演化因素被广泛承认，对由此产生的因果逻辑缺乏可预见性，采用扩张因果归责法律适用框架的方法，已经不能满足网络主体权益保护的需求。因此，在晚近的美国立法之中，直接回避了侵权认定的因果规则，直接采用法定的方式分配计算机网络服务主体的法律责任。起初，在《千禧年数字版权法》确立了避风港规则。该规则明确，“一旦网络服务提供商的业务活动中（如搜索服务）出现了对权利人版权的侵权行为，那么网络服务提供商应当在收到著作权人或其代理人要求索赔的通知后及时阻止其他用户继续访问或者直接删除涉嫌侵权的材料，否则将承担侵权责任”[②]。随后，又在国会报告之中，确立了“红旗规则”，如果侵权行为在网络上已经显而易见，网络服务商即便未接到权利人通知，也应当主动制止该侵权行为，否则应当承担间接侵权责任。当然以上两个规则主要适用于民事和行政领域，但并不是说与刑事领域无关。事实上，对于网络技术服务提供者纵容违法犯罪信息在网络上传播的行为，刑事立法也在加大规制调整的步伐。比如，在我国《刑法》之中就明确规定了拒不履行信息网络安全管理义务罪，对于“网络服务提供者不履行法律、行政法规规定的信息网络安全管理义务，经监管部门责令采取改正措施而拒不改正的”，导致严重后果的，就应当被追究刑事责任。从因果归责在专利领域、版权领域和新近的计算机信息网络领域扩张适用的态势可以明确，所谓的技术中立原则是以因果归责不能为适用的前提的，经历了技术主体和版权主体的博弈，保护网络主体权益需求的急剧增加，导致技术中立原则基本上从法律责任分配体系中销声匿迹了。

---

① 张今：《版权法上“技术中立”的反思与评析》，载《知识产权》2008 年第 1 期。

② 林承铎、安妮塔：《数字版权语境下避风港规则与红旗原则的适用》，载《电子知识产权》2016 年第 7 期。

三、智能推荐算法归责的逻辑框架

技术中立原则在理论上缺乏逻辑支点，在实践中缺乏现实根基，决定了其最终沦为法律领域中的曾经往事。对于技术致害的评价仍然只能重置于关于技术致害的因果归责评价框架之中。智能推荐算法致害如此，其他技术致害也必然如此。“作为解决责任分配的法律规则，‘技术中立’必须结合于侵权法的责任认定标准之中才具有应用性。”[①] 在智能推荐算法的因果归责框架之中，归因和归责不可或缺。在第一部分的论述中，已经将智能推荐算法致害的归因，即对其内在的因果逻辑进行了阐述，故在此不再赘述。下面对智能推荐算法致害的归责逻辑进行阐述。在智能推荐算法致害的归责逻辑分析中，最为核心的就是确定智能推荐算法的风险构成与实现的逻辑，以及风险的创设逻辑。

（一）智能推荐算法的风险构成及实现逻辑

智能推荐算法作为一种自然科学技术现象，具有价值中性的特征，研究设计算法不具有价值评判的基础。但是因其具有的技术风险，以及研发出来之后算法被运用于具体实践活动之中，会对其他社会主体利益产生影响，因而就产生或善或恶的价值评价之必要。当此种考量被纳入法律的框架之后，就产生了法律价值评价之必要。在人类已经意识到智能推荐算法存在风险的情况下，仍然作出选择利用智能推荐算法开展某种活动，那么人类就应当为自己的选择而承担法律课以的遭受谴责评价的风险。具体而言，立法者根据当时社会科学技术水平的现状，以及人们对科学技术风险的认知程度，制定出相应的调整人类研发和利用智能推荐算法的法律规定，为智能推荐算法研发使用人员提供行为的遵循准则，以防范技术之恶损及社会，将算法风险控制在合理的范围之内。在法律已作出明确规定的情况下，算法的研发者和使用者实施违反法律规定的算法研发和使用行为，就会被认为是技术研发者和使用者创设了法律禁止的风险。不过，对于技术领域而言，法律禁止的风险包括法律不允许风险和超越法律允许范围的风险。智能推荐算法本身并不属于法律违禁的技术，所以行为主体创

---

① 张今：《版权法上“技术中立”的反思与评析》，载《知识产权》2008 年第 1 期。

设的风险应当是超越法律许可范围的风险。超越法律许可范围的风险是由法律容许的风险和超越法律容许范围的风险共同构成的。在通常意义上，法律容许的风险是指行为人根据当时的技术规程实施行为所不能避免的风险，超越法律许可的风险则是超越按照技术规程实施行为不可避免风险范围的风险。超越许可范围的风险是因为行为主体违反操作规程而额外增加的风险。智能推荐算法的研发者和使用者是否超越法律许可范围，可以采取两种方式进行判断，一种是国家在智能推荐算法发展到一定程度之后，以法律、行政法规、规章的形式制定的算法研发和使用指引；另一种是对研发、使用智能推荐算法是否系违规操作存在争议，由技术专家根据技术发展的水平进行判断。如果技术专家认定，智能推荐算法的研发者和使用者在研发和使用智能推荐算法过程中，未能采取当时技术水平下的一般的技术风险防范措施，或者采取的措施不到位，而导致侵权结果发生，那么智能推荐算法的研发者和使用者就被认为实现了超越法律允许的风险。

（二）智能推荐算法的风险创设逻辑

智能推荐算法的基本原理是一致的，都是根据物品的受青睐程度和用户的偏好，将类似群体喜欢的物品，推送给类似群体中尚未关注该物品的目标客户。智能推荐算法在实践中有两种基本运行方式，一种是综合的智能推荐。算法研发人员根据网络中点击率高、阅读量、转发率等抽象的指标设置综合收集推送各类信息的智能推荐算法，然后将此种算法运用于计算机信息网络之中。通过用户的具体操作，发现用户的相似性和偏好，从而进行分类，再进行精准推荐。此种推荐算法的约束条件统一，适用面广，产生的效益高。另一种是专门化的智能推荐。算法研发人员在设计算法之初，就根据算法使用主体的需求，瞄准特殊群体，专门设计信息收集、推送的算法，投入计算机网络系统之后，直接进行精准的信息推送。专门化的智能推荐算法的优势是省去了分类识别用户的程序，算法投入使用之后就可以发现潜在的参照群体和目标用户。无论是综合的智能推荐算法研发还是专门的智能推荐算法研发，都应当遵循当时研发的技术标准，遵守法律规定的算法设计约束条件；否则，就可能造成侵害公民个人信息、侵害国家秘密、破坏计算机信息系统之类的危害结果。在根本上，智能推荐算法致害的风险来自算法的研发和使用行为，算法的研发和使用主体如果未能在具体的操作之中，根据挖掘和推送信息的敏感程度、重要程度对算法设置约束条件，建立算法的风险内控机制，那么无论是综合的智能推荐算法还是专门的智能推荐算法诱发的侵权结果，都将归责于算法的研发者和使用者。当然，在原初的智能推荐算法被研发出来交付他人使用后，他人进行算法修改而导致算法致害时，就应该根据研发人员是否参与到后续算法修改和维护过程，而确定其是否应当承担创设风险的责任。此外，还需明确的是，由于智能推荐算法挖掘和推送信息的精准性和自动性，会加剧算法风险的发生。鉴于此种风险的发生，是智能推荐算法的研发者和使用者追求智能推荐信息目标而招致的后果，因此只要此种发生的风险系超越于法律容许范围的风险，都应当对算法的研发和使用主体进行因果归责。

四、本案智能推荐算法致害的刑事因果归责

根据先前有关因果归责的一般理论及其在责任分配中的地位分析，可以明确因果归责是智能推荐算法致害法律评价的基础，当智能推荐算法致害情形发生之后，首先应当适用因果归责的评价框架，而不是无端地适用技术中立原则。而先前有关智能推荐算法的内在机理构成、算法致害的因果逻辑、算法致害风险构成及实现和风险创设源的回溯分析，则对智能推荐算法致害进行因果归责提供了可遵循的一般范式。接下来，本文尝试结合检例第 141 号中反映的事实材料对该案研发和使用智能推荐算法主体进行刑事因果归责评价。

（一）智能推荐算法侵权的因果关系客观存在

首先，导致本案含有儿童敏感信息的视频被违规推送的是平台研发的综合智能推荐算法。根据发布的案例内容（运用后台算法，向具有浏览儿童内容视频喜好的用户直接推送含有儿童个人信息的短视频；北京某公司积极配合，对所运营 App 中的儿童用户注册环节……重点制定单独的儿童个人信息保护规则、用户协议，建立专门的儿童信息保护池、创建推送涉及未成年人内容的独立算法等制度机制……）可以明确，本案涉案算法是由某公司研发和使用的，该算法是综合性的智能推荐算法，智能推荐含有儿童敏感信息的视频只是其推荐物品中的一类。其次，智能推荐算法造成了含有儿童敏感信息视频被违规推荐的结果。根据“2018 年 1 月至 2019

年5月，徐某某收到该App后台推送的含有儿童个人信息的短视频，通过其私信功能联系多名儿童，并对其中3名儿童实施猥亵犯罪”的表述也可以确定，智能推荐算法的运用造成了含有儿童敏感信息的视频被推送的后果，智能推荐算法与含有儿童敏感信息短视频被推送之间具有因果联系。并且根据犯罪嫌疑人联系多名儿童的事实，可以肯定智能推荐算法使用和含有儿童敏感信息的视频被推送之间存在的因果关系并非偶然的因果关系。因此，应当认定智能推荐算法与含有儿童敏感信息视频被推送结果之间存在因果关系。

（二）智能推荐算法的研发、使用主体创设的刑事风险及其实现

首先，平台公司研发App推荐含有儿童敏感信息的短视频的事实是客观存在的，而且正是平台研发、使用的智能推荐算法导致了含有儿童敏感信息的视频被推送的后果。“在未再次征得儿童监护人明示同意的情况下，运用后台算法，向具有浏览儿童内容视频喜好的用户直接推送含有儿童个人信息的短视频。”其次，智能推荐算法的研发、使用主体违反了《民法典》《未成年人保护法》《网络安全法》的规定，违反了法律所容许的信息处理标准，创设了超越法律容许范围的风险，侵害儿童隐私信息权益的风险，并引起了严重后果。平台研发运行的智能推荐算法推送含有儿童敏感信息的短视频的行为“违反了民法典、未成年人保护法、网络安全法关于未成年人民事行为能力、个人信息保护、对未成年人给予特殊优先保护、网络经营者应当依法收集使用个人信息等相关规定，违反了国家互联网信息办公室《儿童个人信息网络保护规定》中‘网络运营者收集、使用、转移、披露儿童个人信息的，应当以显著、清晰的方式告知儿童监护人，并应当征得儿童监护人的同意’的规定”，其行为创设了侵害儿童敏感信息的风险，而且引起了严重的危害后果，“该App的行为致使众多儿童个人信息权益被侵犯，相关信息面临被泄露、违法使用的风险，给儿童人身、财产安全造成威胁，严重损害了社会公共利益”。而此种危害后果是《民法典》《未成年人保护法》《网络安全法》《刑法》所反对的严重后果，因此，可以对该智能推荐算法的研发者和使用者进行民事、行政、刑事因果归责。

（三）不能认定研发者、使用者构成侵犯公民个人信息罪

智能推荐算法侵害儿童敏感信息，在客观上应当归责于算法的研发者和使用者。但是在主观上，算法的研发者和使用者不具有侵权故意，其行为不能被评价为侵犯公民个人信息犯罪。首先，从社会认知的角度看，可以推断智能推荐算法的研发者、使用者尚未注意到智能推荐含有儿童面部和声音信息视频的行为系侵犯公民个人信息的行为。本案案发于2018年1月至2019年5月之间，在当时的社会观念中，尚未将视频中的儿童面部和声音特征纳入个人信息的范畴之中。事实上，在法律实务领域，对于计算机信息网络系统中收集的脸部特征和声音特征信息的公民个人信息认定，肇始于国内“人脸识别第一案”[①]，即郭某诉杭州野生动物世界有限公司服务合同纠纷一案。该案发生在2019年10月之后，在2020年6月才开庭，案发时间在本案案发时间之后，完全可以推断当时国内民众对计算机网络系统收集处理的人脸和声音信息的性质缺乏法律上的认知。在社会整体认知缺失的背景下，智能推荐算法的研发者、使用者的认知缺失不足为奇。因此，其在研发和使用智能推荐算法过程中，对未成年人信息收集处理采取了监护人同意、一次性授权的约束模式，未能对含有儿童敏感信息视频推送的智能推荐算法进行专门的研发或改进，因其疏忽大意导致智能推荐算法出现缺陷，引起侵权法律风险发生。其次，从技术成熟程度判断，智能推荐算法技术在当时还属于新技术领域，在技术发展之初，的确难以对技术潜在的风险进行充分预见。虽然在先前的《民法典》《未成年人保护法》《网络安全法》《刑法》对侵犯公民信息具有规定，但是当时规定的主要情形是传统的公民姓名、身份证号码、通信方式、住址、账号密码、财产状况、行踪轨迹等人们观念之中的公民个人信息，而对于新技术推荐视频中包含的敏感信息是否属于公民敏感信息在法律属性上难以判断。在法律属性不明确的情况下，就很难在对儿童敏感信息处理过程中保持谨慎。事实上，对于本案智能推荐算法的研发者和使用者是否侵权，检察机关也是组织相关专家进行论证之后才确定。“经调查并听取当地网信、公安、法院意见，组织互联网领域法律专家、技术专家进行论证，……属于违法违规收集、使用儿童个人信息、侵犯儿童个人信息的行为。”而专门

---

① 2021年度中国法治实施十大事件之一。

指引算法推荐技术的《互联网信息服务算法推荐管理规定》，也是在本案发生之后，在检察机关的建议下，才由国家网信办、工信部、公安部、市场监管总局联合发布出来。最后，研发和使用的是综合智能推荐算法，该种算法需要在经历一段时间之后，才能够发现不同群体信息的规模、关注群体及推送规律，因此在算法研发之初很容易忽视对儿童敏感信息的特殊保护，极容易出现行为过失。因此，本案智能推荐算法的研发者和使用者虽然创设了超越法律许可的风险，但是其行为性质应当认定为应当预见而未能预见的过失行为。

综上，根据罪犯徐某某浏览智能推荐算法推送的视频，后利用平台信息管理漏洞，获取儿童信息，并通过私信功能联系儿童，实施隔空猥亵的事实，可以明确儿童敏感信息被侵害的结果是由智能推荐算法运行所致。根据当时《民法典》《未成年人保护法》《刑法》的相关规定，可以明确智能推荐算法的研发者、使用者创设了侵害儿童敏感信息的法律风险，而且此种风险导致儿童敏感信息被违规推送的结果，因此应当对该智能推荐算法进行因果归责。但是，由于当时人们对儿童面部特征、声音特征信息的法律性质缺乏认识，因此在智能推荐算法设计过程中，未能专门针对含有儿童敏感信息的视频推送算法建立专门约束条件，未能建立独立算法，系因疏忽大意导致侵权结果发生。而侵犯公民个人信息犯罪系故意犯罪，所以不能认定智能推荐算法提供者构成侵害公民个人信息犯罪。

研发和使用智能推荐算法致害行为，创设的风险超越了法律所允许的风险范围，由此导致侵害结果，应当归责于算法的研发者和使用者。不过，因果归责属于客观行为构成方面，在刑事司法领域中，认定侵犯公民个人信息犯罪，还需要考虑行为人的主观故意。在缺乏主观故意的情况下，不能对其进行刑事犯罪评价。但是这并不妨碍对其进行民事侵权、行政违法性质的评价。事实上，对于新兴的技术领域，确有必要通过严格控制主观故意认定标准的方式，限制刑罚的过度扩张，而将相应的侵权违法行为导向民事、行政、公益诉讼领域，以此保持刑法适用与科技发展之间的张力，促进新兴科技向前规范发展。

离婚协议对未过户房产的约定能否阻却强制执行

梅骏峰*

一、基本案情

陈某（男）与付某（女）原系夫妻。2010 年 5 月 18 日，二人在夫妻关系存续期间购买了案涉房产，总购房款约 270 万元，二人支付了首付款，通过银行按揭贷款 136 万元，并通过付某的账户按月归还按揭贷款，房产登记在二人名下。2010 年 9 月 1 日，二人协议离婚，签订了《离婚协议书》，主要约定：8 岁的女儿随女方生活，一切费用由女方承担，男方享有探望权；案涉房产归女方所有，女方支付男方 70 万元补偿款；所有抵押贷款、房子按揭和现金债务都由女方承担，与男方无关。二人于当日办理了离婚登记。2013 年 11 月 8 日，二人又签署《协议书》约定：待付某偿清按揭贷款后，陈某配合其将该房产登记至付某一人名下，所涉费用均由付某承担。二人于当日就该《协议书》办理了公证。2013 年 11 月 30 日，付某向陈某付清 70 万元补偿款。2014 年下半年，陈某与祝某相恋。祝某在恋爱期间借给陈某 50 万元用于炒股。两人分手后，2017 年 9 月 8 日，祝某向法院起诉要求陈某归还该笔借款。法院生效判决支持了祝某的诉请。因陈某未按时履行生效判决，祝某向法院申请强制执行。法院根据祝某的财产保全申请，查封了案涉房产中价值 50 万元的财产。2018 年 3 月 5 日，付某以案外人身份提出执行异议，请求解除保全并不予执行。后

* 梅骏峰，浙江省衢州市三衢地区人民检察院驻浙江省第三监狱检察室主任、一级检察官。

法院裁定，驳回付某的异议请求。付某不服，遂向法院提起执行异议之诉。付某与陈某离婚后，案涉房产由付某占有并出租，按揭贷款尚未还清，案涉房产仍登记在二人名下。

二、意见分歧

关于本案中付某基于离婚协议对案涉房产是否独自享有物权，以及其所享有的权益可否阻却强制执行，存在几种分歧意见。

第一种意见认为，付某基于离婚协议对案涉房产独自享有所有权，可阻却强制执行。《民法典》第 209 条规定，不动产物权的变动以登记为原则，以法律另有规定为例外。《民法典》第 229 条至第 231 条列举了几种未经登记即可发生物权变动的情形。此外，最高人民法院《关于适用〈中华人民共和国民法典〉物权编的解释（一）》第 2 条[①]的规定也表明，不能仅凭不动产物权登记来判断不动产物权的真实权利人。故应当从《民法典》的立法精神出发，从哪种权益更应受保护来考虑，尊重离婚双方的真实意思，保护付某对案涉房产的完整所有权，以使其阻却强制执行。

第二种意见认为，离婚协议关于案涉房产归属的约定仅在付某和陈某之间发生物权变动效力，并不能阻却强制执行。夫妻婚后所得财产即使是登记在一方名下或者由一方占有，在没有特别约定的情形下，另一方也享有共有权。与此同理，付某和陈某在离婚协议中关于案涉房产所有权变动的约定，虽未经物权变动登记，也应在夫妻内部产生物权变动的效力。但由于付某和陈某未办理物权变更登记，离婚协议中的相关约定不能对抗善意第三人，故付某基于离婚协议所享有的权利不能阻却强制执行。

第三种意见认为，付某对案涉房产并不独自享有物权，其基于离婚协议所享有的权利不能阻却强制执行。付某和陈某在离婚协议中关于案涉房产所有权变动的约定并不能直接发生物权变动的效力，付某基于该约定享有要求陈某履行案涉房产变更登记义务的请求权。在案涉房产未被变更登记的情况下，付某所享有的变更登记请求权不足以阻却强制执行。例如，

① 最高人民法院《关于适用〈中华人民共和国民法典〉物权编的解释（一）》第 2 条规定："当事人有证据证明不动产登记簿的记载与真实权利状态不符、其为该不动产物权的真实权利人，请求确认其享有物权的，应予支持。"

《最高人民法院公报》2017年第3期发布的付金华诉吕秋白、刘剑锋案外人执行异议之诉案的裁判意见便是如此。[①]

第四种意见认为，付某对案涉房产虽不独自享有物权，但其基于离婚协议所享有的权利可以阻却强制执行。付某基于离婚协议享有要求陈某将案涉房产变更登记至其一人名下的请求权，属于物权期待权，应当优先于祝某对陈某所享有的金钱债权，足以阻却强制执行。例如，《最高人民法院公报》2016年第6期发布的钟永玉与王光、林荣达案外人执行异议纠纷案[②]，以及最高人民法院办理的张红英与万仁辉、成清波等案外人执行异议之诉案［(2017)最高法民终42号］，裁判意见均是如此。

三、意见评析

笔者赞同第四种意见。具体分析如下。

第一种意见和第二种意见均认为离婚协议中关于案涉房产归属的约定直接产生物权变动的效力。这两种意见实际上混淆了物权变动原因行为和结果行为之间的关系，突破了《民法典》的相关规定。简言之，付某基于离婚协议享有要求陈某将案涉房产变更登记至其一人名下的请求权，而非独自取得案涉房产的所有权。根据最高人民法院《关于适用〈中华人民共和国民事诉讼法〉的解释》第312条的规定[③]，判断付某是否享有足以排除强制执行的民事权益，实质上是认定付某和祝某对案涉房产所享有的权益何者更优先。

（一）基于权利的内容进行分析

付某享有要求陈某将案涉房产变更登记至其一人名下的请求权，该权

---

① 参见付金华诉吕秋白、刘剑锋案外人执行异议之诉案，载《最高人民法院公报》2017年第3期。

② 参见钟永玉与王光、林荣达案外人执行异议纠纷案，载《最高人民法院公报》2016年第6期。

③ 根据最高人民法院《关于适用〈中华人民共和国民事诉讼法〉的解释》第312条规定，对案外人提起的执行异议之诉，人民法院经审理，按照下列情形分别处理：案外人就执行标的享有足以排除强制执行的民事权益的，判决不得执行该执行标的；案外人就执行标的不享有足以排除强制执行的民事权益的，判决驳回诉讼请求。

利指向特定的财产，具有物权期待权的属性。虽然我国现有法律对物权期待权没有作出明确规定，但部分司法解释已对此有所涉及。如最高人民法院《关于人民法院办理执行异议和复议案件若干问题的规定》对无过错不动产买受人物权期待权、房屋消费者物权期待权和预告登记权利人物权期待权等三种权利作出了保护性规定[①]；最高人民法院《关于人民法院民事执行中查封、扣押、冻结财产的规定》将善意买受人物权期待权纳入保护范畴。[②] 物权期待权从性质上仍属于债权的范畴，但该债权显然不同于一般的债权，其已具备物权的实质性要素。因案外人已经依照合同履行了相应义务，其主观上具有善意，客观上往往实际占有物，有充足理由期待物权将确定无疑地变动到其名下。为保护案外人的信赖利益，有必要令物权期待权优于一般债权而获得保护。本案中，付某享有将案涉房产变更登记至其一人名下的权利，其实际占有使用该房产，主观上亦对该房产有相应的期待权。而祝某仅享有对陈某的金钱债权，并不针对特定财产，案涉房产仅作为陈某的责任财产成为祝某之债权的一般担保。祝某与陈某发生借款关系时，并未约定将案涉房产作为抵押物。并无证据显示祝某系基于陈某名下登记有案涉房产而向陈某出借资金用于炒股。故祝某只有对债务人责任财产的一般期待，不享有对案涉房产的物权或者物权期待权，并不能产生对案涉房产的信赖利益，其也应当预料到债务人责任财产的不确定性和随时可变化性，故不属于物权公示公信制度所产生的信赖利益保护范围。将祝某享有的普通金钱债权优先于付某享有的物权期待权予以保护，缺乏合理性基础。

（二）基于权利取得的时间进行分析

付某于2010年9月1日和陈某签订了《离婚协议书》，据此取得案涉房产变更登记的请求权，而祝某与陈某之间的借款关系发生在后，付某的请求权取得的时间早于祝某的金钱债权形成时间。债权的形成时间虽不影响债权之平等性，但在特定情形下会对债权的履行以及履行顺序具有重要

---

① 参见最高人民法院《关于人民法院办理执行异议和复议案件若干问题的规定》第28条至第30条。

② 参见最高人民法院《关于人民法院民事执行中查封、扣押、冻结财产的规定》第17条。

影响。[1] 故即使法律没有明确规定履行顺序，但本案至少不能得出祝某成立在后的债权优先于付某成立在先的债权之结论。

（三）基于权利的产生原因和伦理因素进行分析

付某与陈某签订离婚协议后负担了所有的抵押贷款、房子按揭、现金债务以及对女儿的抚养全责，还需向陈某支付 70 万元补偿款，从而取得对案涉房产变更登记的请求权。案涉房产虽被付某用于出租而非居住，但不能否认该房产对于付某及其女儿的生活保障功能。陈某与付某离婚时对财产的分配是基于双方自由意志的处分行为，因发生在祝某与陈某借款关系产生之前，故不会对祝某的预期产生影响，也不存在规避债务的情形。祝某将大笔资金借给陈某用于炒股，其所享有的金钱债权在权利的产生原因和伦理因素上并不具有天然的优先性。

（四）参考相关司法解释的规定

最高人民法院《关于人民法院办理执行异议和复议案件若干问题的规定》规定，案涉房产的买受人取得得以对抗人民法院强制执行之物权期待权须同时满足查封之前已签订有效书面合同、已合法占有房产、已支付全部对价及非因买受人自身原因未办理过户登记四项条件。[2] 上述关于物权期待权的规定对本案具有一定参考意义。本案中，付某与陈某签订了书面离婚协议，占有了案涉房产，已付清离婚补偿款，并一直按月偿还案涉房产的按揭贷款，无拖延还款、中断还款等行为，并非为了逃税等原因而故意不办理物权变更登记。囿于房价畸高，当时社会环境下采用按揭贷款方式购房系普遍现象。付某为了确保陈某履行《离婚协议书》，后又与陈某签订了《协议书》并采取公证措施，足见其主观上并非不想办理案涉房产的变更登记，很可能是因为支付按揭贷款、离婚补偿款及抚养小孩等客观

---

① 例如，最高人民法院《关于审理买卖合同纠纷案件适用法律问题的解释》第 7 条针对出卖人就特殊动产订立多重买卖合同的继续履行问题作出明确规定，在均未受领交付且办理所有权转移登记手续的情况下，依法成立在先合同的买受人的继续履行请求权优先于其他买受人。

② 参见最高人民法院《关于人民法院办理执行异议和复议案件若干问题的规定》第 28 条。

障碍所迫难以为之。陈某与付某所签订的离婚协议内容并非不公平，付某虽分割获得案涉房产，但负担了所有的抵押贷款、房子按揭、现金债务以及对未成年小孩的抚养全责，还需向陈某支付 70 万元补偿款。若因付某未提前偿还案涉房产的按揭贷款即认定其对于未办理变更登记存在过错，对于付某而言实属苛责。正因如此，参考上述司法解释的规定，亦应当认定付某就案涉房产所享有的权利足以阻却强制执行。

综上所述，本案中付某基于离婚协议对未过户房产所享有的物权期待权优先于祝某的普通金钱债权，足以阻却强制执行。

销售电子烟行为如何规制应进行实质审查

郑　岩　姚之阁　刘光明*

一、基本案情

电子烟又名电子烟碱传输系统，是一类设计用来向肺部传输烟碱的消费品。2022 年 4 月 8 日国家市场监督管理总局、国家标准化管理委员会发布《电子烟》（GB 41700－2022）强制性国家标准，明确规定 2022 年 10 月 1 日后禁止销售不符合标准的电子烟产品。犯罪嫌疑人陈某明知上述规定，为谋取非法利益，通过网络等渠道购进不符合标准的电子烟进行销售，累计销售金额 80 余万元。经鉴定，上述电子烟雾化物烟碱含量、雾化物添加剂（WS－23）含量等均不符合国家标准，属于伪劣产品。同时查明，陈某持有烟草专卖零售许可证，经营范围为卷烟、雪茄烟，但未申请变更许可经营电子烟范围，也未重新办理电子烟专卖零售许可证。

二、意见分歧

陈某持有烟草专卖零售许可证，但未申请变更许可经营范围的行为如何定性，存在两种意见。

一种意见认为，陈某的行为构成非法经营罪。理由是：烟草专卖法规定，国家对烟草专卖品的生产、销售、进出口依法实行专卖管理，并实行烟草专卖许可证制度。《刑法》第 225 条规定，违反国家规定，未经许可，

* 郑岩，山东省泰安市东平县人民检察院党组书记、检察长；姚之阁，山东省聊城市人民检察院检察委员会委员、三级高级检察官；刘光明，山东省人民检察院法律政策研究室四级高级检察官助理。

经营法律、行政法规规定的专营、专卖物品或者其他限制买卖的物品情节严重的，构成非法经营罪。2021 年 11 月 10 日《中华人民共和国烟草专卖法实施条例》修改之后，电子烟等新型烟草制品参照卷烟的有关规定执行，电子烟就与卷烟、雪茄烟共同成为烟草专卖品，销售需要烟草专卖机关的行政许可。陈某虽然持有烟草专卖零售许可证，但其未向烟草专卖行政主管部门申请变更许可范围，属于未经主管部门批准销售烟草专卖品，且其经营的电子烟系禁止在市场上流通的水果口味烟草制品，其行为扰乱了国家烟草专卖制度，侵害了烟草特许经营的法益秩序，属于行政犯规制范畴，构成非法经营罪。

另一种意见认为，陈某行为属于超范围经营，不构成非法经营罪。本案销售金额达到销售伪劣产品罪的追诉标准，应构成销售伪劣产品罪。理由是：陈某行为属于超范围经营，不是无证经营。根据“两高”《关于办理非法生产、销售烟草专卖品等刑事案件具体应用法律若干问题的解释》第 1 条第 5 款规定，违反国家烟草专卖管理法律法规，未经烟草专卖行政主管部门许可，无烟草专卖生产企业许可证、烟草专卖批发企业许可证、特种烟草专卖经营企业许可证、烟草专卖零售许可证等许可证明，非法经营烟草专卖品，情节严重的，依照《刑法》第 225 条的规定，以非法经营罪定罪处罚。通过上述规定可以得出，只有未办理任何经营许可的情况，销售电子烟的行为才属于非法经营罪规制范畴。陈某持有卷烟烟草专卖零售许可证，私自销售电子烟的行为属于超范围经营，不宜按照非法经营罪处理。陈某销售的电子烟经鉴定为伪劣产品，犯罪数额达到立案追诉标准，构成销售伪劣产品罪。

三、意见评析

笔者同意第二种意见，根据刑法谦抑性的基本原则，持有烟草专卖零售许可证（卷烟、雪茄烟）销售伪劣电子烟的行为属于超范围经营，犯罪数额达到立案追诉标准，应认定为销售伪劣产品罪。

（一）持有烟草专卖零售许可证销售电子烟的行为属于超范围经营，而非无证经营

近年来，随着电子烟流行，国家相继颁布多部法律法规对电子烟的生

产、销售行为进行管控和规范。继修改完善《中华人民共和国烟草专卖法实施条例》后，国家烟草专卖局又先后出台《电子烟管理办法》《电子烟》（GB 41700－2022）强制性国家标准等，明确规定从事电子烟零售业务，应当依法向烟草专卖行政主管部门申请领取烟草专卖零售许可证或者变更许可范围。

对于持有卷烟、雪茄烟零售许可证而销售电子烟的行为究竟是无证经营还是超范围经营，需要我们对犯罪的构成要件要素和社会危害性进行实质性解释，通过对形式上符合犯罪构成要件的行为是否侵害刑法所保护的法益进行实质性考察后，予以出罪或入罪认定。[①] 从刑法教义学来看，《电子烟管理办法》第 17 条、第 18 条分别规定，取得烟草专卖批发企业许可证的企业，应当经烟草专卖行政主管部门批准，变更许可范围后方可从事电子烟产品批发业务。从事电子烟零售业务，应当依法向烟草专卖行政主管部门申请领取烟草专卖零售许可证或者变更许可范围。可见，持有卷烟、雪茄烟零售专卖许可证销售电子烟，不属于未取得行政许可无证经营，而是属于许可事项发生变化，未按规定申请变更行政许可，是未经许可擅自改变许可事项范围的行为。对于持有卷烟、雪茄烟零售许可证的零售户而言，其在具备变更许可情形下，能够通过行政许可范围变更程序，实现有证经营，不属于刑法规制范畴。另外，根据 2011 年最高人民法院《关于被告人李明华非法经营请示一案的批复》，持有烟草专卖零售许可证，但多次实施了批发业务，而且从非指定烟草专卖部门进货，属于超范围和地域经营的行为，不宜按照非法经营罪处理。可见，持有烟草专卖零售许可证，就是已经获得了烟草专卖许可证，在此情况下零售户从事批发业务，系在烟草专卖许可证不同种类证件间的“超范围经营”，不是“无证经营”。[②] 烟草无证经营指的是无生产、批发、零售许可证，对于从零售变为批发这种改变了经营行为性质的行为，根据“举重以明轻”的原则，持有卷烟、雪茄烟零售许可证销售电子烟应属于超范围经营。

---

① 卢建平、楼伯坤：《对非法经营罪罪状要素司法认定的新思考》，载《人民检察》2018 年第 11 期。

② 吕祚成：《论涉烟类非法经营罪中“超范围经营”和“无证经营”之分野——基于 90 份刑事裁判文书的实证研究》，载《中国烟草学报》2024 年第 2 期。

（二）从法益保护角度看，超范围经营不属于非法经营罪规制范畴

从法益保护角度来看，刑法上判断某一行为是否构成犯罪，是以其是否实施了符合构成要件的行为并造成了法益损害为标准。行政犯作为刑法特殊类型犯罪，成立犯罪不仅要造成法益损害，而且必须违反相应的法律法规。质言之，行政法规和行业内的规范是违法行为的前置程序，刑法作为法益保护的最后也是最重要的防线，在该领域必须严格遵循谦抑性原则。非法经营罪规定在《刑法》第三章“破坏社会主义市场经济秩序罪”中，其所保护的法益是社会主义市场经济秩序。虽然该罪第4款规定了兜底条款“其他严重扰乱市场秩序的非法经营行为”，但应当作限缩解释，避免该罪成为“口袋罪”。其所保护的法益应当是国家通过特定许可管理形成的市场经营秩序。[①] 从行政犯的立法本意来看，烟草作为管制特许消费品，如果违法行为仅侵害了行政管理秩序，并且凭借行政管理手段足以纠正，则这类行为可以认定为“超范围经营”，以行政法手段规制。否则，则需要动用刑事手段，对单靠一己之力已难以有效规制行政违法行为的行政法施以援手，使行政管理活动得以回复到行政犯罪发生前的行政法治轨道内正常运行。[②]

（三）销售伪劣电子烟产品达到销售伪劣产品罪立案标准的，应对鉴定进行实质性审查

电子烟是由电子烟烟具和电子烟烟液或者烟油组成的，而烟液的主要成分是尼古丁，另外在烟液里面有一些用于调味的添加剂，还有溶解添加剂的溶剂，如丙二醇或者甘油。研究发现，尼古丁、PG、甘油、镉、乙二醇、镍、铝和钛都有可能导致非致癌性健康风险。[③] 尼古丁及添加剂或者调味剂在加热以后会产生有害物质，存在健康风险。进入市场流通的电子

---

① 刘霞、陈蕾、陈洁淼：《涉烟草非法经营罪中的“未经许可”应从犯罪本质理解》，载《人民检察》2021年第16期。

② 田宏杰：《行政犯罪的归责程序及其证据转化——兼及行刑衔接 的程序设计》，载《北京大学学报（哲学社会科学版）》2014年第2期。

③ 廖艳辉：《电子烟使用相关的健康危害》，载《国际精神病学杂志》2022年第3期。

烟应当符合保障人体健康的国家标准。电子烟与其他消费产品一样，应当符合《产品质量法》和《电子烟》（GB 41700－2022）强制性国家标准等法律规章制度要求。

本案中，涉案电子烟初次检验检测仅就电子烟的包装、说明书、警语等外观进行鉴定，没有对烟碱、雾化物等成分含量检测，不属于销售伪劣产品罪“不合格产品”的认定标准。根据《刑法》及相关司法解释的规定，伪劣产品，表现为掺杂掺假、以次充好等情形，但本质上都是产品质量或者使用性能存在问题。对于销售伪劣电子烟产品的行为，是否属于《刑法》规定的伪劣产品，应当委托相关产品质量检验机构进行鉴定，进行实质性审查，判断其是否符合国家相关标准。

作为行政处罚依据的《电子烟产品鉴别检测实施细则》第 13 条明确列举了 10 种情形为伪劣电子烟，但是否认定为刑法意义上的伪劣产品应当重点检测检验涉案电子烟的烟碱、雾化物添加剂、重金属等成分、含量是否符合《电子烟》（GB 41700－2022）强制性国家标准，并鉴定其中是否掺杂了有毒有害成分，进而判定涉案电子烟是否符合《产品质量法》中“不合格产品”的规定，不应仅从包装、说明书、警语等外观进行认定。检察机关退查后，公安机关查明本案中被告人销售的电子烟雾化物烟碱含量、雾化物添加剂（WS－23）含量不符合旨在保障人体健康和人身、财产安全的《电子烟》（GB 41700－2022）强制性国家标准，不符合《产品质量法》第 26 条规定，应当认定为不合格产品。

非法使用他人第三方支付账号的罪名认定

代潘菊　龙明桃*

一、基本案情

2023 年 9 月 19 日，被告人徐某某用詹某某（两人系同居关系）给其使用的手机及手机号注册昵称为“系统”的微信，绑定詹某某邮政银行及建设银行账号。2023 年 10 月 1 日至 18 日，徐某某冒用詹某某在京东 App 注册的身份信息，购买手机及套现转至詹某某邮政银行卡后，又经零钱通转到徐某某本人的微信上供自己花销；此外，2023 年 10 月 17 日至 21 日，徐某某还通过微信绑定支付等方式，多次转移、盗用詹某某建设银行卡内资金共计 17000 余元。

二、意见分歧

本案中，被告人徐某某冒用詹某某在京东 App 注册的身份信息，购买手机及套现转至詹某某邮政银行卡后，又经零钱通转到徐某某本人的微信上用于消费以及通过微信绑定支付等方式，多次转移、盗用被害人银行卡内资金。本案中，对徐某某的行为定性存在两点争议。

（一）对被告人徐某某冒用身份信息骗取资金等行为的定性

第一种意见认为，对被告人徐某某实施的行为应该进行整体评价，认

* 代潘菊，贵州省毕节市大方县人民检察院党组成员、副检察长、四级高级检察官；龙明桃，贵州省毕节市大方县人民检察院四级检察官助理。

定盗窃罪。主观方面，徐某某通过秘密手段窃取被害人财物或给被害人创设债务，只是部分犯罪事实在犯罪手段上借助了不知情的京东 App 作为犯罪工具，实现其最终非法占有詹某某的财物的犯罪目的。客观方面，利用真实的“詹某某”身份和密码在京东实施购买货物和贷款交易，在相关交易完成后，相关贷款及货物所有权归属于真实的詹某某，而上述货款实际被徐某某非法占有，犯罪结果方面詹某某在案发后偿还了京东 App 上述所有债务，产生了实际的财产损失，而京东 App 未产生任何损失。因此，从本案徐某某的主客观行为及其犯意，其犯罪目标和对象始终是詹某某的财物，对其为实现该目的所实施的系列行为均应从整体上予以行为评价，即认定为秘密窃取行为。退一步说，即便认为，上述犯罪过程由不同的行为构成，也可认定系手段与目的的关系，牵连犯，择重罪论处也应认定盗窃罪。

第二种意见认为，徐某某将其冒用詹某某身份从京东 App 上借用的钱款转入徐某某名下的行为是既遂后的事后行为，应该作为合同诈骗罪的整体行为给予评价。在主观犯意上，徐某某冒用詹某某身份在京东 App 进行消费和贷款时，其主观上具有冒用身份和消费、贷款的认识，意志上积极追求京东公司进行放款和发货的结果，故其行为应认定具有合同诈骗的犯罪故意。在客观行为上，被告人徐某某冒用他人身份从京东白条实施信用贷款或赊购商品，该行为属于冒用他人名义签订合同，骗取对方当事人财物的方式，可认定为虚构事实、隐瞒真相；其通过上述方式最终导致被害人偿付财物并失去对财物的有效控制，对被害人造成财产损失，行为人取得财物。上述行为完全符合合同诈骗罪构成要件，应认定合同诈骗罪。不论徐某某是通过微信绑定还是欺骗詹某某的方式，相关款项打到詹某某银行账户或支付宝后，均属犯罪既遂之后，进一步实现实际占有的事后行为方式，应作为合同诈骗罪的整体行为予以评价，不再另行评价。

第三种意见认为，徐某某的行为构成信用卡诈骗罪。理由是：《刑法》第 196 条第 3 款规定的“盗窃信用卡并使用”的行为，是指盗窃他人信用卡之后使用该信用卡购买商品，在银行或 ATM 上支取现金以及接受信息卡进行支付结算的各种服务，诈骗财物的行为。《刑法》第 196 条第 3 款是法律拟制，而非注意规定。申言之，假如没有该款的特别提示，盗窃信用卡并使用的应该成立信用卡诈骗罪。

（二）微信账户、微信支付密码等信息的定性

通过微信等使用詹某某的第三方支付平台并非法占用其银行卡内资金的行为，存在两种意见。一种意见认为，通过微信来非法获取持卡人银行卡的钱款，是一种窃取他人信用卡信息资料并使用的行为，应采纳最高法指导案例库的意见认定为信用卡诈骗罪。另一种意见认为，上述行为仅构成盗窃罪，因为微信账户、微信支付密码等信息，不属于刑法中的信用卡信息资料。[①] 行为人擅自使用他人手机，利用其知晓的微信支付密码，通过微信转账将他人微信绑定的银行储蓄卡内的资金占为己有的行为，数额较大的，构成盗窃罪。最高法入库指导案例库中单某盗窃案即持本种观点。

三、意见评析

（一）从信用卡设立的目的进行判断

1995 年，最高人民法院、最高人民检察院印发《关于办理利用信用卡诈骗犯罪案件具体适用法律若干问题的解释》，同年全国人民代表大会常务委员会公布《关于惩治破坏金融秩序犯罪的决定》，1997 年被《刑法》吸收，在《刑法》第 177 条规定的伪造、变造金融票证罪，将“伪造信用卡”规定为情形之一，而第 196 条规定了信用卡诈骗罪，分别规定在该章第四节破坏金融管理秩序罪和第五节金融诈骗罪，该立法体例延续至今。足以说明，涉信用卡犯罪在具体案件中应区分其侵害的不同法益，而适用不同罪名。根据《信用卡业务管理暂行办法》《信用卡业务管理办法》《银行卡业务管理办法》等文件可知，在中国人民银行作出的相关定义中，信用卡与借记卡同属银行卡下位概念，且二者地位并列，即信用卡原义并不包括借记卡。银行卡的具体类型不断增加，办理和使用方式的不断便捷，利用银行卡实施违法犯罪活动的现象也日益增加。涉金融违法犯罪活动已不仅仅局限于以传统信用卡为对象或手段，而是已扩大到以其他类型

---

① 罗开卷：《涉第三方支付侵财犯罪的类型化定罪思路》，载《法律适用》2024 年第 3 期。

的银行卡为对象或手段，因而司法无法对以信用卡以外的银行卡为对象或手段的犯罪行为直接适用《刑法》第 177 条和第 196 条的规定。对于涉及伪造或非法使用商业银行等金融机构发行的电子支付工具的犯罪行为，司法机关在罪名认定及法律适用方面存在显著分歧，进而导致裁判尺度不统一：部分案件依据《刑法》第 196 条以信用卡诈骗罪定罪处罚，部分案件则适用《刑法》第 194 条第 2 款以金融凭证诈骗罪追究刑事责任，另有部分案件依照《刑法》第 266 条以诈骗罪论处。这种同案不同判的现象，不仅凸显了相关法律条文在电子支付领域适用的模糊性，也反映出新型支付工具犯罪在刑法适用上的复杂性。有鉴于此，司法机关、有关部门建议全国人大常委会针对这一问题，对《刑法》规定的信用卡的含义作出明确的解释。2004 年，全国人大常务委员会《关于〈中华人民共和国刑法〉有关信用卡规定的解释》出台，该解释根据司法实践中遇到的情况，讨论了信用卡含义的解释问题，认为《刑法》规定的信用卡，是“指由商业银行或其他金融机构发行的具有消费支付、信用贷款、转账结算、存取现金等全部功能或部分功能的电子支付卡”。[①] 自此，《刑法》中规定的“信用卡”，已经将商业银行或者其他金融机构发行的所有类型的电子支付卡全部囊括在内，如虽不具备信用贷款功能，但具有消费支付、转账结算、存取现金等部分功能的银行卡（如借记卡），也属于信用卡。但最高人民法院、最高人民检察院《关于办理妨害信用卡管理刑事案件具体应用法律若干问题的解释》规定的拾得他人信用卡并使用、骗取他人信用卡并使用、获取他人信用卡信息资料后通过互联网、通信终端等方式使用等情形，一律认定信用卡诈骗罪，而应结合具体犯罪构成要件进行实质性判断。

（二）从侵害的法益进行实质判断

《刑法》中涉信用卡及其信用卡信息的犯罪主要包括：“妨害金融管理秩序罪”一节中的伪造、变造金融票证罪，窃取、收买、非法提供信用卡信息罪；“金融诈骗罪”一节中的信用卡诈骗罪。这两类犯罪侵害的法益并不相同，前者妨害金融管理秩序罪，后者侵害财产犯罪。当适用妨害金融管理秩序罪时，相关概念较为清晰，客体也较好判断，仅需按照《刑

---

① 王培斌：《应摆脱被动应对的刑事立法局面——评全国人大常委会关于信用卡犯罪的立法解释和刑法修正案》，载《公安学刊》2005 年第 5 期。

法》和相关司法解释的条文文义，即可实现罪名的正确适用。但当适用侵害财产犯罪时，应当紧盯“侵财”属性，找准犯罪的“行为”。当行为人冒用持卡人身份向第三人使用时，即向第三人虚构了其系真实持卡人的事实或隐瞒了其不是真实持卡人的真相，致使第三人误认为其是真实持卡人，错误“信用”交付了对价财物，行为人获得财物，第三人产生财产损失。此时，认定为冒用型信用卡诈骗罪无疑。而当行为人直接通过微信等的转账功能直接转移被害人信用卡内资金时，微信并非被害人财物的“代为管理、持有”者，因而“第三人”没有陷入错误认识，而是行为人以微信人“支付转账”功能直接秘密窃取被害人财物，因此应认定盗窃罪。

（三）从微信等第三方平台信息账户的性质进行判断

持卡人信用卡信息资料是持卡人在发卡银行开办信用卡时，从银行获取的银行卡账号、银行卡类别、额度授信等基础资料，以及持卡人在银行设立、修改支付密码等支付结算信息资料，上述资料存在于银行和持卡人处。而微信账号、支付宝账户等，是基于用户与微信、支付宝等公司签署协议，授权上述支付平台根据其授权范围代表用户进行相关银行卡账户操作的行为。上述平台公司仅需依据用户在微信、支付宝上设立的转移支付用户名、密码，从而实现对接银行实现相关资金转移。上述过程实际包括两个阶段，即用户和银行签订协议，形成银行卡信息；用户与微信等第三方支付平台签订协议，形成微信、支付宝上述信息。因此不能将两者混为一谈，以相关法律效果与银行信息有关，即直接类推上述微信等第三方平台信息为信用卡信息。因而，不符合信用卡诈骗罪的构成要件。

综上，行为人擅自使用他人手机微信支付密码，通过微信转账将他人微信绑定的银行储蓄卡内的资金转移，系使用上述手段秘密窃取被害人财物的行为，给持卡人造成实际资金损失因而应当认定为盗窃罪。被告人徐某某冒用他人在微信、京东等第三方平台上的身份信息从京东白条实施信用贷款或赊购商品的行为认定为合同诈骗罪。

《检察调研与指导》征稿启事

《检察调研与指导》创刊于2014年，是最高人民检察院法律政策研究室和中国检察出版社共同主办的公开发行的唯一综合性连续出版物。

《检察调研与指导》以指导开展检察理论研究工作以及检察业务调研工作为宗旨，立足于新时代检察理论与实践研究，努力打造为广大检察干警了解最高检重要工作部署、学习交流办案经验，发表调研成果并参评“全国检察机关调研骨干人才”的重要平台，具有很强的实践性、指导性、权威性。

《检察调研与指导》服务检察，面向基层，内设特稿、专题研讨、调研聚焦、实务研究、案例剖析等栏目，与时俱进深化法律监督理念创新。特稿，围绕新时代检察工作新发展，刊发最高人民检察院领导对检察工作的重要讲话及理论文章，尤其是法律政策研究工作的展望与部署；专题研讨，每辑确定一个重点专题，集中刊发与法律政策研究室当年工作重点相关的研究成果、实务探讨等文章；调研聚焦，围绕当下检察理论与实践，刊发法律分析准确、透彻，逻辑性和说理性较强的理论调研文章；实务研究，围绕“在办案中监督，在监督中办案”，刊发创新开展“四大检察”业务工作的经验做法、实务研究成果等文章；案例剖析，刊载的文章体例固定，内容为地方检察院办理的具有影响力、可供其他院借鉴的典型案例及分析。

此外，为丰富检察机关的文化生活，展示检察人员的业务素能和精神风貌，《检察调研与指导》封二刊发全国检察机关工作人员拍摄的以一年四季风景为主题的摄影作品，要求作品为原创，符合社会主义核心价值观要求，弘扬主旋律，传递正能量，JPEG 格式，建议横版，高清原图，可作必要的后期处理，但不得通过技术合成等方式改变作品原貌，并附注作品名称，拍摄者姓名、单位职务及联系方式。

欢迎各级检察院及检察官投稿。

《检察调研与指导》编辑部

2024 年 10 月

《检察调研与指导》征订单

《检察调研与指导》是由最高人民检察院法律政策研究室和中国检察出版社共同编辑出版的连续出版物。《检察调研与指导》服务检察，面向基层，内设特稿、专题研讨、调研聚焦、实务研究、案例剖析等栏目，对广大检察干警了解检察工作重要部署、学习交流办案和调研经验、提高调研能力和水平，具有很强的促进和指导作用。

为进一步扩大《检察调研与指导》连续出版物的影响力，《检察调研与指导》2025 年面向全国公开发行，请各级检察机关积极订阅。

《检察调研与指导》全年共 4 辑，每辑定价 60 元，全年定价 240 元（免邮寄费）。可通过中国检察出版社官网进行网上征订（www.zgjccbs.com）。中国检察出版社将以网上征订平台上确认的信息作为发书的依据，请尽量使用网上征订平台，如无法网上订阅，请填写附件回执（复印有效），并传真至出版社。

中国检察出版社

2024 年 10 月

2025 年《检察调研与指导》订阅回执单

（汇款必传）

<table>
<tr><td>订购单位名称</td><td></td><td>收书人</td><td colspan="2"></td></tr>
<tr><td>地　址</td><td></td><td>电话（手机）</td><td colspan="2"></td></tr>
<tr><td colspan="2">单位统一信用代码</td><td colspan="3"></td></tr>
<tr><td colspan="2">电子发票接收邮箱</td><td colspan="3"></td></tr>
<tr><td colspan="2">名　称</td><td>定　价</td><td>订　数</td><td>金　额</td></tr>
<tr><td colspan="2">2025 年《检察调研与指导》</td><td>240.00</td><td></td><td></td></tr>
<tr><td>合计金额（大写）</td><td colspan="4">万　　仟　　佰　　拾　　元整</td></tr>
<tr><td colspan="5">备注：款到后三个工作日，发票发送至您的邮箱！</td></tr>
</table>

订购方式说明

第一种：网站订购（www.zgjccbs.com）（不用发传真、款到开票）
1. 网站下单，直接在线支付（微信、支付宝）
2. 网站下单，银行汇款需备注订单编号后 6 位数字

网站订购负责人　张惠 010-86423745、18101137669　技术咨询 010-86423763

第二种：微信订购（仅支持微信在线支付）
1. 使用微信扫描右侧二维码可直接在线订购
2. 了解最新书讯请关注“中国检察出版社”微信公众号

第三种：传真订购

书款汇至出版社账号后，请传真订书回执单至 010-68659465

中国检察出版社账户信息

户　名：中国检察出版社有限公司　　**开户行：**建设银行北京西山枫林支行

账　号：11050164860000000056　　**行　号：**105100050751

中国检察出版社联系人：

盛　丹 010-86423727　18101137660（微信同号）传真 010-68659465
（北京、天津、山西、陕西、河北、黑龙江、吉林、辽宁、内蒙古、青海、山东）

董艳芬 010-86423726　18101137661（微信同号）传真 010-68659465
（河南、浙江、江苏、安徽、上海、福建、甘肃、江西、新疆、西藏）

薛建娜 010-86423728　18101137662（微信同号）传真 010-68659465
（广东、广西、海南、重庆、四川、云南、贵州、湖北、湖南、宁夏）